O SEXO DO MESTRE

O erotismo segundo Lacan

Jean Allouch

O SEXO DO MESTRE

O erotismo segundo Lacan

Tradução
Procopio Abreu

Editor
José Nazar

Companhia de Freud

Título Original
Le sexe du maître. L'érotisme d'après Lacan

Editoração Eletrônica
FA – Editoração Eletrônica

Tradução
Procopio Abreu

Revisão
Darlene Angelo

Editor Responsável
José Nazar

Rio de Janeiro, 2010

CIP-BRASIL. CATALOGAÇÃO SINDICATO NACIONAL
DOS EDITORES DE LIVROS, RJ

A438s

Allouch, Jean
O sexo do mestre – O erotismo segundo Lacan – Jean Allouch; tradução Procópio Abreu. – Rio de Janeiro; Companhia de Freud, 2010:

Tradução de : Le sexe du maître. L'érotisme d'après Lacan
Inclui bibliografia
ISBN 978-85-7724-081-4

1. Psicanálise. 2. erótico. 3. sexo (psicologia). 4. psicanálise. I título

07-3219. CDD: 150.195
CDU: 159.964.2

Companhia de Freud
editora

Endereço para Correspondência
Rua Barão de Sertório, 48 – casa
Tel.: (21) 2273-9357 • (21) 2293-5863
Rio Comprido – Rio de Janeiro, RJ
e-mail: ciadefreud@gmail.com

Índice

"A natureza nada tolera de inútil.
Tudo o que é não pode ser
nem contra nem fora da natureza."

Diderot[1]

"Só se pode aqui descrever e dizer: assim é a vida humana.
A explicação, comparada à impressão causada sobre nós pelo que é descrito, é incerta demais.
Toda explicação é uma hipótese."

Wittgenstein[2]

"Passeando no campo, Quevedo é tomado de uma urgente necessidade de defecar. Uma mulher, surpreendendo-o agachado, exclama:
– ¿ Que veo?
Quevedo:
– Hasta el culo me conoces."

---

1 Diderot, "Suite de l'entretien", in *Œuvres philosophiques*, Paris, Classique Garnier, 1956, p. 375 (citado por Marie-Jo Bonnet, *Les relations amoureuses entre femmes*, Paris, Odile Jacob, 1995, p. 94).

2 Wittgenstein, "Remarques sur *Le Rameau d'Or* de Frazer », *Agone* nº 23, 2000, trad. de Jean Lacoste.

Prefácio

Erotologia: a palavra, feita de duas outras (*eros/logos*), vale como o anúncio de um empreendimento a evocar a quadratura do círculo. Mas sem π, sem nenhum número suscetível de articular racionalmente os dois elementos. Ou, mais exatamente, sem que um falo, grande ou pequeno, venha alojar em seu lugar cada sexo, mas também cada uma das modalidades singulares segundo as quais o mamífero falante, moderadamente inventivo no erotismo, mas não tampouco tão monótono assim, se realiza como sexuado.

Desde Freud e seu pretenso pansexualismo, a psicanálise está às voltas com os efeitos desse falo que falta à chamada. Se ele marca com seu selo muitos objetos que, assim, se erigem (seio, excremento, olhar, voz), seria por faltar na experiência erótica? Efetiva, a análise expõe de forma clara e crua essa falha nessa fábrica linguajeira que é o sintoma. E, é verdade, terá sido necessário alguém se dirigir a um analista dizendo-lhe: "Já está na hora de eu encontrar uma felicidade que seja outra coisa que uma infelicidade." Lacan estava certo ao sublinhar essa dimensão linguajeira do sintoma, com o que acabamos acreditando, em seu rastro, que, por ser tal, essa falha não era real. Dizem que, ao insistir no significante, ele se teria desviado de tudo o que, em Freud, faz carne, de tudo o que leva em conta o gozo do corpo como tal[3]. Possam estas páginas retificar um pouco essa leitura errônea de Lacan.

Possam elas, em outras palavras, ir um pouco mais além da *inaudita* declaração da inexistência de uma relação sexual. Lacan, como é frequente, não desembocou, sem desvios prévios, nessa frágil fórmula[4] – frágil pois, embora aquelas que postulem a existência de uma relação sexual (tipo: a mulher é *inferior* ao homem, ou seu *suplemento*, ou seu *contrário*, ou sua *falsificação*; ela é sua *segunda*; o homem e a mulher são *complementares*, ou *iguais*, ou *idênticos* – cada um sendo *bissexuado*; o homem tem exatamente aquilo que *falta* à mulher; etc.) acabem facilmente se solidificando no imaginário, essa solidificação falta quando se trata da fórmula negativa.

O presente contexto não serve muito para essa retificação como para esse encaminhamento. Notadamente pelo fato de que os cultos do falo, embora não sejam instituídos como tais, embora sejam erráticos, dispersos, discretamente mascarados, nem por isso são menos pregnantes no Ocidente capitalista contemporâneo. Verificaremos isso ao olharmos a imagem ao lado, que não podíamos evitar, não faz muito, se simplesmente caminhássemos pelas ruas de Paris, exemplo típico, além disso, daquilo que Annie Le Brun assinala como sendo a colusão moderna, sem precedente, entre arte e poder[5]. Bastará, se quisermos abordar a inexistência da relação sexual, conceber o que seria algo tão afastado, tão diferente, tão oposto quanto possível a essa imagem – a de um falo do qual nos é sugerido (pelo que agrupa o Estado, empresas capitalistas e o artista) que ele uniria.

[3] Assim, podemos ler, no tão interessante estudo histórico da revista *Critique*, isto: "Notemos que o laço, descoberto por Freud e progressivamente admitido, entre o inconsciente e a pulsão sexual (que mandava dizer a Bataille, em 1948, que "o modo de introdução da psicanálise tem valor exemplar: ele é o símbolo do andar comum do progresso humano"), está solto no sistema que Lacan instaura, em proveito da relação do sujeito com o significante" (*Critique 1946-1996, Une encyclopédie de l'esprit moderne*, Paris, éd. de l'IMEC, 1999).

[4] Sobre a pontuação e as dificuldades doutrinais desses desvios (situados entre os seminários de Lacan de 22 de fevereiro de 1967 a 4 de junho de 1969), *cf.* "Statut psychanalyse du sexuel", Jean Allouch, *Lettre pour lettre*, Toulouse, Érès, 1984.

[5] Annie Le Brun, *Du trop de réalité*, Paris, Stock, 2001, p. 51.

CHAMADA À UNIÃO PACÍFICA FÁLICA

Introdução

"Mesmo ausente, Deus está sobrando."
James Morrow[6]

Melhor começar por Deus.

Segundo Dominique Dhombres, "é doravante absoluto[7]" o sucesso do monge Denis le Petit que, no ano da graça de 525, foi o primeiro a contar os anos a partir do nascimento de Cristo. Mas o que está em questão, pelo menos no Ocidente, com essa referência – opaca embora patente – ao nascimento de Jesus, festejada há pouco e mantida contra uma separação, pretendida consumada, da Igreja e do Estado?

Essa questão tem a ver com a psicanálise; bastava, para disso se assegurar, ler um artigo do jornal *Le Monde*, assinado por Michel Tort[8], publicado pouco antes da virada do novo milênio. Tort ali indicava que, por não ter sabido resolver bem sua relação com o cristianismo, a psicanálise (revigorada por uma "ordem simbólica" dita lacaniana) pôs-se amplamente a serviço do cristianismo, ou mais ainda, insidiosamente, assimbomdeusamente, cristianizou-se.

---

6 James Morrow, *The Eternal Footman*, 1994, *La grande faucheuse*, trad. do americano por Philippe Rouard, Paris, Au diable Vauvert, 2000.

7 Dominique Dhombres, "Naissance et survivance d'une religion", *Le Monde* de 3 de dezembro de 1999, p. 17.

8 Michel Tort, "Homophobies psychanalytiques", *Le Monde* de 15 de outubro de 1999.

Logo, consultemos quem de direito, no caso em questão, o cardeal J. Ratzinger*, prefeito da Congregação para a doutrina da fé, em outras palavras, uma das mais altas autoridades teológicas da Igreja católica. O que ele responde à questão que lhe colocavam: "2000 anos após o quê[9]?" Enquanto teólogo, não só enquanto pastor, ele convoca a única partida possível para sua resposta, a saber, a vitória do cristianismo sobre o paganismo romano. Nietzsche erguia-se contra essa vitória da maneira mais precisa, já que ressaltava que esse Deus monoteísta que predominara era uma figura imaginária[10]. Logo, a que se deveu essa vitória? Resposta do cardeal: ao fato de que o cristianismo era um conhecimento racional. É o que queria dizer a expressão *religio vera* (que foi tomada por uma opinião de Lacan embora se tratasse de uma citação das mais comuns). De modo mais explícito:

> A força que transformou o cristianismo numa religião mundial consistiu na síntese entre razão, fé e vida.

Ora, constata honestamente o cardeal teólogo, doravante, essa síntese não se sustenta mais, a razão não é mais reconhecida presente na doutrina da fé já que, ao contrário, segundo a parábola búdica *do rei indiano, dos cegos e do elefante*, essa razão em sua versão moderna indica que só pode haver, sobre Deus, opiniões.

> Um rei, no norte da Índia, teria um dia reunido num lugar todos os habitantes cegos da cidade. Depois, mandou que passassem diante dos assistentes um elefante. Deixou uns tocar a cabeça dizendo: "É um elefante." Outros puderam tocar a orelha ou a presa, a tromba, a pata, a traseira, os pelos do rabo. O rei perguntou a cada um: "Como é um elefante?" E, conforme a parte que tivessem tocado, respondiam: "É como um cesto

---

* O cardeal J. Ratzinger é, desde 19 de abril de 2005, o papa Bento XVI. (N.T.)

9 Título de um colóquio realizado na Sorbonne de 25 a 27 de novembro de 1999, em que alguns viram até o sinal de uma reconciliação entre a Igreja e a República.

10 *Cf.* Bernard Edelman, *Nietzsche, Un continent perdu*, Paris, PUF, Perspectives critiques, 1999, p. 91-92.

> trançado... é como um pote... é como a barra de uma charrete... é como um entreposto... é como uma pilastra..." Aí, começaram a discutir e, gritando "O elefante é assim, é assado", engalfinharam-se, para divertimento do rei.

Está entendido: doravante não há mais, no Ocidente, "religião verdadeira".

Entretanto, prossegue o cardeal, o cristianismo não pode renunciar à razão, isto é, à identidade entre primado do *logos* e primado de *eros* na medida em que essa identidade é a de um real:

> O amor e a razão coincidem enquanto pilares fundamentais propriamente ditos do real: a razão verdadeira é o amor e o amor é a razão verdadeira.

No registro assim definido e agora foracluído, é evidente que uma ética era possível, e um dos argumentos do cristianismo contra o que é, segundo ele, sua rival atual, a saber, a teoria da seleção natural, será afirmar que esta só pode propor aquilo que nosso cardeal chama uma "ética cruel" (a dele em nada o seria?). A confusão que o habita hoje, sua incapacidade confessada de fornecer uma resposta à disjunção atual da razão, do amor e da fé, no entanto, não o conduzem à renúncia:

> De fato, uma explicação do real que não pode fundar igualmente de maneira sensata e compreensiva um *ethos* deve necessariamente permanecer insuficiente.

Nós aqui lhe damos razão. Por quê? Porque a psicanálise só existe na medida exata em que não cede um milímetro de terreno à necessidade, por outro lado possivelmente legítima, de preencher essa insuficiência, de remediar isso. Por apenas ter lembrado[11] isso (pois era esta a posição de Freud), tive de sofrer as condenações de uma malta de bem-pensantes.

---

[11] J. Allouch, *L'éthification de la psychanalyse, calamité*, Paris, EPEL, Cahiers de L'unebévue, 1997.

Pois hoje estamos assistindo à tentativa de instauração de uma psicanálise que agita na cara de cada um a cenoura perdida do cardeal Ratzinger. Transformada em conselheiro do príncipe e do legislador, a psicanálise teria, sugerem, a solução para o "mal-estar na civilização" (esse uso vago e sem aspas de um título de Freud, seja qual for o objeto em discussão, não corre muito o risco de cair ao lado); ela ofereceria a essa civilização a um só tempo uma relação racional com o real, o amor (que, aqui, pode-se imaginar, prevalece sobre o sexo) e uma ética. A questão não é que seja grotesco vindo da psicanálise (do campo freudiano, que é apenas *um* campo e, de modo algum, se isso existe, *o* campo, aquele, mundano, de "tudo o que é o caso"), a questão é que muitos, que praticam a análise, alguns em referência a Lacan, se precipitam em, ou fingem aderir a essa ilusão. O cardeal, este, pelo menos declarava publicamente não ter mais a solução.

Assim, celebrar o segundo milênio do nascimento de Cristo era dar glória, durante algumas horas, ao casamento feliz (embora a três) do amor, da razão e do real, a esse casamento cujo divórcio, consumado, tira da ética seu alicerce a um só tempo racional e erótico. A festa fazia, por um instante, como se não fôssemos os filhos dessa ruptura de um laço do qual guardamos, entre outras coisas, a título de fetiche de luto, o calendário.

Fratura na erótica moderna

Ora, essas núpcias, no real, de *eros* e do *logos* (mas, talvez, de um certo *eros* e de um certo *logos*), não param de recusar a própria ruptura, acabamos de colher um testemunho disso. Mas essa recusa também pode ser identificada naquilo que importa em primeiro lugar na análise, isto é, na análise da "transferência sexual[12]" (*Sexualübertragung*).

Falou-se de Lacan católico. É bem antes que Lacan não desprezava aquilo que a erótica ocidental comporta de catolicismo[13]. Romper esse

[12] J. Lacan, *Écrits*, Paris, Seuil, 1966, p. 605.

[13] Talvez Lacan pudesse dizer, como Jouhandeau: "É sobretudo porque não posso deixar de crer no Inferno que não posso deixar de ser católico." Marcel Jouhandeau, *De l'abjection*,

laço mal rompido, subverter a erótica católica, subverter em geral, aliás, não é ir completamente a outro lugar, mas manter-se numa proximidade tal que os nós que caracterizam aquilo que é subvertido possam ser retomados de outra maneira. A subversão (a "resistência", dizia mais justamente Foucault), exceto o caso revolucionário que permanece a exceção, é uma proximidade crítica, uma marcação no sentido futebolístico desse termo; ela só será efetiva enquanto essa proximidade o for.

Mas mais que a Lacan diretamente, vamos nos referir, tratando-se das modificações recentes na erótica, a um acontecimento recente e notável: o questionamento contemporâneo do conceito de homossexualidade. Essa recusa da homossexualidade aconteceu em dois tempos, de maneira redobrada (estamos pensando num célebre suicídio). Primeiramente, foi rejeitada enquanto entidade da clínica psiquiátrica, o que devia, com o tempo, fazer vacilar o aparelho nosográfico que combinava, a saber, o paradigma neurose, psicose, perversão, do qual a apresentação recente por Georges Lanteri-Laura de certo modo constitui a pedra sepulcral[14]. Em seguida, foi contestada enquanto traço unário suscetível de reunir um certo número de indivíduos, a *queer theory* recusando toda definição de grupo por qualquer viés identitário que fosse. Ora, essa dupla recusa parece, pelo menos eu queria tentar mostrar, um dos sinais, uma das incidências da *existência de uma linha de fratura na erótica contemporânea.* É possível encará-la a um só tempo como o índice e como um resultado tangível de uma diferenciação em curso entre duas modalidades do erotismo. Elas se diferenciam, digo no presente, em outras palavras: a um só tempo elas não cessam de se diferenciar (mas também, por isso, de não se diferenciar) e elas já o fizeram. Quais são essas duas modalidades?

Há, por um lado, a sobrevivência da antiga modalidade erótica focalizada em Deus Pai todo-poderoso, o que quer dizer, segundo a interpretação de Lacan, "todo em potência", um Deus a quem, portanto,

---

Paris, Le passeur-Cacofop, 1999, p. 67; 1ª ed. Gallimard, 1939. Agradeço a Didier Eribon por ter-me assinalado a republicação desse texto.

[14] Georges Lanteri-Laura, *Essai sur les paradigmes dans la psychiatrie moderne*, Paris, éd. Du Temps, 1998. Ver também, sobre a contestação por Lacan da validez do paradigma neurose/psicose/perversão, J. Allouch, "Perturbation dans pernepsy", *Littoral* nº 26, nov. 1988.

é poupado o ato, com o que o ato comporta de necessária destituição. "Sobrevivência", pois sua essência é ligar o erotismo à reprodução e localizá-lo na família, uma vez que seu ideal, como se sabe, é a sexualidade do elefante (o mesmo que aquele evocado por monsenhor Ratzinger?). Agora que a clonagem humana passou a ser possível[15], que a reprodução não precisa mais do ato sexual, passou a ser ainda mais claro que não há mais como sustentar, racionalmente, a redução da sexualidade à reprodução.

A erótica católica não fez mais que sobreviver a si própria desde o fim do século XIX, desde o momento em que se constituía uma sexologia, em que Freud inventava a psicanálise e os psiquiatras, a perversão. Eve Kosofsky Sedgwick também considera, junto com muitos outros, esse momento como uma virada:

> O que *era* novo, na virada do século, era a repartição sistemática segundo a qual toda pessoa devia ser não só classificada no gênero masculino ou feminino, mas devia igualmente ser necessariamente reconhecida como homo ou heterossexual, uma identidade binarizada portadora de múltiplas implicações, e que, no entanto, criava confusão, até quanto a aspectos menos ostensivamente sexuais da vida pessoal[16].

Assim, a invenção freudiana vai sofrer os efeitos de alguns desses vieses que foram então postos em prática para acalmar a debandada, a começar pela invenção – para as necessidades da causa divina? – da oposição homo/heterossexual. Tomada nessa situação de uma erótica em via de extinção e que resiste com muita energia, a posição de Freud permanecerá ambígua, equívoca, equilibrada. Considerando essa situação, é possível dar razão a Lacan por ter identificado a psicanálise como um

---

[15] Quando ele vai estar efetivo, perguntaram a um cientista? Resposta de alguém que, além de ser cientista, estava prevenido: "Quando houver um mercado."

[16] Eve Kosofsky Sedwick, *Epistemology of the Closet*, Londres, Penguin books, 1990, p. 2: "What *was* new from the turn of the century was the world-mapping by which every given person, just as he or she was necessarily assignable to a male or a female gender, was now considered necessarily assignable as well to a homo- or hetero-sexuality, a binarized identity that was full of implications, however confusing, for even the ostensibly least sexual aspect of personal existence."

"sintoma social". Freud aceita, é verdade, a disjunção entre a sexualidade e a reprodução e até a aprova. Ele identifica seus efeitos nos sintomas, e constrói, a partir daí, uma sexualidade que supera a genitalidade do adulto. Ainda que esse trilhamento tenha sido menos original do que se pôde imaginar entre os psicanalistas, ele fez gritar e deixou injuriado mais de um tradicionalista (*cf.* a psicanálise como "pan-poucavergonha[17]"). Entretanto, muito cedo também, Freud devia tentar pôr esses sintomas na conta desse Deus que se apegava às suas prerrogativas. Ele os classifica em neuróticos (eis o pai edipiano) e psicóticos (eis o Deus de Schreber, pai, por Schreber, de uma humanidade nova).

O desacordo de Freud no que se refere à erótica em via de extinção, e o passo ao lado que ele deu em relação à nova demanda social, hoje explicitamente formulada, de uma norma para o sexo, o conduziram a inventar a noção de libido, mas também algo que não é menos essencial: o *Trieb*, a pulsão. Ele a conceitualiza de uma maneira decerto dificultosa (Jean Laplanche é testemunha disso, esse autor deparando-se, em Freud, com um hermetismo insuspeito) e até, na oportunidade, intempestiva (por exemplo, a independência da pulsão em relação ao objeto); pouco importa, esse *Trieb* oferece a imensa vantagem de dissociar o sexual do instintual, traço cuja identificação clara e distinta devemos a Lacan. Ao tomar o lugar do *Instinto*, a palavra *Trieb* indica que a sexualidade do ser falante não é a aplicação automática de um saber já ali, que ela não pode ser reduzida à realização de um programa; essa palavra já comporta a ideia, cara a Foucault, de uma sexualidade como jogo: a pulsão segundo Freud, com seu objeto, seu objetivo, sua fonte e seu impulso é uma montagem.

Restava uma outra categoria nosográfica, o dito "perverso", que justamente não está voltado para o pai. Com efeito, esse amálgama de coisas disparates que chamaram "perversão" (sadismo, masoquismo, voyeurismo, exibicionismo, homossexualidade, pedofilia, travestismo, fetichismo, este último sendo tomado, não menos intempestivamente que a

---

17 *Cf.* os poucos trechos publicados na *Nouvelle Revue de Psychanalys*, nº 42, outono de 1990, p. 345-346.

própria constituição desse amálgama, como caso exemplar) foi uma versão de pais, aqueles mencionados por Vernon Rosario[18] ao desvendar a maneira como foi fabricada, entre literatura e psiquiatria, a categoria do "perverso" e fazer crer que a essa ficção respondia uma realidade. Freud é aqui deploravelmente exemplar, em sua maneira de se tomar por um pai a partir de um certo momento e até esse termo de seu percurso em que ele confia seu "movimento" a uma de suas filhas, lésbica para o (para nos) servir. Mas perguntemo-nos: uma versão de pai, mas uma versão *de quê*? De um erotismo que notoriamente começava a escapar à sexualidade sob égide paterna, cuja referência era outra. Assim, Freud não soube muito o que fazer com isso, a não ser situar esse erotismo "perverso" em relação ao que supostamente não estava entre as pernas da mãe (aquilo que Lacan vai corrigir: "não falta nada ao vaso feminino").

Esse grão de areia da "perversão" nas engrenagens de uma sexualidade e de uma clínica empaternizadas nos dirige para o outro lado do erotismo moderno. O que, pois, estava incubado sob essa denominação de "homossexual"? Uma questão que, por alguns de seus aspectos, pode parecer velha, talvez até antiga, mas também uma questão nova, ainda que só pelo fato de que novamente se colocava, e num contexto bem diferente daquele em que ela havia emergido. Esse contexto inédito era, pois, o do desmantelamento da erótica reprodutora e da instalação de uma sociedade não mais de mestres mas, como devia notar várias vezes Lacan, de "empregados[19]". E, talvez graças a essa dupla falência iniciante do pai e do mestre, pudesse ser novamente visitada, sob novos aspectos, a questão da relação do domínio [*maîtrise*] com a sexualidade. Por que foi preciso qualificar de "perversos" aqueles que, de modo mais manifesto, eram portadores dessa questão? Por que era assim necessário fazer deles excluídos, inclusive excluídos dos benefícios na ordem do gozo que pode trazer a alguém uma psicanálise (*cf.*: "Os perversos são inanalisáveis")?

[18] Vernon Rosario, *L'irrésistible ascension du pervers entre littérature et psychiatrie*, trad. Guy Le Gaufey, Paris, EPEL, 2000.

[19] Jacques Lacan, "Place, origine et fin de mon enseignement", conferência pública inédita, 1967, p. 12.

É evidente que a razão de um tal ostracismo deve ser encontrada, antes de mais nada, entre aqueles que o exercem. De modo algum podia ser desvelado um fato simples de formular, a saber que, no modelo reprodutivo da sexualidade, Deus permanecia o mestre, um mestre não questionado, um mestre cujo domínio não era abalado, mas sobretudo *um mestre fantasiado com a máscara do pai*. O deus dos cristãos, por trás de suas burlescas gesticulações de amor paterno, com seu sadomasoquismo familiar no qual ele pretende interessar a humanidade inteira, passada, presente e futura, permanecia um deus que manda (Michel Foucault nos deu páginas inesquecíveis sobre o lugar do poder enquanto ocupado por um bufão). Esse mestre devia permanecer escondido, em segundo plano, mascarado pela figura do pai – caso contrário, era o conjunto da lenda do filho redentor que não poderia mais se sustentar. Quanto aos judeus, o fato de eles terem inventado essa prática erótica que os cristãos deviam chamar *amplexus reservatus* dá uma boa visão do conflito engendrado entre eles pelo mandamento divino de localizar a sexualidade apenas na reprodução. Ao ponto que, hoje, americanas, suas filhas, dizem, são *JAP*, *Jewish American Princess*, assexuadas como deve ser toda princesa que se respeita.

É preciso lembrar? A crítica nietzscheana do cristianismo (Vejam só! Era no limiar da época pivô que evocamos) era essencialmente dedicada a ressaltar o mestre por trás de Deus pai, a ligar o cristianismo à sua origem verdadeira ao situá-lo como uma religião de escravos.

A doutrina freudiana não soube precisamente nem, portanto, verdadeiramente tomar ciência desse questionamento do mestre. Assim que o entrevia, logo fechava a porta empurrando a questão do mestre para aquela do pai. Exemplo desse deslizamento: Schreber oferece a Deus sua transformação em mulher, pelo menos é o que ele nos diz. E acreditamos na sua palavra; inexplicavelmente, os especialistas da interpretação aqui se abstêm de interpretar, com isso não veem que o problema de Schreber é apenas, em primeiro plano, o de sua "feminização", que, por trás desse *topos*, há a questão do bardache* (ao

* Na origem, índio de certas tribos canadenses que, no século XIX, se vestia de mulher e exercia atividades femininas. Daí, sinônimo de homossexual passivo. (N.T).

passo que a mulher não esconde mais o bardache, no caso do professor Wagner[20] em que o bardache é o animal). Ignorava-se, à volta de Freud, que a via pederástica tinha, desde Platão, sido reconhecida suscetível de engendrar uma humanidade nova? Que essa via estava, no Ocidente, perfeitamente balizada? Ignorava-se isso ao ponto de só se poder conceber, para tal engendramento, o viés heterossexual? Em todo caso, isso era sabido, em Veneza, em 1651, como mostra esta joia de literatura erótica que é o *Alcibíades, menino na escola*[21], publicada pela primeira vez naquele ano, depois ainda em 1861 por um certo (isso não se inventa!) Jules Gay. Tal desconhecimento poderia bem ter o estatuto de uma foraclusão do simbólico, o que é indicado por seu reaparecimento no real das transferências a Freud e, por extensão, ao psicanalista tomado como um mestre. Assim, teria sido descartado o conceito de uma transferência psicótica pelo fato de que, tão logo fica presa nas redes do discurso do mestre, a transferência é uma psicose.

Outro exemplo: a histérica, ironicamente, zomba do mestre, na verdade "um babaca" (Lacan), o que Charcot (o da histeria) aliás havia perfeitamente encarnado; e a psicanálise, colocada em presença disso, nada encontra de melhor a fazer que "descobrir" que está seduzida pelo pai ou que tem uma fantasia de sedução pelo pai (esse pai que é poupado, portanto, após ter sido introduzido intempestivamente). Deveríamos poder falar de um desvio de questão como falamos de um desvio de menor.

Tendo em jogo o quê? O mascaramento do mestre pelo pai oferece essa grande vantagem de manter não questionado o pretenso domínio de Deus sobre o sexo, de deixar Deus ao abrigo do sexo. Pode-se então fingir que nada do sexo escapa a Seu domínio (o que lhe escapa tem a ver com Satã, logo, com um de seus anjos, ou, versão mais moderna, com a doença mental).

---

[20] Anne-Marie Vindras, *Ernst Wagner, Robert Gaupp, un monstre et son psychisme,* Paris, EPEL, 1996, bem como *Louis II de Bavière selon Ernst Wagner paranoïaque dramaturge,* Paris, EPEL, 1993.

[21] Antonio Rocco, *Alcibiade enfant à l'école* (*Alcibiade fanciullo a scola*), "*Libretto da Carnevale*", Prefácio, notas e ensaio bio-biliográfico por Louis Godbout, Montreal, éditions Balzac, 1995.

É precisamente o que significavam aqueles que não largavam a questão do sexo do mestre: que estava excluído não pôr essa sexualidade do Senhor Deus no golpe – e Lacan, em seu seminário *A angústia*, não diz outra coisa. Eles atestavam que esse Deus Mestre todo-poderoso que parecia reger o sexo sem nele mergulhar acabava efetivamente... molhado. Imperdoável.

Marcel Jouhandeau (mas poderíamos igualmente convocar Proust, Genet[22] e muitos outros), em 1936, escrevia do modo mais explícito possível o que sua descoberta da sexualidade na idade de oito anos comportava de contestação ao cristianismo. Ela aconteceu pela graça de um rapaz açougueiro que trabalhava na casa de seu pai, um adolescente de grande delicadeza moral, sexual e de linguagem, que lhe revelou, conforme as próprias palavras dele, o rapaz açougueiro, o que era (soberba definição do falo) "a raiz do gênero humano", num momento que Jouhandeau qualifica bem a propósito de "bucólico" (pensamos nos escritos e palavras de Marguerite Anzieu[23]). Porém, passado esse momento, um abalo se seguiu, que Jouhandeau descrevia assim:

> Entretanto, resta-me dessa aventura uma espécie de abalo nervoso: talvez por causa de algo que eu não conseguia admitir como conforme ao que eu havia até ali pensado do Criador e do Homem[24].

Eis a conclusão desse capítulo em que Jouhandeau nos faz esse relato, e que cito não pelo que ele diz do amor de um homem por uma mulher (há bem ali coisas contestáveis e, para dizer tudo, bem pouco "perversas") mas por sua queda:

---

[22] Jean Genet: "Digamos logo que jamais seus amores [os de Divine] lhe haviam feito temer a cólera de Deus, o desprezo de Jesus, ou o nojo pralinado da Santa Virgem, jamais antes que Gabriel lhe falasse disso, pois, tão logo ela reconheceu em si a presença de sementes desses temores: cólera, desprezo, nojos divinos, Divine fez de seus amores um deus acima de Deus, de Jesus e da Santa Virgem, ao qual ela se submetia como todo mundo." *Notre-Dame-des-Fleurs*, Paris, Gallimard, Folio, p. 142. A submissão de "todo mundo" doravante consistira em fazer de seus amores um deus (minúsculo) acima de Deus?

[23] Marguerite Anzieu, *Aimée*, adaptação teatral de Gilles Blanchard e Isabelle Lafon, Coll. Atelier, Paris, EPEL, 1999. Bem como J. Allouch, *Marguerite, ou l'Aimée de Lacan*, Paris, EPEL, 1994.

[24] M. Jouhandeau, *De l'abjection*, *op. cit.*, p. 50

> Um homem que ama uma mulher, ainda que a ame demais, a ama sem perigo absoluto, porque obedece a uma lei de sua natureza e porque só ama nela aquilo que a ele falta, mas um homem que ama um homem só ama o Homem e está perdido, porque é sua própria natureza que ele prefere à Natureza inteira e que, desprezando o resto da natureza em vantagem da sua, ele não só se prefere à obra de Deus, tal como Deus a fez: ele se prefere a Deus, ele prefere sua natureza propriamente humana à natureza divina[25].

Em ato, em sua própria efetividade, a sexualidade de Jouhandeau recusa o mandamento divino de não adorar outro Deus que Deus. Deus não é o mestre. Da mesma forma, toda a análise de Didier Eribon sobre a injúria[26], vista a partir de Lacan, tem esse valor de uma recusa do dominante, do *dominus*, do mestre. As análises inscritas como *gay and lesbian studies* (pelo menos aquelas que pude ler até hoje) problematizam sobre diversos registros o sexo muito especificamente enquanto sexo do mestre.

Até agora, essas análises não souberam nem puderam tomar ciência do fato de que o matema lacaniano do "significante mestre" vai no sentido delas – já que desconstrói a figura do mestre ao reduzir o mestre a um significante. Isto deve estar ligado ao fato de que essas análises seguem o signo linguístico tomado globalmente (como Saussure fazia em seu *Curso*), de que não distinguem o significante do significado, o simbólico do imaginário. Logo, salvo exceção, elas não perceberam o serviço que lhes poderia prestar o matema $S_1 \rightarrow S_2$ que descreve o funcionamento do significante-mestre (escrito S_1), não em relação a figuras, ainda que dominantes, mas estritamente em relação ao outro significante (S_2, o saber). É verdade que os lacanianos semeiam a perturbação quando, a contrapelo do ensino de Lacan, usam, eles próprios, o significante ao fazer como se dele fossem os mestres em vez de deixar livremente agir a destituição do significante mestre que se perde, enquanto mandamento e, como escreve esse matema, no outro significante.

---

25 *Ibid.*, p. 58.

26 Didier Eribon, *Réflexions sur la question gay*, Editora Companhia de Freud, 2008, bem como *Papiers d'identité*, Paris, Fayard, 2000.

Durante uma recente jornada de estudos, em Paris, em torno dos trabalhos de L. Bersani, pudemos ouvir uma jovem vir declarar na tribuna que é bom e doce obedecer, que se submeter absolutamente à vontade de uma rainha, de uma mestra, traz uma felicidade de uma intensidade e de uma feitura inimagináveis, sem iguais. Aí não nos enganemos, essa submissão hiperbólica nada tem a ver com o "Pai", que tua vontade seja feita e não a minha" (em que Jesus não perde tudo já que guarda seu estatuto de filho, talvez até realize, na cruz, pelo que dizem, o que é "ser filho"), pois o que é aqui operante é precisamente o fato de essa mestra nada ter do pai divino proibido de representação, de ela ser um *top* (com o que essa figura comporta de uma facticidade representacional inatribuível ao Deus monoteísta) junto ao qual sua parceira se faz *bottom* (com o que esse par comporta de jogo, de parafernália, de facticidade, uma dimensão ausente da pesada referência cristã à verdade). Todo um lado do lesbianismo contemporâneo consiste em encarnar o grande Outro (não barrado) por uma mulher, um "top model[27]", esperando assim construir um mestre que não vacila quanto ao sexo mas que, diferentemente de Deus, não se recusa a participar do golpe. A questão assim colocada aos homens é a que chamarei do "é bem eles?", eles, os mestres, e a resposta, em ato, em ato sexual, tem o valor de um dizer que não: gozar desse domínio forneceria a prova disso.

Logo, de um lado, uma sobrevivência da fixação do sexual ao pai; do outro, uma questão sobre o mestre na medida em que ele vacila no lugar do sexo. De um lado, uma religião monoteísta tornada inoperante; do outro, uma filosofia (já que o leito da ontologia é o domínio) que anunciou ela própria e, sem que lhe pedissem, o "fim da metafísica".

Sejam quais forem nossas questões a respeito do *eros*, hoje só podemos, já que se trata de um efeito de contexto, caminhar nessa falha, nessa clivagem doravante patente, aberta, da erótica moderna. Bem entendido, para a análise, as armadilhas, as arapucas são numerosas. A

[27] *Cf.* a intervenção de Nicole Brossard no colóquio Beaubourg 23-27 junho de 1997: "Écriture lesbienne: stratégie de marque", *in Les études gays et lesbiennes*, Paris, éd. Centre Georges Pompidou, 1998.

psicanálise pode virar religião, mas também tentar revigorar a falência do domínio. Seria, então, ou, de um lado, o Lacan que dá uma primeira versão do simbólico, mas de um simbólico feito de signos e não de significantes, ou, de outro lado, o Lacan que, definindo o sujeito em relação ao domínio, isto é, em relação ao significante mestre, entreabre a porta que dá para um espaço onde o analista seria mestre do significante e, por aí, seu médico.

Para marcar ainda melhor essa clivagem das duas modalidades da erótica que acabam de ser ditas, consideremos a frase seguinte, extraída da Bíblia (*Romanos*, 11, 23[28]) e que até assumiu um valor metafórico na linguagem corrente ao ponto de criar provérbio. Ou seja, pois, o enunciado: "As vias do Senhor são impenetráveis." Encaremo-lo à maneira de Platão. Ou isso lhe agrada, ou isso não lhe agrada. Se isso lhe agrada absolutamente, você tem a erótica paterna, a religião; se isso não lhe agrada plenamente, você tem a erótica do mestre, a ontologia. Esse enunciado constitui uma efetiva linha de divisão das águas entre essas duas eróticas hoje distinguíveis.

Nos fatos, ao longo da história do Ocidente, as coisas tiveram bem que se modular e soubemos compor, mais ou menos, com o severo, hipnotizando e vigiando o binarismo dos diálogos de Platão. Além da tentativa de jogar para a lateral ao procurar lançar o erotismo no laço amoroso (amor platônico, cortês, regência, romântico), por que era preciso compor pelo menos um pedacinho? Porque as duas respostas possíveis ao enunciado, tomadas em todo rigor, produzem muito rapidamente as mais loucas consequências.

Aceitar isso em boa lógica conduz, por exemplo, a não cuidar de si nem mandar que cuidem dos próximos, como a coisa acontece, com algumas variações, em certas igrejas protestantes, uma das mais conhecidas

[28] A *Bíblia de Jerusalém* traduz, em forma exclamativa: "Ó abismo da riqueza, da sabedoria e da ciência de Deus! Como seus decretos são insondáveis e suas vias incompreensíveis!" Os itens "via" e "vias" da *Concordância* são uma verdadeira felicidade surrealista ou, se preferirmos, um inventário *à la* Prévert, *à la* "perverso". No que se refere a Deus como mestre, o *Salmo* 119, 32 é o mais claro possível já que ali se lê: "Correrei em teus mandamentos."

sendo as Testemunhas de Jeová, por exemplo, com sua recusa de qualquer transfusão sanguínea. Essas testemunhas são coerentes. Se "as vias do Senhor são impenetráveis", não posso, com efeito, pronunciar-me sobre o caráter nefasto ou benéfico da ocorrência de uma doença. O que sei disso, das intenções de Deus deixando-me doente ou deixando doente um de meus próximos? É curioso, de qualquer modo, que chamem de seita essas pessoas embora não cessemos de louvar Jó.

É também uma frase que, tomada em sua radicalidade, destrói o próprio cristianismo. Mesmo as igrejas que evocávamos assumem, a esse respeito, um compromisso. Por que a via do filho-Deus crucificado depois ressuscitado seria a via do Senhor? Se Deus tomou essa via pela qual ele nos salva do pecado original, suas vias (notar o jogo entre singular e plural) não são mais tão impenetráveis assim. Há bem uma que é a certa, aquela que a pastoral vai nos ajudar a seguir.

Não aceitar isso tampouco é fácil; e, aí também, somos de imediato levados aos extremos. A algo como enrabar Deus, ou cagar em Deus, experiência que Jung fez de maneira invertida no dia em que, criança, viu um enorme cagalhão divino cair das luminosas nuvens celestes sobre o teto de cobre brilhante da catedral e destruir a igreja. A condenação, hoje ainda muito virulenta e ativa da sodomia, notadamente em muitos estados americanos (em Michigan, David Halperin notou, a lei é hoje mais severa que a que condenou Wilde), pode ser situada a um só tempo como uma metonímia, uma fixação e uma defesa do caráter impenetrável das vias de Deus.

A Grécia antiga, a despeito de seu politeísmo, não tinha muito uma versão mais *soft* da impenetrabilidade do mestre: não se brincava muito com o interdito do *katapugon*. O ponto de focalização era o mesmo que em Israel: não se parava, conforme o mandamento célebre, de "lembrar Sodoma". Com esta diferença, no entanto, que o mestre grego, ou o futuro mestre, humano demasiado humano, ficava ao alcance de sexo, o que não era o Deus de Abraão, Isaac e Jacó (ainda que certas correntes do pensamento judeu não tenham evitado enfeitá-lo com atributos sexuais, femininos na oportunidade: Deus designado no Gênese sob o nome de El Chaddai, jogo de palavras com *chadayim*, os mamilos).

Atualidade do problema

A aritmética do sujeito, em outras palavras, a escrita aritmética de sua divisão, tal como Lacan pôde tentar produzi-la, foi objeto de uma crítica da qual já é tempo, para o campo freudiano, de tomar ciência. Seja qual for seu rigor matemático intrínseco, uma constante foi mantida por Lacan ao longo desse fio, a saber, a orientação da operação divisão que, partindo do sujeito do gozo, devia desembocar num sujeito transformado: nomeadamente, o sujeito do desejo.

Ora, tomada formalmente, essa orientação coloca a seguinte questão ingênua: por que não o inverso? Por que não se perguntar, ao inverso, como o sujeito tem acesso ao gozo, talvez até como ele poderia inventar novos modos de gozo sexual? Foucault formulou essa questão. Assim, ele recusava explicitamente a focalização da psicanálise no desejo (de que a aritmética do sujeito constitui um caso exemplar) para lhe opor, para pôr nesse lugar valorizado, o prazer e seus jogos. Vista de hoje, a aritmética do sujeito teria desenhado, mas em negativo, o próprio espaço onde Foucault ia fazer suas críticas, às vezes justa e ironicamente ferozes, em relação à psicanálise. Sem por enquanto entrar na leitura de Foucault exigida pelo estudo dessa tese[29], quero formular três observações a respeito de sua crítica da primazia, em psicanálise, do desejo sobre o prazer (com seu verdadeiro nome: o gozo, sua temperança sendo, esta, o prazer[30]).

Primeira observação: ao encarar apenas o vetor *gozo → desejo*, ao permanecer (se for este o caso) resolutamente muda quanto ao percurso inverso *desejo → gozo*, a psicanálise faz seu trabalho e, sobretudo, não faz *mais que* seu trabalho. Depois de desobstruir o terreno, de abrir para o sujeito sua via ao desejo, não cabe a ela determinar de que maneira, desejante, ele vai ter acesso ao gozo. *In fine*, ela se abstém na erótica como se abstém na ética.

A segunda observação vale comentário da primeira: essa resposta a Foucault parece um pouco fácil demais, ainda que a voga atual da pas-

[29] *Cf.* capítulo V.

[30] *Cf.* capítulo V. Mas estejamos de imediato cientes de que um leitor tão rigoroso de Foucault, como o é David Halperin, recusa a distinção prazer/gozo.

toral analítica mostre que este está longe de ser o caso. A psicanálise modifica a economia libidinal no analisando (a começar pela realidade da transferência, depois, segundo tempo da análise, pela graça da análise da transferência) e ela é, portanto, um pouco hipócrita quando declara que a questão de saber como o sujeito desejante tem acesso ao gozo não é seu problema. Já não era com um gozo que ela estava às voltas no sintoma?

Terceira observação decisiva: a psicanálise só pode tomar como ponto de partida o sujeito do gozo, como o fez a aritmética do sujeito, porque é disso que se trata no sintoma: do gozo. Freud descobre que isso goza sexualmente ali onde isso sofre, onde bloqueia, onde envenena, onde paralisa a existência; ele ressalta que o sintoma é um pacote mais ou menos bem amarrado de gozos, termo a pôr aqui no plural, como indica seu conceito de superdeterminação.

Ora, fica claro[31] que o campo dos estudos gays e lésbicos, pelo menos até agora, ignora o sintoma. No máximo ali encontramos uma versão médica do sintoma (o que é um pouco paradoxal), atribuindo, por exemplo, esse obstáculo do *coming-out*, da saída do armário ou do esconderijo, à homofobia ambiente, tendo por resultado que o problema permanece confinado numa perspectiva de tipo hipocrático a qual, é sabido, ligava as doenças ao meio (no caso em questão, às condições climáticas).

O impasse dos estudos gays e lésbicos sobre o sintoma foi e permanece heurístico. Ele assim se afigurou fundado; logo, não seria forçosamente uma simples reação diante das circunstâncias, a saber, à burrice psi com a qual gays e lésbicas estavam às voltas (por exemplo, na luta que travavam contra o diagnóstico de homossexualidade). *Assim, o sintoma adquiriu o estatuto de um verdadeiro traço distintivo permitindo diferenciar dois campos, o campo freudiano* (com sua definição específica, não médica, do sintoma e que Lacan chamava até "campo do sintoma[32]") *e o campo gay e lésbico.*

[31] A coisa me foi confirmada por gente mais bem informada que eu (Didier Eribon, David Halperin, Marie-Hélène Bourcier).

[32] J. Lacan, *A angústia*, sessão de 12 de junho de 1963. Certos lacanianos, baseando-se em uma ou duas observações de Lacan, reivindicam a existência de um "campo lacaniano". O passo que dão é abusivo: Lacan não formalizou o campo freudiano de uma maneira tão ampla e tão matematicamente regrada que se tenha tornado possível renomeá-lo "campo lacaniano". Lacan, aliás, limitou-se, até o termo de seu percurso, a "campo freudiano".

Nessa configuração dos campos, considerando essa função discriminante que, de fato, adquiriu o sintoma, os pesquisadores gays e lésbicas teriam que se pronunciar sobre a questão de saber se reconhecem como válida uma abordagem do sexo cujo ponto de partida seria o sintoma no sentido freudiano desse termo. Não há nada de muito surpreendente em constatar que, sobre a resposta a ser dada a essa questão, eles não entram em acordo. Certos autores rejeitam a psicanálise, ao passo que outros prosseguem com ela uma discussão crítica, jogando às vezes até Freud contra Foucault; outros ainda, após terem subscrito a uma rejeição que parecia definitiva, voltam a uma posição mais nuançada.

Há outro argumento em favor de um sujeito do gozo tomado como ponto de partida de uma investigação do erotismo contemporâneo. Esse argumento é um fato (que, é claro, só terá consistência a partir de seu dizer): *o sujeito moderno é um sujeito aparelhado*, "conectado" como se diz com tanta justeza, mas é necessário precisar: conectado... em aparelhos.

Certo, o aparelhamento do homem não data de ontem. Os pré-históricos dedicam-se a louvar a invenção da ferramenta e, mais perto de nós, a revolução industrial, fruto da introdução da máquina na fabricação de objetos e produtos, deu lugar às revoltas que conhecemos. Estarão acabadas essas revoltas, como muitas coisas parecem indicar? Hoje, se for preciso nos endividamos para adquirir o último modelo de computador, compramos para crianças de três anos, não perdemos uma oportunidade de ir à Internet para baixar a última versão de um programa sofisticado que vai nos ligar ainda mais à preciosa e rapidamente indispensável máquina.

Esse entusiasmo contemporâneo pelo aparelhamento vai muito além do mero âmbito da informática que nos transforma, sem que nos demos bem conta, em seres binários. Pois o que acontece quando escrevo o presente texto em meu pequeno computador? Tive, para usufruir de muitas das vantagens que isso me proporciona (não todas, há superabundância, e breve estarei insuficiente), que "pôr na memória", na minha, no caso em questão, um número cada vez mais elevado de procedimentos cuja característica essencial é o "tudo ou nada": ou conheço a tecla correta, e funciona, ou a ignoro, e não funciona. Em suma, com a aquisição desses procedimentos, continuo não deixando de me tornar binário, logo idêntico a meu computador. Assim, certos neurobiólogos breve não terão mais dificuldade para me persuadir de que meu cérebro funciona como um computador: passará, graças ao computador (quase), a ser o caso.

Essa fábrica de um sujeito aparelhado vai muito além da informática. Consideremos a evolução recente do brinquedo de criança. Uma grande quantidade desses objetos que damos aos nossos filhos desde bem pequenos têm sucesso comercial baseados no fato de que são brinquedos *pedagógicos*, cuja visada é "despertar" a criança. Estranha preocupação, de qualquer modo! O moleque não seria desperto? Estaríamos fabricando nas maternidades crianças moribundas, senão mortas? E a coisa insiste. A criança de hoje, até bem pequena, não está livre da escola quando volta para casa. Rápido lhe põem na mão pretensos brinquedos que são, na verdade, outros tantos procedimentos de aprendizado ou antes, para dizer a palavra exata que, há algumas dezenas de anos, estava em uso, de *adestramento*[33]. Ela deverá, por exemplo, tão logo chegue do maternal em casa, pôr cubos, triângulos e círculos de plástico nos buracos previstos para isso numa prancheta, considerar cores, dimensões também, e ai dela se se enganar: uma voz eletrônica, em geral feminina e falsamente encorajadora, embora reprovadora, lhe dirá: "Nada disso, recomece", ou então, em caso de sucesso: "Parabéns, você é formidável." Em suma, enquanto a escola integrou o jogo (não se dá mais aula como antes), o jogo tomou para si a visada da escola que era instruir; e, portanto, para as crianças de hoje, mesmo quando não é mais hora da escola ainda é a escola (mas também durante as tardes de quarta-feira* dos pequenos burgueses: aulas de tênis, de esqui, ateliê de desenho, de canto, sei lá mais o quê, em todo caso outros tantos adestramentos previstos para esses queridos animais sábios). Quanto ao

[33] O adestramento doravante é reivindicado como tal, isto desde o sucesso quase mundial do Pokemon, em que a criança é explicitamente solicitada como adestrador. O Pokemon (nome vindo de *pocket monster*) se apresenta não mais como uma luta do bom contra o malvado, mas como uma educação ao domínio (ao adestramento). Assim, esse jogo surge como o correspondente exato, no nível da criança, da erótica contemporânea do mestre.

* A escola primária francesa folga, por tradição, a quarta-feira à tarde. (N.T.)

relaxamento, à fantasia, à ficção que cada um inventa, é um bem cada vez menor para a criança.

Pois o jogo é outra coisa que satisfazer a um programa, é uma estética do imediatismo, do pulo de um assunto a outro, do acaso, da invenção, da criação de um sentido que, longe de ser preestabelecido, se constrói nos próprios desvios da fantasia, do arbitrário, do caos[34], da "livre associação" (que é, também em psicanálise, um jogo de criança). Mas a que se deve, então, o êxito dos jogos modernos, pedagógicos? Ao fato de que propõem um aparelhamento.

A máquina bem cedo ultrapassou, de imediato, para falar a verdade, a barreira do aprisionamento que separa razão e loucura. Um dos primeiríssimos casos de alienação moderna dizia diretamente respeito à instalação do maquinismo na Europa[35]. Era antes da justamente célebre "máquina de influenciar" de V. Tausk, bem antes do inconsciente "maquínico" de Deleuze e Guattari. E era interessante, já que James Tilly Matthews, em seu delírio, significava que essa máquina com a qual seus perseguidores o manipulavam, era... uma linguagem. Uma linguagem maquinada. A linguagem é um aparelho? A linguagem funciona em binário?

O próprio laço erótico teria a ver com o aparelhamento? O dicionário vem aqui trazer sua caução. A palavra "aparelho" tem a mesma origem que "aparato", do latim *apparatus*, "preparativos". *Apparare* vem de *parare*, "paramentar" [em francês *parer*], em que se ouve a presença da *agalma*, esse objeto precioso que Sócrates continha no dizer de Alcibíades e que o tornava desejável, a despeito de sua feiúra.

O moderno erotismo de aparelho (*phone sex, internet sex*, correios e até encontros carnais entre dois seres que se pensam neuronais) difere desse outro erotismo de aparelho, aquele próprio aos sistemas totalitários, cuja estrutura Freud descreveu. O fato de, nos dois casos, se tratar de gozo não deixa muita dúvida. Temos os meios de diferenciar os modos

[34] Inspiro-me aqui de uma página d'Edelman, *op. cit.*, p. 135.

[35] John Haslam, Roy Porter, David Williams, *Politiquement fou: James Tilly Matthews*, traduzido do ingles por Hélène Allouch, prefácio de Lucien Favard, Paris, EPEL, 1996.

de gozo em jogo nesses erotismos de aparelho? De responder à questão: trepa-se com um aparelho?

Ao se dar, para ponto de partida da subjetivação, o sujeito do gozo, Lacan fazia, portanto, mais que seguir o sintoma como gozo sexual insabido. Ele abria a questão do gozo como aparelhamento. Distinguir, como ele propunha, a dimensão do gozo daquela da utilidade, não resolve plenamente o problema, uma vez que insiste, para além dessa distinção e como é abertamente o caso nas psicoses (mas também em outra parte, acabamos de indicar), a questão do gozo do aparelho. Esse gozo, a seguir as indicações de um James Tilly Matthews, parece equivaler àquele de um mestre: a máquina comanda.

Assim, introduzir a problemática do sexo do mestre, ressaltar não sua univocidade, mas seu ponto de obstáculo, aparece doravante como a via que nos impõe a fratura da erótica contemporânea para tentar responder ao desafio que Foucault endereçava à análise (e não só a ela): esse sujeito do desejo à produção do qual se dedicaria a erotologia analítica, como chega ele ao gozo?

Para introduzir o sexo do mestre

"E tu, tu, katapugon,
tens o ânus hiante
não só por tuas palavras
mas por tua submissão."

Eurípedes[36]

"Por mais alto que estejamos sentados,
sempre estamos sobre a bunda."

Rabelais

"Na Grécia, havia interditos fundamentais.
O interdito do incesto, por exemplo.
Mas não chamavam muito a atenção
de filósofos e moralistas,
se compararmos com a grande preocupação
de manter o domínio de si."

Foucault[37]

Envio

Parece ter chegado o momento – um pouco tarde, para falar a verdade – de constatar, no campo freudiano, um certo fracasso quanto ao sexo, que teve por consequência certos erros. Caso devesse ser aceita, essa cons-

---

36 *Thesmofórias*, verso 200.

37 Michel Foucault, "Le souci de la vérité », *Dits et Écrits* (daqui por diante *DE*), Paris, Gallimard, t. IV, 1994, p. 674 (igualmente, p. 335).

tatação provocaria uma mudança brutal – cujo tamanho não é fácil avaliar. Não se trata de uma revolução, de uma astronômica volta ao ponto de partida, mas de tomar ciência de algo determinante na erotologia e que, no entanto, até o presente, foi desprezado.

Constatação: mesmo ao abordar a coisa, a psicanálise não soube reconhecer que uma das dobras maiores da erótica ocidental, que uma das "partilhas" (Foucault) constituintes dessa erótica era a antinomia segundo a qual o mestre só pode consentir no sexo se ali perder seu estatuto.

Certo, a psicanálise abriu uma brecha essencial na erótica ao ressaltar que o sexo, no mamífero humano, não é um dado, ainda menos um dado natural (era a lição, é o real do transexualismo, mas ninguém levava isso em conta). Em compensação, ao acreditar perceber que o "dispositivo de sexualidade[38]" que supostamente permitia que cada um desses bichos presos na linguagem se declarasse sexuado[39] de tal ou tal maneira (que aqui nos abstemos, diremos a razão, de repertoriar) era essencialmente o dos complexos conjuntos de Édipo e de castração, ou então ainda o da retomada lacaniana deles com uma metáfora paterna a gerar a significação do falo[40], a psicanálise, sem se dar conta disso, construiu como que uma (nova) cortina de fumaça a esconder outra paisagem. Enquanto acreditava assim descrever a sexuação no que esta teria de universal, ela desprezava, ao mascará-la, nada menos que a história singular da sexualidade da qual, como erotologia[41], ela, no entanto, fazia parte.

Atualizada, essa outra paisagem[42] pode parcialmente explicar a presença de opacidades na primeira (notadamente a dita "sexualidade feminina"); ela é o solo verdadeiro de certos problemas (notadamente os des-

---

[38] Devemos o sintagma a Foucault.

[39] *Cf. Littoral* n 23/24, La déclaration de sexe, Toulouse, Érès, oct. 1987.

[40] J. Lacan, "D'une question préliminaire à tout traitement possible de la psychose", in *Écrits*, Paris, Seuil, 1966, p. 557. Em 26 de março de 1963 (seminário *A angústia)*, Lacan falará da "comédia edipiana", da "comédia da lei".

[41] J. Allouch, *La psychanalyse, une érotologie de passage*, Cahiers de L'unebévue, Paris, EPEL, 1998.

[42] Logo, só faremos aqui reiterar o ato de K.J. Dover segundo Foucault: desobstruir ("Dover, com efeito, desobstrui toda uma paisagem conceitual que nos atravancava o caminho" – a respeito de K.J. Dover, *Homosexualité grecque*, trad. do inglês por S. Said, Grenoble, La pensée sauvage, 1982) *cf.* Foucault, *DE*, t. IV, p. 315.

varios sexuais[43]"); além disso, fica claro que a própria definição do sexual depende disso (sabemos que ela permanece mal estabelecida). Lacan:

> O que deve ser articulado é o fundamento do desejo e [...] enquanto não chegarmos lá, nem mesmo asseguramos o campo da sexualidade. O mito de Édipo não nos ensina nada sobre o que é ser homem ou mulher[44].

Essa constatação nos levará para bem perto de um Freud que tenta dizer, em seus *Três ensaios*, o que é trepar, e bem longe de um Freud que acaba recobrindo sua originalidade na erótica de uma tela bem desbotada ao escrever, no prefácio à quarta edição (1920) dessa obra, que

> a sexualidade ampliada da psicanálise coincide com o Eros do divino Platão.

Valia de fato a pena, se era para chegar aí? Essa conclusão tristonha ratifica, no plano teórico, o fracasso aqui assinalado no plano factual (que comporta a clínica) e do qual deveremos dizer de modo mais preciso de quando ele datava.

No Ocidente, a castração[45] não é, nem foi, a problemática central em torno da qual girou a questão sexual. Essa problemática é, bem antes, oriunda de uma antinomia, aparecida bem cedo na Grécia arcaica, a do mestre e do sexo. Ela apresenta duas vertentes: não há mestre do sexo, e não há tampouco sexo do mestre, se todavia entendemos por "sexo", o que é exigível em certas espécies, dentre elas a nossa, não só aquilo que penetra ou é penetrado, mas qualquer órgão que seja onde se desencadeie esta maravilhosa e evanescente catástrofe: o orgasmo. O nome grego dessa antinomia, logo dessa paisagem a ser desvendada, é *katapugon* (os gregos também diziam *kinaidos*, palavra que os latinos transliteraram em

43 Sigmund Freud, *Trois essais sur la théorie du sexuel*, trad. Transa, fora de comércio. Os tradutores sublinham a referência de *die Abirrung* (traduzido por "desgarramento") à norma.

44 J. Lacan, *L'objet de la psychanalyse*, seminário inédito, sessão « fechada » de 15 de junho de 1966.

45 Ela não é encarada aqui no sentido amplo dado por Lacan ao falar, por exemplo, de castração escópica.

cinœdus[46]). Trata-se de um furo no sexual, verdadeiro ponto catastrófico gerador da normalização constituinte do desejo do mestre e dos intransponíveis limites atribuídos ao mestre nesse desejo.

Logo, o objeto deste capítulo é fazer deslizar, por trás da figura papai-mamãe-filho-falo, até torná-la suficientemente aparente, a paisagem do *katapugon*. Com efeito, com John Winkler, dizendo que:

> o *kinaidos*, citado apenas com indignação e ironia, é o irreal mas assustador contramodelo nas costas de todo homem[47],

os historiadores do sexo grego estão de acordo para afirmar que esse "contramodelo" não é a mulher, que, portanto, entre os mestres da Antiguidade, o horror por excelência não era aquele dito pela psicanálise: a castração da mulher.

Winkler menciona uma figura de 465 A.C. que mostra um jovem grego de barba curta, vestindo apenas uma capa, segurando na mão direita o pênis ereto, aproximando-se de um soldado persa que foge arrastando-se diante do grego, olhando seu vencedor com as mãos levantadas em sinal de horror. A inscrição identifica o soldado a ponto de ser "sodomizado" como representante do lado vencido. O persa é insultado

[46] Quicherat Daveluy e Chatelain: *Cinaedus*: CAT: insolente, obsceno / *Canaedior* / PETR: depravado / PLAUT: dançarino / PLÍNIO: peixe desconhecido. Bailly: *Kinaidia*: depravação contra-natureza. [Etim.: *Kineo*: movimento, e *Aidos*: sentimento de honra, respeito, vergonha, pudor]. *Katapugon*: infame depravado. [Etim.:*Kata*: embaixo, debaixo, no fundo, atrás, e *pugon* a bunda, o traseiro; *pugostolos*: cujo vestido desenha o lombo, *pugedon*: por trás; *pugisma*, obscenidade]. Winkler opõe *kata*, "em acordo com", e *para*, "contra" (*cf.* John J. Winkler, *The Constraints of Desire, The Anthropology of Sex and Gender in Ancient Greece*, New York, Routledge, 1990, p. 35). A posição frontal no amor é dita por Artemidoro *kata phusin* (Winkler, *op. cit.*, p. 42).

[47] John J. Winkler "*Laying down the law: the oversight of men's sexual behavior in classical Athens*", ch. 6 de *Before Sexuality, The Construction of Erotic Experience in the Ancient Greek World*, David M. Halperin, John J. Winkler, Froma I. Zeitlin editors, Princepton, Princepton University Press, 1990, p. 177: "Enquanto o guerreiro *hoplita* representa o ideal de si que todo cidadão consumado considera, o *kinaidos*, citado apenas com indignação e ironia, é o irreal mas assustador contramodelo por trás das costas de todo homem.

como *malakos*, "mole[48]". O laço militar de vitória/derrota deixa-se ainda mais facilmente desenhar nas figuras do sexo uma vez que o sexo é silogisticamente ligado à guerra por um termo médio ao qual um e outro pertencem: a caça[49].

A caça, isto é, uma certa *submissão* do lado do caçador. Lacan:

> A caça, sim... não sei..., [...] de qualquer modo, apesar de tudo, não é absolutamente supérfluo ver nela justamente uma virtude do homem, a virtude pela qual ele mostra ser o que há de melhor: passivo. [...] Para o camponês, o animal é enxotado, então pan! Pan!, trazem-lhe tudo. Não é a caça nem um pouco. A caça, quando existe, basta ver em que transes ela os deixa; isso porque sabemos, tivemos pequenos rastros de tudo o que eles ofereciam de propiciatório [...] Se tivessem podido matar o bicho, é porque se tinham tão bem submetido a tudo o que é de seu comportamento, de seu rastro, de seus limites, de seu território, de suas preocupações sexuais, para terem justamente, eles, tomado o lugar daquilo que não é isso: a não defesa, o não fechamento, os não limites do bicho, a vida, para dizer a palavra[50].

O *kinaidos* é o homem que deseja perder, que, escreve Winkler, "deseja simples e nitidamente ser possuído a fundo[51]".

---

48 Winkler, "*Laying down...*", *op. cit.*, p. 183. O título deste subcapítulo é o mais claro possível: Hoplitas vs. *Kinaidoi*.

49 Numerosíssimas referências, a começar pelas setas de Eros. Limitemos as mais recentes a duas: Pierre Vidal-Naquet, *Le chasseur noir, Formes de pensées et formes de société dans le monde greg*, nova ed., Paris, La découverte, 1991, e Alain Schnapp, *Chasse et érotique dans la Grèce ancienne*, Paris, Albin Michel, 1997.

50 J. Lacan, *...ou pior*, seminário inédito, sessão de 17 de maio de 1972. Logo depois, Lacan chega até a mencionar uma teoria que faz do sistema nervoso o resultado de uma identificação com a presa.

51 J. Winkler, "*Laying down...*", *op. cit.*, p. 186: "o *kinaidoi* é um homem que deseja perder. Ao oposto de todas as injunções sociais que prescrevem a necessidade para o homem de exercer seus desejos de uma maneira que mostre um domínio de si e dos outros, o *kinaidos* deseja simples e diretamente ser dominado." Ver o esclarecimento que trazem quanto a esse ponto, além do artigo de Leo Bersani do qual será questão aqui depois, as seguintes obras desse autor: *The Freudian Body, Psychoanalysis and Art*, New York, Oxford, Columbia University Press, 1986, trad. do inglês por C. Marouby, 1981; *Homos*, Harvard

Claude Calame ressalta que a injúria *katapugon* já era uma pichação na época arcaica, que Aristófanes fez dela um substantivo abstrato *Katapugosunê*, e também – traço não menos decisivo – que um dos autores dessas pichações inventou uma forma feminina: *katapugaina*[52]. Por que ter inventado uma forma feminina se a coisa (como tende a afirmar a psicanálise) cabia ao feminino? Para situá-la hoje, tomemos ciência de que o comportamento em questão é um crime na maioria dos países do mundo (Ocidente inclusive), que é, portanto, punível, com frequência severamente, mesmo tendo sido cumprido na intimidade por dois adultos consencientes.

Se duvidamos da centralidade do *katapugon* na Antiguidade, se desejamos interrogar não mais as cidades gregas, mas Roma, podemos nos reportar à obra de Pascal Quignard *O sexo e o pavor*, para ler ali de que maneira uma certa virada, no lugar mesmo do *katapugon*, mudou por completo a erotologia no Império Romano e fez o leito da ascese cristã. Muito clássico nisto, o autor descreve a sexualidade romana como definida por um modelo que por certo vem dos gregos: a *dominatio* do *dominus* sobre tudo o que é outro[53]. O *obsequium*, a submissão é essencialmente assunto de escravo ao qual, seja qual for seu sexo, o mestre pode dizer, designando-o com o dedo:

> "*Te paedico*", ou "*Te irrumo*"

com o que o escravo deve executar-se.

Ora, esse *obsequium*, esse "respeito" do escravo devido ao mestre[54] vai, num certo momento perfeitamente datável, estender-se à relação dos mestres com o imperador. "Uma população, escreve Quignard, preci-

---

University Press, 1995, trad. do inglês por C. Marouby, *Homos, Repenser l'identité*, Paris, éd. Odile Jacob, 1998.

52 Claude Calame, *L'Éros dans la Grèce antique*, Paris, Belin, 1996, p. 155. K.J. Dover, *op. cit.*, p. 141-142, após ter notado que esse feminino é feito sobre o modelo *therapon / therapaina*, cita algumas dessas inscrições: "Antilo é um enrabado", "Sikela é uma enrabada", "Sósias é um enrabado, diz Eufrônio que escreveu <isto>", etc.

53 Pascal Quignard, *Le sexe et l'effroi*, Paris, Gallimard, Folio, 1994, p. 22.

54 *Ibid.*, p. 35.

pitou-se na servidão[55]." Em – 18, Augusto proclama sua lei que regulamenta a sexualidade[56]. Ele inaugura, assim, uma longa era repressiva no interior da qual a moralidade ascética cristã vai simplesmente se alojar.

Não é pouca coisa definir a culpa a partir daí. A culpa, isto é, "a organização psíquica do *obsequium*[57]". É bem possível pensar em conceber, com a paisagem castr'edipiana, a gênese do arrebatamento[58] ou da vergonha (vergonha de ter visto o sexo que me engendrou). Mas a culpa só pode ser situada em relação a um ato, e até, precisamente, um ato de submissão. Nomeadamente: aquele que problematizaria o interdito do *katapugon*.

O desconhecimento do *katapugon* e sua não distinção para com a castração (que tenta absorvê-lo ao incorporá-lo) são pagos, em psicanálise, com um preço cada dia mais pesado. Trata-se de uma peça a ser incluída no dossiê, ou, mais subterraneamente, de uma causa? O fato é que os psicanalistas acabaram perdendo seu estatuto de pioneiros num terreno, o da erotologia, que eles, no entanto, tinham sabido explorar longe dos lugares comuns, deixando a outros os espaços da sexualidade mantidos na sombra, isto é, deixando para outros o cuidado de instaurar novas erotologias. Há vinte anos, é assunto resolvido nos Estados Unidos: o próprio lugar onde a própria psicanálise se desconsiderou ao se fazer adaptativa, onde a psiquiatria também renunciou ao se voltar para a estatística, é aquele onde floresceu, com novas práticas eróticas e novas culturas eróticas (Gayle Rubin, por exemplo, mostrou que o *fist-fucking* deu lugar a uma efetiva subcultura), um novo campo, o dos *gay and lesbian studies*, o da *queer theory*. A inovação aí está, o questionamento aí está, e é aí também que se discute com Freud.

Notaremos numa segunda parte deste capítulo como, ao identificar como "recusa da feminidade" o fato de um homem não querer submeter-se à autoridade de outro homem, Freud passava ao lado do encontro que com ele marcara a história com o *katapugon*. Ao dizer que a anatomia é o

---

[55] *Ibid.*, p. 36.
[56] *Ibid.*, p. 37.
[57] *Ibid.*, p. 36
[58] *Ibid.*, p. 118.

destino, ele, no entanto, confundia vagina e reto em "proveito" da vagina (mais que às suas custas[59]). Certo, ele renovava, prolongava assim uma confusão antiga, cuja insistência é encontrada, por exemplo, em Aristóteles. Mas, justamente, a análise, para merecer as ressonâncias químicas de seu belo nome, não tinha, aqui ainda, que distinguir?

Ao distinguir, verificaremos que melhor delimitar o lugar da psicanálise na história da sexualidade permitirá não por certo resolver mas, em todo caso, abordar de outro modo vários problemas não resolvidos, provavelmente por terem sido mal colocados. Isolemos quatro, não sem artifício, pois a diferenciação deles está mais ligada à história da doutrina analítica que ao teor de cada um.

Primeiramente, que consequências o reconhecimento do *katapugon* teria no papel atribuído ao complexo de Édipo em psicanálise? Não se trata aqui de proclamar que o interdito do incesto não é universal no sentido em que, considerando suas variações, não seria encontrado em ação em toda sociedade[60]. Por outro lado, é importante dizer que não

[59] O gesto de suspender essa confusão resulta da mesma veia que aquele de Lacan recusando a analogia clitóris-pênis (recusa decisiva, pois compromete a tese lacaniana segundo a qual à mulher "nada falta"): "estaríamos completamente errados em considerar que o *Penisneid* seja o último termo [...] o fato de ele não ter, quanto a esse ponto, nada a desejar [...] talvez eu tente articular de um modo muito preciso anatomicamente por quê, pois esse assunto de analogia clitóris-pênis está longe de estar absolutamente fundado. Um clitóris não é simplesmente um pequeno pênis, é uma parte de pênis, corresponde a um corpo cavernoso e nada além disso; ora, um pênis, que eu saiba, exceto entre os hipospádicos, não se limita ao(s) corpo(s) cavernoso(s)" (*A angústia*, sessão de 13 de março de 1963). Não se pode citar esse texto sem notar que Lacan, como costuma ser o caso quando a isso se refere, tropeça um pouco em sua medicina. Para melhor diferenciar clitóris e pênis, ele parece aqui tentar forjar uma oposição entre o clitóris identificado a um corpo cavernoso e o pênis que, este, não se reduziria aos corpos cavernosos. O fato é que a hipospadia, anomalia da posição do meato urinário que, quase sempre, se abre para a face inferior do pênis, não é um pênis reduzido aos corpos cavernosos (mesmo colocando-os no plural, o que não faz a estenotipista). Quanto ao clitóris, sua identificação lacaniana como "um corpo cavernoso e nada além disso" está nada menos que assegurada. Nessas aproximações, Lacan talvez seja trabalhado pela forma perineal da hipospadia em que o pênis parece com um clitóris, o prepúcio com um capuz clitoridiano, tanto que se pode, no nascimento, classificar o bebê como hermafrodita.

[60] *Cf.* Claude Lévi-Strauss, "La sexualité féminine et l'origine de la société », *Les temps modernes*, nº 598, março-abril de 1998.

é ele quem, no Ocidente, reina sobre o conjunto das modalidades da sexuação.

Ou seja, a dita homossexualidade. Se, como quer a tradição analítica, ela resulta de um complexo de Édipo maluco de uma certa maneira, só se pode, no melhor, dizer, como fez Freud questionado a esse respeito no final da vida, que ela não é uma doença, mas uma "parada do desenvolvimento", uma espécie de inacabado, de não consumado. Na época, essa posição era um sopro de ar fresco para com uma homofobia que, hoje desclassificada na escala dos valores culturalmente admitidos, no entanto está longe de ter desaparecido. Mas estamos de fato seguros de que a maquinaria edipiana resolve a questão? De que a homossexualidade seja uma de suas realizações? De que ela não decorre de um outro esquema da sexuação? Ora, aqui se apresenta, ao título de outra abordagem possível, a problematização antiga, mas também contemporânea da sexualidade do mestre. É dela que decorre, historicamente, a homossexualidade no Ocidente (e não só no Ocidente).

Essa sexualidade do mestre não vetoriza apenas a homossexualidade, dando assim seu alcance à formula do Lacan leitor de os *Três ensaios sobre a teoria da sexualidade*, segundo a qual "a perversão é normal[61]". A questão de sua incidência também se coloca para com as duas categorias cuja reunião com a perversão forma "Pernepsi", o paradigma clínico perversão/neurose/psicose. Nas psicoses: Schreber nada tem a ver com o *katapugon*, ele que fica doente no instante em que é instaurado como mestre? E o professor Wagner[62], um mestre ele também? O *katapugon* não é o nome do furo dito "sodomita" em nome do qual ocorreu sua loucura, com seus atos mortíferos insensatos? Quanto à histeria e à neurose obsessiva, de fato são necessárias contorções teóricas para conseguir desprezar que se trata de duas formações de um laço com o domínio ou/e de domínio.

Assim, vamos considerar bem longe de ser trivial o gesto pelo qual Lacan, em 8 de janeiro de 1966, identificava, por trás do pai freudiano

[61] J. Lacan, *O objeto da psicanálise*, sessão de 15 de junho de 1966.

[62] Anne-Marie Vindras, *Ernst Wagner, Robert Gaupp: un monstre et son psychiatre*, *op. cit.*

da horda primitiva (chave de abóbada do edipianismo), por trás desse pai portanto situado como um "manequim", nada mais que o mestre, aquele que se substitui ao mestre absoluto, a morte.

Segunda incidência: que não vê que ao pintarmos com cores gritantes a "sexualidade feminina" em "continente negro[63]", procedimento antes eficaz para cobrir a confusão dos dois buracos sexuais ou arrolados pelo sexo que são o reto e a vagina, estamos contribuindo para o silêncio que, por outro lado, deploramos a seu respeito? Mas, de modo mais radical, não é o isolamento no qual ela é mantida que constitui o obstáculo maior? Ao fazermos dela um problema diferente daquele da sexualidade masculina até acabar supondo – mas sem dizê-lo realmente – que existem duas (várias outras ainda?) sexualidades, o que é visado? A clareza? É permitido duvidar. Na cama, talvez até no mais leve dos beijinhos heterossexuados, existem duas sexualidades? Estamos bem seguros, por exemplo, de que sentir tesão seja obra apenas do portador do apêndice inflado, talvez até de que só exista o "tesão-papai" (Brassens)*?

Terceira incidência: esse posicionamento da psicanálise em seu lugar na história da sexualidade também vai permitir não só estudar o problema do poder em sua relação com o sexo e do sexo no que ele comporta de exercício de um poder, mas também tirar as consequências erotológicas de um estudo como esse. O que dizer? Com Foucault, Leo Bersani nota que

> os corpos humanos são de tal modo feitos que é quase impossível não associar domínio e subordinação aos nossos mais intensos prazeres[64].

[63] Alguns indícios do sucesso contemporâneo da fórmula (notadamente junto às mulheres): depois de Freud tê-la escrito, Janine Chasseguet-Smirgel abre ao citá-la em sua introdução à *La sexualité féminine* (Paris, Payot, 1964, PBP, p. 5), Michèle Montrelay faz dela o título de um capítulo de sua obra *A sombra e o nome*, sobre a feminidade (Paris, éd. de Minuit, 1977, p. 62 *sq.*). Lacan a menciona várias vezes, e fala também do "continente negro" do narcisismo.

* Alusão ao refrão de uma canção de Georges Brassens que diz que "o tesão-papai [*la bandaison-papa*] é incontrolável". (N.T.)

[64] L. Bersani, "*Is the rectum a grave?*" in AIDs: Cultural Analysis, Cultural Activism, Cambridge, Massachussets, MIT Press (October Books), 1988, p. 216. *Le Rectum est-il une tombe?*, trad. Guy Le Gaufey, Cahiers de L'Unebévue, Paris, EPEL, 1998.

Ora, em certos exercícios S/M[65] entre os mais avançados, o reto é o insaciável por excelência. Ele não é a vagina no sentido em que o orgasmo (essa crise de histeria, dizia Lacan) pode, por um tempo, apaziguar a vagina, ao passo que a ausência de orgasmo pode elevar o reto à dignidade de um órgão essencialmente insaciável. Nada o vence, nenhum falo que sucessivamente se apresente à sua porta e o penetre até ficar esgotado.

Mas infligir-se a prova de recusar em ato o falocentrismo, ao que o reto pode ser empregado, não é o que está em questão no coito mais comum (se existe tal coito, do que se pode duvidar)? Não é isso o orgasmo, essa colocação fora de jogo do falo do qual Lacan, com Freud, fez o ponto de subjetivação da trepada?

Assim, essa problematização do sexo coloca, explicitamente sob a pena de Bersani, a questão de saber se o masoquismo não é a essência do sexual. Essa questão foi, com frequência, transferida para a de um pretenso "masoquismo feminino" (fantasia masculina, dizia Lacan com certeza, por um lado, por retaliação[66]), caso típico desse procedimento que consiste em fazer a oposição masculino/feminino intervir para evacuar uma dificuldade. Lacan:

> Em Freud, fala-se de tudo, de atividade, de passividade, de todas as polaridades que vocês quiserem, mas jamais de masculino-feminino, porque não é uma polaridade e que, aliás, como não é uma polaridade, é inteiramente inútil tentar falar dessa diferença[67].

O panfleto do maior sex-club do universo (em San Francisco), que anuncia uma festança coletiva de 23 horas até o amanhecer com esta promessa: "Vamos trepar até cair[68]", não está prometendo algumas mo-

[65] O / tem o valor de um traço distintivo, aquele que ordena não ler SM, como faria alguém que frequentasse os clássicos: Sua Majestade.

[66] J. Lacan, *A angústia*, sessão de 20 de março de 1963. Freud já escolhera só tratar do masoquismo feminino a partir do homem (*cf.* S. Freud, "Le problème économique du masochisme", in *Névrose, psychose et perversion*, traduzido do alemão sob a direção de Jean Laplanche, Paris, PUF, 1973, p. 289).

[67] J. Lacan, *O objeto da psicanálise*, sessão de 8 de junho de 1966.

68 Citado por Frank Browning, *The Culture of Desire: Paradox and Perversity in Gay Lives*

dulações de um certo "deixar cair" em jogo em cada um dos aproximadamente setecentos milhões de atos sexuais que se produzem todos os dias pelo mundo afora?

Quarta incidência desse posicionamento histórico da psicanálise, aquela que diz respeito à formula de Lacan segundo a qual "não há relação sexual". Que a psicanálise tenha um certo lugar na história, que aquilo com o que ela está às voltas em seu exercício esteja historicamente localizado, isto, longe de todo essencialismo psicanalítico, poderia permitir, ao contrário, tomar essa declaração da inexistência da relação sexual com todo rigor, permitir, em outras palavras, desdobrar-lhe enfim as implicações.

Por exemplo, verificaremos que são aqui tiradas algumas lições clínicas da defunta homossexualidade. Era tempo: nascida no discurso médico da norma no meio do século XIX, a homossexualidade (que, um pouco mais tarde, devia provocar a invenção da heterossexualidade) oficialmente faleceu, para esse mesmo discurso, em 1973[69]. E na psicanálise? Continua ela sua corrida? Nesse caso, seria preciso atribuir a essa corrida a medalha do mérito da raridade: já se viu uma prova assim prosseguir ainda por muito tempo depois de ter sido apitada uma falsa partida? Não é de regra, ainda que a coisa exista por exceção – alguns buscando sempre resolver o problema da quadratura do círculo, resolvido desde 1873.

Para começar a indicar a importância de uma abordagem explícita daquilo que seria o sexo do mestre, na verdade, de sua impossibilidade, vamos recorrer, no fim deste capítulo, a uma escrita de notas, sem outra preocupação de ligá-las juntas, de fazer delas um feixe, um *fascinus*, um falo[70]. O leitor, se desejar (e mesmo com o risco de achar tal dificuldade insuperável), que proceda às costuras. Em compensação, o ponto

Today, New York, Crown Publishers, 1993, traduzido do Americano por S. Peltier, V. Leclercq e S. Lechevalier, *La culture du désir*, Montpellier, DLM, 1997, p. 90.

[69] Nessa data, a Associação dos psiquiatras americanos retira a homossexualidade de seu catálogo das patologias. A homossexualidade tinha nascido em 1869, a heterossexualidade em 1890.

[70] Essa linha significante foi observada por P. Quignard, *cf. Le sexe et l'effroi*, *op. cit.*, p. 29, 75 (menção de Plínio chamando o *fascinus* o "médico da inveja"), 86, 87, 88, 123, 134, 280, 322.

onde a psicanálise malogrou no *katapugon* pode, ele, ser objeto de um discurso e de uma investigação mais clássicos. Será, portanto, nosso segundo ponto.

Terá sido preciso esperar Lacan para a questão do domínio ser problematizada na psicanálise, e não mais apenas atuada nas transferências (os didatas da IPA apresentando-se como mestres).

Do que se trata em nossa tentativa de situar o que acontece com o sexo do mestre? De estudar, um pouco mais de perto, o que não foi feito até aqui, aquilo que Lacan chamava "as leis do gozo". Em seu seminário *O objeto da psicanálise*, de 8 de janeiro de 1966, após ter ressaltado a figura do mestre hegeliano por trás daquela do pai freudiano (gesto que hoje redobramos ao valorizarmos a paisagem do *katapugon* por trás da do Édipo), ele acabou localizando o "erro" hegeliano, a saber, o fato de atribuir ao mestre luta de morte de puro prestígio, "de manter em sua posse o privilégio do gozo, isto sob pretexto de que o escravo, para conservar a vida, renunciou a esse gozo".

E Lacan então coloca um problema cuja solução pode hoje ser nomeada:

> Onde pegar – *perguntava ele* – as leis dessa singular dialética, que bastaria renunciar ao gozo para perdê-la? Mas vocês [vocês... Hegel, vocês o público do seminário, mas identificado com Hegel] não conhecem as leis do gozo! É provavelmente o contrário; é até seguramente o contrário. É do lado do escravo que permanece o gozo, e, justamente, por ter a ele renunciado. É porque o mestre erige seu desejo que ele vem, nas margens do gozo, se chocar.

Katapugon, é este o nome que a história nos oferece desse obstáculo. Como tal, ele seria nada menos que instaurador do laço social, observa Lacan. Freud, dizia ele ainda, dá a solução ao problema – não resolvido em Hegel – da sociedade dos mestres: "os mestres são homossexuais" (fórmula pela qual Lacan condensa essa contribuição freudiana), e vê-se aqui, a segui-la, que por mais longe que o Édipo explique a homossexualidade, em Freud mesmo, é a homossexualidade que funda o Édipo. Como Lacan a entende, nesse 8 de janeiro de 1966?

A partida da sociedade é o laço homossexual, precisamente em sua relação com a interdição do gozo, o gozo (do) outro na medida em que ele é aquilo que está em questão no gozo sexual, a saber, o outro feminino. Eis o que, no discurso de Freud, é a parte mascarada[71].

Não está excluído que nossa contribuição valha como um entrave nas rodas desse desenvolvimento. Não está ele também, neste instante preciso, pondo a feminidade no lugar do *katapugon*? Em outras palavras: deve-se identificar o outro e o feminino? De onde recebe, ele, tal identificação? Ei-lo, portanto, como regador regado, uma vez que lhe remetemos suas próprias frases:

> Onde vocês pegam as leis dessa singular dialética, que bastaria que o gozo fosse sexual para que o outro ali fosse feminino? Mas vocês não conhecem as leis do gozo! É provavelmente o contrário; é até seguramente o contrário.

Pelo menos admitiremos, por enquanto, que aí se trata da questão colocada pelo encontro frustrado da psicanálise com o *katapugon*.

Eufemismo: que, no sexo, o outro seja feminino levanta uma questão. E Lacan devia colocá-la no momento em que dava seu estatuto ao objeto pequeno *a*, em janeiro de 1963. Uma das melhores provas que se pode dar da insistência dessa questão, além da existência de respostas intempestivas, é a operação pela qual acontece de fazermos o feminino outro. É este o caso de um "grande irmão" de Lacan, irmão em dandismo, mas também por certos temas, por exemplo o do *O héautontimorouménos** ou *O carrasco de si mesmo*, tão importante na interpretação por Lacan da loucura de Marguerite Anzieu – teremos reconhecido Baudelaire. A leitura proposta por Bersani valoriza precisamente, sobretudo em *A cabeleira* e *O belo navio*, a maneira como, através do jogo com as metáforas (saia/véu, garganta/armário, pernas/bruxas, braços/sucuris, etc.),

---

[71] O "(da)" figura assim na estenotipia, tendo, além disso, quatro pequenos travessões, dois à esquerda e dois à direita do "(da), em cima e embaixo, colados aos dois parênteses.

* Termo criado pelo poeta latino Terêncio e retomado por Baudelaire no poema *L'héautontimorouménos* ou, em português, *O carrasco de si mesmo.* (N.T.)

o poeta se afasta da mulher que ele canta, efetuando então aquilo que Bersani chama, em particular a respeito de *O belo navio*, um "salto numa alteridade que equivaleria ao idêntico"[72]. Justamente, não há essa identidade, mostra Bersani. Assim, podemos concluir que a efetividade de um salto como esse mostra uma não assimilação do outro e da mulher.

> *"Não é absolutamente necessário o sujeito permanecer suspenso, quando for macho, à ameaça de castração, suspenso quando for do outro sexo ao Penisneid."*
>
> *Lacan*[73]

O encontro frustrado:
"A análise com fim e a análise sem fim[74]

Vai se tratar de explicitar esse saber para o qual apelava Lacan ao tentar prolongar a análise para além (ou antes "aquém", caso se trate de fato de um impasse) do complexo freudiano de castração.

Visto a partir da retomada lacaniana de Freud, o artigo "A análise com fim, a análise sem fim" (masoquistamente recebido como canônico pelo fato de que estabeleceria o complexo de castração como insuperável) aparece muito aquém da invenção freudiana. É marcado por uma degradação da psicanálise na família[75] e cai no velho caminho traçado do controle das paixões que a psicanálise, no entanto, conseguira não

---

[72] L. Bersani, *Baudelaire et Freud, op. cit.*

[73] J. Lacan, *A angústia*, sessão de 13 de março de 1963 (página faltante, inserida por Gérôme Taillandier em sua versão da estenotipia).

[74] S. Freud, *Die endliche und die unendliche Analyse* », *Internationale Zeitschrift für Psychoanalyse* 23 (2), 1937, p. 209-240, GW, XVI; trad. Francesa de J. Altounian, A. Bourguignon, P. Cotet, A. Rauzy, « L'analyse avec fin et l'analyse sans fin », *in* S. Freud, *Résultats, idées, problèmes II*, Paris, PUF, 1985.

[75] Freud junta em seu texto, além de Emma Eckstein, aqueles que ele não conseguira casar: sua filha Anna, muito presente, se não for com seus roteiros s/m, em todo caso abertamente com seus mecanismos de defesa (seu livro *Le moi et les mécanismes de défense* é de 1936 – trad. do alemão por A. Berman, 4ª ed. Paris, PUF, 1967) e Sandór Ferenczi. Ele próprio se coloca, enquanto analista, como "substituto paterno" (*op. cit.*, p. 267).

precisar sequer evitar. Ora, com essa queda, o problema analítico vê-se lamentavelmente levado (e reduzido) a um problema de domínio. Com efeito, ali se trata de domar, de domesticar as pulsões[76]. Tudo então se passa como se a posição de um Wilhelm Reich fosse doravante nula e inexistente. Está fora de questão reivindicar a saúde das pulsões, dizer, como Reich a quem o interrogava:

> Entendam-me bem! Não se trata apenas de trepar, de ter relações, de se abraçar. Trata-se da realidade da experiência emocional da perda do "Eu" [*Moi*], de todo o Eu [Moi] espiritual. Ora, Freud compreendia isso muito bem. Com frequência lhe perguntei: "Aonde vamos? A teoria da libido está a ponto de desaparecer[77]."

De fato, tem-se a impressão de que a teoria da libido foi amplamente abandonada, já que, nesse texto testamento de Freud, o caráter erótico desse roteiro S/M de domínio das pulsões praticamente não é abordado. Lacan, desse ponto de vista, permanecia erotologicamente mais franco quando convidava todo psicanalista, em 1955, a ser, como Freud o foi, segundo ele, um cão de Diana-a-verdade, ainda que, por isso, fosse obrigado a devorar Freud-Acteon[78]. Entretanto, no fim do texto, quando acabamos no rochedo biológico dos sexos, tornado

---

[76] S. Freud, "L'analyse avec fin et l'analyse sans fin", *op. cit.*, p. 235, está em questão pulsões refratárias a « domação pelo eu [*moi*]", de um eu [*moi*] que "não pôde tornar-se mestre", daquilo de que a análise é magistralmente capaz". A página 240 comporta a definição da domação: "a pulsão, totalmente integrada na harmonia do eu [*moi*], é acessível a todas as influências exercidas pelas outras tendências no eu [*moi*], [...] não segue mais suas próprias vias rumo à satisfação". Página 244, a terapia analítica é dita consistir em "substituir os recalques permeáveis por domínios fiáveis e conformes ao eu [*moi*]".

[77] W. Reich, *Reich parle de Freud*, traduzido do americano por Pierre Kamnitzer, Paris, Payot, 1972, p. 41.

[78] J. Lacan, "La chose freudienne ou sens du retour à Freud en psychanalyse », *L'évolution psychiatrique*, nº 1, 1956, retomado in *Écrits*, *op. cit.*, p. 401-436. Em "A análise com fim e a análise sem fim", os cães fazem metáfora às pulsões (S. Freud, *op. cit.*, p. 246), o que vai ao encontro da etimologia de *excitare*: gritar aos cães para que se levantem e persigam a presa (*cf.* P. Quignard, *op. cit.*, p. 212). Lacan, depois de ter situado em 1955-1956 o psicanalista freudiano como um cão de Freud, prosseguia, por sua vez, ...papeando.

famoso sob o nome de "rochedo da castração[79]", as coisas se personalizaram, não se trata mais tanto de instâncias psíquicas quanto de um mestre que leva um outro e futuro mestre[80] a domar suas pulsões. A questão tinha dois mil anos, a distância entre "pulsão" e "paixão" permanecendo fraca demais para que não se lesse que o velho caminho traçado regra o jogo da "bruxa" (*dixit* Freud, designando assim sua metapsicologia).

Descontente com o aprendizado, Ferenczi diria a seu mestre Freud: "Ah! Por que não fostes ainda mais cruel comigo! Isso teria reativamente soltado minha transferência negativa e eu teria assim podido acabar minha análise." E Freud, para além da morte de seu discípulo antigamente querido (falecido em 1933), a lhe responder: "Cruel? Nada disso! Eu não teria "a temeridade de querer rivalizar com o destino empreendendo experiências tão cruéis com os pobres irmãos humanos"[81]." Assim, em vez até dessa escapulida na escalada S/M pedida por Ferenczi (uma escapulida aliás relativa pois, como na brincadeira sadomasoquista bem conhecida, é ao recusar ser cruel que o parceiro o seria), Freud se entrincheira atrás

[79] Freud escreve: "*gewachsenen Fels*", rochedo [*le roc*] para a tradução francesa, nota Guy Le Gaufey, a qual assim inventou o "rochedo da castração". Já que *gewachsenen* é aumentar, crescer, desenvolver-se e que, portanto, esses termos têm uma conotação fálica, essa tradução não parece radicalmente falsa. Resta que esse biológico erigindo-se, esse rochedo seria antes o da ereção! Le Gaufey indica ainda que o assinante freudiano do verbo *wachsen* é o pequeno Hans, com seu faz-xixi que vai crescer, desenvolver-se. O balizamento dos trajetos históricos do signo "rochedo da castração", ao meu conhecimento, não foi feito. Em que momento, por exemplo, Lacan ratifica essa tradução meio torta? Foi ele o primeiro a retomá-la? Contribuiremos aqui para essa pesquisa filológica com duas referências: em 5 de dezembro de 1962 (seminário *A angústia*), Lacan afirma que "o último termo" a que Freud tenha chegado, seu "obstáculo", é "a angústia de castração"; o equívoco mais nítido em 9 de janeiro de 1963, quando Lacan convoca a "angústia de castração" (*Kastratiumangst*, o termo é muito frequente em Freud) como sendo o limite freudiano da análise, isto em geral, depois chama "complexo de castração" e *Penisneid* esse mesmo limite desta vez distinguido no homem ou na mulher. Logo, "castração" aparece a um só tempo no gênero e numa espécie.

[80] Freud chama Ferenczi um "mestre da análise" (p. 245), e ninguém ignora mais que com esse texto Freud respondia às questões que lhe colocava Ferenczi em posição de analisando sem analista. Que ele retomava também, não menos discretamente, o caso de Emma Eckstein.

[81] S. Freud, "L'analyse avec fin et l'analyse sans fin", *op. cit.*, p. 247.

de dois pontos que ele diz de resistência no paciente[82]: "a inveja do pênis" quando o futuro mestre é uma mulher e, para o homem, "a rebelião contra sua posição passiva ou feminina para com outro homem[83]".

Freud não lera Foucault, nem os trabalhos aos quais a *História da sexualidade* devia dar importante impulso. Freud vivia num tempo em que não estava em questão nem *queer nation*, nem escolha entre permanecer uma *closet queen* ou *sair do armário* [em francês, "fazer o *coming-out*"], nem *kiss-in*, *glory hole* ou *fist-fucking*, nem saunas ou *jack-off*[84], nem *camp*, ainda menos *safe-sex*. Mesmo assim, se hoje propuséssemos esse artigo a um leitor pouco informado sobre a sexualidade na Antiguidade na Grécia e em Roma, não haveria dificuldade alguma em identificar o ponto dado como limite absoluto à ação do mestre do mestre (seu nome em psicanálise é "didata", Lacan lhe contestava qualquer outra existência que *de facto*). Logo, esse ponto, que é também aquele diante do qual fracassa o próprio conceito de "mestre de mestre", é, como conceito, um oximoro. Com efeito, supõe-se (é esta a ontologia do domínio) que um mestre,

ainda que deva aprender a ser mestre, não pode deixar de ter sido. Ora, é o que aconteceria, supôs-se também e não menos "gratuitamente", se ele se tivesse emprestado ou oferecido como *katapugon*. Na pederastia grega, o erômeno não aceitava isso, da mesma forma que, mais tarde, o patrício romano, ao ponto que Roma, nota Quignard, identificava a falta de pudor pura e simplesmente a esse ato de obediência por todos vilipendiado[85].

O que fez então Freud? Em vez de acolher o problema tal como se apresentava, tal como lhe vinha do fundo da história, tão antigo quanto o discurso do mestre, ele o colocou num registro que ele se dera, que ele

---

[82] *Ibid.*, p. 254: "Com efeito, o fato decisivo é que os mecanismos de defesa opostos aos perigos de outrora retornam na cura enquanto resistências [sublinhado por Freud] opostas à cura. O resultado disso é que a própria cura é tratada pelo eu [*moi*] como um novo perigo."

[83] *Ibid.*, p. 266.

[84] "Club de branlette", *cf.* F. Browning, *op. cit.*, p. 133.

[85] "Um homem é dito pudico em Roma enquanto não tiver sido sodomizado" (P. Quignard, *op. cit.*, p. 19).

considerava uma aquisição, o da bissexualidade[86]. Ponto particularmente instrutivo: *é num mesmo movimento que Freud fica cego à especificidade do* katapugon *e que ele supõe uma relação sexual.* A bissexualidade, com efeito, é uma, ainda mais nítida porquanto Freud não se limita a dizer que os sexos são dois, mas acrescenta, sempre nesse texto, que são "opostos". O que é bem uma relação.

Depois de ter intempestivamente feito também rochedo da inveja do pênis na mulher e "para o homem, [de] a rebelião contra sua posição passiva ou feminina para com outro homem", Freud escreve uma frase que nos indica onde ocorreu seu encontro frustrado com o *katapugosunê*:

> Alfred Adler mais tarde usou a denominação plenamente pertinente para o homem de "protesto viril"; penso que "recusa da feminidade" teria sido desde o início a descrição exata dessa parte tão notável da vida da alma humana[87].

Como com muita frequência nas ciências que têm sérias dificuldades com a exatidão, quando se lê "exata", é possível estar praticamente certo de que, então, a dita exatidão justamente falta. Aqui, mais que de uma inexatidão, trata-se de tornar algo inexato colocando-o em outro lugar que no seu. Logo, o fracasso do *katapugon* remonta, pelo menos, à ruptura com Adler, ruptura cujo alcance Freud, já notamos, tenta aqui diminuir sem conseguir realmente saber seu tamanho. Ao contrário, lhe respondemos, "protesto viril" era um termo bem mais ajustado!

O que faz o mestre quando, incitado por Eros (e já tendo por isso perdido o domínio), vai ao encontro marcado com o sexo? Pois bem, se quiser permanecer o mestre que ele já não é mais inteiramente (pois ir ao encontro já é estar escravo de Eros), quanto mais ele estiver próximo de or-

[86] Judith Butler, sublinhando que essa bissexualidade tem em Freud o estatuto de disposições masculinas e femininas que têm objetivos heterossexuais, acaba definindo-a, muito logicamente, como "a coincidência de dois desejos heterossexuais no interior de uma mesma psique" (*Gender Trouble: Feminism and the Subversion of Identity*, New York, Routledge, 1990, p. 60-61). Vale dizer que essa hipótese não resolve nada.

[87] S. Freud, "L'analyse avec fin et l'analyse sans fin", *op. cit.*, p. 266.

gasticamente ir ao encontro (essa derrota é a essência do sexual), mais, defensivamente, ele protestará. Seu protesto é o de um vencido por Eros, de um escravo, aquele que encontrará parcialmente sua solução se e somente se o erômeno ceder a seu desejo. Com efeito, essa solução é bem relativa, já que a relação sexual que então se torna possível é apenas – diz no falar "homo" – uma punhetinha, uma mexidinha, e que o laço éraste/erômeno se mantém à respeitosa distância da trepada propriamente falando.

Logo, o texto de Freud também é muito claro quanto a um motivo importante que favoreceu esse fracasso, a saber, a fliesseana bissexualidade que toda uma corrente contemporânea da análise e fora da análise doravante louva com entusiasmo, chegando até a elevá-la, na oportunidade, ao nível de um novo sexo, um terceiro, o bi. Essa bissexualidade permitiu que Freud falsamente colocasse em simetria o caso do homem e o da mulher (uma vez mais, dirão algumas, não sem ter o apoio de Thomas Laqueur[88]. Citemos:

> Nos dois casos, é o que diz respeito ao sexo oposto que sucumbe ao recalque[89].

Mas não. O problema do *katapugon* é específico, não há mais "nos dois casos" senão "sexos opostos".

Concluamos. Em Freud, uma escolha coerente toma juntos o complexo de castração (pensado comum ao homem e à mulher), a suposição de uma relação sexual entre homem e mulher (uma oposição binária) e o enxotamento do protesto viril para uma "recusa da feminidade". Ao inverso disto, recusar esta última identificação vai combinar com um pensamento um pouco elevado da não relação sexual e uma contestação da função constituinte do sexual atribuída apenas ao complexo de castração.

---

[88] Thomas Laqueur, *Making Sex. Body and Gender from the Greek to Freud*, Harvard College, 1990, trad. do inglês por M. Gautier, *La fabrique du sexe*, Paris, Gallimard, 1992.

[89] S. Freud, *op. cit.*, p. 267.

Notas

Primeiramente, uma palavra sobre a possibilidade de designar uma "partilha". É que o conceito foucaultiano de "partilha", do qual fizemos uso, cria dificuldade. Com efeito, se ele é essa dobra constituinte de uma problemática, como, tomado nessa problemática, a partir dessa problemática, identificar isso a partir do que ela teve, ela tem seu lugar? Resposta, que também tiramos de Foucault: pela graça da viagem. Aqui, nossa viagem aquém do Édipo e da castração será amplamente histórica. Mas Foucault também viajava fisicamente, o que, na oportunidade, o desviava aquém de uma certa linha de partilha. Testemunha, o que foi para ele o Japão[90]: um lugar de onde perceber a partilha de que depende o sexo no Ocidente e a partir da qual ele podia perceber e desenhar-lhe o traço.

Assim se constituía um desses fatos históricos aos quais Paul Veyne dava, em 1978, estatuto, tão desconhecido, de raridade:

> A intuição inicial de Foucault não é a estrutura, nem o corte, nem o discurso: é a *raridade*, no sentido latino dessa palavra; os fatos humanos são raros, não estão instalados na plenitude da razão, há vazio em torno deles para outros fatos que nossa sabedoria não adivinha[91].

Em julho de 1978, Foucault deu, no Japão, uma pequena conferência intitulada "sexualidade e poder[92]". Ele explica o que o levou a empreender uma história da sexualidade. Freud está em lugar de con-

---

90 Para Lacan também, a importância do Japão não deixa dúvida alguma: oito anos antes de "Lituraterre" (in *Littérature* nº 3, Paris, Larousse, 1971), texto vindo em linha reta aérea do Japão, uma viagem ao país dos toris e dos mil budas, deixa sua marca no fim do seminário *A angústia* (1963).

91 Paul Veyne, "Foucault révolutionne l'histoire", *in Comment on écrit l'histoire*, Paris, Points Seuil, 1996, p. 386. A prática historiadora que se segue traz o belo nome de "rarefação" (*cf.* p. 401 e *sq.*), maneira de indicar que é a prática que faz o objeto e não o inverso. Um objeto um pouco especial, a seguir a apresentação de Veyne: obtido por desprendimento, "estranho pequeno objeto de "época"", esquisito, jamais ainda visto, com "cara de rir" das pobres coisas inconscientes e absurdas que somos". Não se está aqui próximo da prática analítica segundo Lacan, ela também produtora do objeto, e de um objeto um pouco especial, chamado pequeno a?

92 M. Foucault, *DE*, t. III, p. 552-570.

traponto. Com efeito, é por uma espécie de contorno, de tomada a contrapé de Freud que Foucault trata (de) a psicanálise e, o que quer que diga dela, acaba contestando uma das pretensões fundamentais da psicanálise, ou, pelo menos – em todo caso é nossa aposta – de uma certa psicanálise.

Freud, diz Foucault, parte do fato de a histeria ser caracterizada como um "fenômeno de esquecimento, de desconhecimento maciço de si mesmo pelo sujeito". Freud mostrou, prossegue, que o sujeito não se desconhece tanto ele mesmo em sua generalidade de sujeito (leiamos também, pois isso não está excluído: representado por um significante), mas, de modo mais local, em seu desejo, em sua sexualidade[93]. Foucault, este, parte de "um fenômeno que é quase o inverso", de um supersaber, de um excesso de saber que, no plano social, atinge, no Ocidente, a sexualidade. Ora, basta isolar "essa grande economia da superprodução do saber crítico quanto à sexualidade[94]" para que se apresente esta questão bem simples: a psicanálise não faz parte disso? Eis, pois, a psicanálise contestada; segundo Foucault, seu estatuto científico (ou sua reivindicação, ou seu pendor para ser científica) não a coloca ao abrigo de sua observação localizadora, já que é a partir do próprio ponto de partida desse supersaber para com o sexual que se reivindica seu caráter científico (esse ponto mereceria uma discussão aprofundada Foucault/Lacan – a "cientificidade" do saber de um Sêneca ou de um São Tomás não sendo, com certeza, aquela à qual se refere Freud, nem aquela do matema lacaniano; seria bem possível que, aqui, Foucault tenha dado um abraço amplo demais para ter bem apertado).

Mas de onde Foucault tira sua ideia de um *super*saber? Que norma dá sua medida ao realce desse excedente? Resposta: a arte erótica oriental. No Ocidente,

> não se aprende a fazer amor, não se aprende a se dar prazer, não se aprende a produzir prazer nos outros, não se aprende a maximizar, a intensificar

[93] *Ibid.*, p. 553.
[94] *Ibid.*, p. 555.

> mais o próprio prazer pelo prazer dos outros. Tudo isso não se aprende no Ocidente, e vocês não têm nem discurso nem iniciação outra que clandestina e puramente interindividual a essa arte erótica. Em compensação, tem-se, ou tenta-se ter, uma ciência sexual – *scientia sexualis* – sobre a sexualidade das pessoas e não sobre o prazer delas [...] verdade do sexo e não intensidade do prazer[95].

Poucos anos antes, Lacan também assinalava essa ausência de iniciação:

> A iniciação [...] é algo que estritamente diz respeito ao gozo. Quero dizer que não é impensável que o corpo, o corpo na medida em que o acreditamos vivo, seja algo muito mais complicado que aquilo que conhecem os anatomofisiologistas. Talvez haja uma ciência do gozo, se é possível se exprimir assim. A iniciação de modo algum pode definir-se de outro modo. Só há uma infelicidade, é que, nos dias de hoje, não há mais rastro, em absolutamente lugar algum, de iniciação[96].

Logo, é sobre esse fundo de ausência de iniciação que Foucault se pergunta por que o Ocidente preferiu saber a verdade sobre o sexo (pelo menos ele assim pretende) em vez de buscar a intensidade do prazer. "Verdade do sexo", "intensidade do prazer", desejo/prazer, é este o casal conceitual com o qual Foucault remonta aquém da partilha constitutiva da abordagem ocidental do sexo[97].

Freud, então, é mais uma vez convocado. Segundo a versão na época tornada quase canônica e em relação à qual Foucault vai tomar distância, Freud teria liberado a sexualidade ocidental depois de dois séculos de cristianismo terem imposto sua repressão. Ora, em razão dessa distância tomada quanto à questão não tanto reichiana quanto marcusiana, a psicanálise vai ser questionada de outro modo que o previsto ao se dar o belo papel de ter liberado a sexualidade (o que ela com certeza em parte fez).

---

[95] *Ibid.*, p. 556-557.

[96] J. Lacan, *Les non dupes errent*, seminário inédito, sessão de 20 de novembro de 1973.

[97] Esse casal é, em Foucault, menos antinômico do que se disse (*cf.* cap. V).

Questionada... como? A repressão da sexualidade não é devida ao cristianismo. Ela é adquirida no momento em que Roma passa a ser cristã. O que traz de novo o cristianismo, nota portanto Foucault, é outra coisa, é o pastorado. O cristianismo o herda da sociedade hebraica: David, primeiro rei de Israel, recebe das mãos de Deus a tarefa de se tornar o pastor de seu povo[98].

> O pastorado trouxe consigo toda uma série de técnicas e procedimentos que dizem respeito à verdade. [...] O pastor cristão [...] deve saber, é claro, o que fazem suas ovelhas [...] mas também deve conhecer de dentro o que se passa na alma, no coração, no mais profundo dos segredos do indivíduo[99].

A psicanálise liberou as "ovelhas" dessa inquisição pastoral, ou então, com novos procedimentos, a dilatou, prolongou, talvez até refinou, tornou mais aguda? Hoje, não faltam indícios suscetíveis de assinalar a pregnância dessa figura do psicanalista bom pastor. E com certeza Lacan já havia identificado esse deslizamento, uma vez que teve de acabar dizendo que o psicanalista "faz descaridade[100*]".

Esse "faz descaridade" [*décharite*] ("desanima" [*déchante*], propõe, não sem pertinência, o corretor ortográfico do computador) situa a psicanálise em outro lugar que ali onde Foucault acaba de pendurá-la. Como? Não ao refinar do lado da cientificidade do discurso sobre a verdade do sexual; tampouco ao alegar um objeto particular, como o inconsciente, cujo uso só os psicanalistas teriam, uso que os diferenciaria dos pastores (esse inconsciente, em sua própria existência, depende da transferência). Só pode ser conforme essa via que nos dão os próprios termos da problemática apresentada por Foucault, a saber, uma psicanálise digamos "oriental", uma psicanálise que vale como "arte erótica", como erotologia.

---

[98] M. Foucault, *DE*, t. III, p. 560 *et sq*.
[99] *Ibid.*, p. 564.
[100] J. Lacan, *Télévision*, Paris, Seuil, 1973, p. 28.
* *Décharite*, neologismo que ele criou a partir de *déchet* [dejeto] e *charité* [caridade]. (N.T.)

* * *

O *katapugon* novamente situado. Eis o que alguém prevenido escreve a respeito das boates s/m:

> Uma sexualidade extática e contínua, que não se contenta com um único orgasmo, rejeita a autoridade e o controle do macho penetrante. E é exatamente o que ocorre quando um homem musculoso e peludo afasta as nádegas para deixar-se penetrar por outro. Ostensivamente, ele dá o controle de seu prazer[101] ao homem que entra nele. Mas, já que o objetivo de seu prazer não está por inteiro concentrado no orgasmo, ele se torna, em sua submissão "impotente", muito mais resistente que seu parceiro que ele pode até esquecer pois, após seu orgasmo, este último poderá ser substituído por um ou vários outros. [...] o homem penetrado é – teoricamente – insaciável e, enquanto tal, inimigo da própria virilidade. Um homem assim só faz intensificar o medo do homem fálico, esse medo de ser acessório, supérfluo na ordem cósmica[102].

Fica claro que a sexualidade do *katapugon* é uma ascese.

Três observações, no fio desse texto impecável que, da mesma forma que Lacan[103], não faz da dor o traço maior do masoquismo.

---

[101] F. Browning utiliza a palavra inglesa *pleasure*: "*He hás ostensibly relinquished control over the course of his own pleasure to the man who is entering him. But because his pleasure is not directed toward a spending orgasm, he is in his "powerless" submission capable of outlasting, and forgetting, his top man, who, upon orgasm, can be replaced and replaced again.*" *The Culture of Desire*, *op. cit.*, p. 90-91.

[102] F. Browning, *La culture du désir*, *op. cit.*, p. 103. *Cf.*, igualmente L. Besani, *Le rectum est-il une tombe? op. cit.*, p. 63: "O falocentrismo é exatamente isso: não em primeiro lugar a recusa de conceder o poder às mulheres (embora sempre tenha conduzido a isso, por toda parte e em todas as épocas) mas acima de tudo a recusa de reconhecer o valor da perda de poder (*powerlessness*) tanto para os homens quanto para as mulheres. Não falo aqui do valor da dor, ou da não agressividade, ou até da passividade mas, bem antes, de uma mais radical desintegração e humilhação de si."

[103] Lacan, tirando as conclusões de um certo número de trabalhos analíticos sobre o masoquismo, escreve: "conseguimos nos desprender de pôr o acento naquilo que, à primeira vista, carrega, se choca mais com nosso finalismo, a saber, que intervém a função da dor. Isto, conseguimos entender bem que o essencial não está aí. Por isso conseguimos, numa

A linha de ataque que aqui se desenha pode passar, a rigor, com a ideia, que não foi só foucaultiana, de uma sexualidade fora do pênis, fora da vagina, fora do orgasmo. Um passo a mais ainda, e diremos: fora do sexo. Foucault:

> Sabemos muito bem que o que essa gente [da subcultura S/M] faz não é agressivo; que eles inventam novas possibilidades de prazer utilizando certas partes bizarras do corpo – erotizando esse corpo. Penso que temos aí uma espécie de criação, de empreendimento criador, do qual uma das principais características é aquilo que chamo a dessexualização do prazer. A ideia de que o prazer físico sempre provém do prazer sexual e a ideia de que o prazer sexual é a base de todos os prazeres possíveis, isso, penso, é realmente algo falso[104].

Baseando-se em *Três ensaios* de Freud, mais precisamente na definição freudiana do prazer sexual como que ocorrendo toda vez que um certo limite de intensidade perturba a organização do *self*, Bersani tira daí a conclusão lógica:

> A sexualidade, pelo menos na maneira como ela se constitui, equivaleria ao masoquismo[105].

---

experiência como a da análise, perceber que o Outro é visado, que, na transferência, é possível perceber que essas manobras masoquistas se situam num nível que não deixa de ter relação com o Outro." (J. Lacan, *A angústia*, sessão de 13 de março de 1963.) Apostamos que, se a tivesse conhecido, essa observação de Lacan teria alegrado muito Foucault, como indica a seguinte declaração: "O sadomasoquismo não é uma relação entre aquele (ou aquela) que sofre e aquele (ou aquela) que inflige o sofrimento, mas entre um mestre e a pessoa sobre a qual se exerce sua autoridade. O que interessa os adeptos do sadomasoquismo é o fato de a relação ser a um só tempo submetida a regras e aberta. [...] Essa mistura de regras e abertura tem por efeito intensificar as relações sexuais, ao introduzir uma novidade, uma tensão e uma incerteza perpétuas, de que está isenta a simples consumação do ato." M. Foucault, "Choix sexuel, acte sexuel", entrevista com J.O. Higgins, 1982, trad. F. Durand-Bogaert, *DE*, t. IV, *op. cit.*, p. 331.

[104] M. Foucault, *DE*, t. IV, *op. cit.*, p. 737-738. Leremos mais adiante o precioso comentário de David Halperin relativo a essa "dessexualização" *in Saint Foucault*, trad. do americano por Didier Eribon, Paris, EPEL, 2000, p. 98 *sq.*

[105] L. Bersani, *Le rectum est-il une tombe?*, *op. cit.*, p. 65 e 63 para a citação que se segue.

Há um encanto da perda do poder, uma atração da "radical desintegração e humilhação de si", cuja renegação se chama: falocentrismo. Deve-se falar de humilhação? Aproximar essa análise da segunda morte hinduísta convidaria a responder não.

Da mesma forma que, em relação à verdade (*alétheia*: aquilo que priva de esquecimento), o esquecimento (*léthe*) acaba tendo a última palavra, da mesma forma a perda de controle em relação ao sexo. A sexualidade é esse lugar de exercício de um gozo em que o controle não funciona sem sua perda, a verdade sem seu esquecimento; ela não deixa rastro algum que possa deixar memória[106]. Daí o inexpugnável de seu problema.

Isto às vezes vai muito longe, até a busca (à qual Foucault e toda uma corrente do feminismo e da *leather-culture* não são estranhos) de uma sexualidade dita não sexual, isto é, não fálica ("fálico" sendo aqui entendido num sentido que, visto a partir da experiência freudiana, a do seio, das fezes, do olhar, da voz como objetos falicizados, erigidos, pode ser dito... reduzido), não orgástica. Halperin precisa perfeitamente qual é aqui a perspectiva de Foucault:

> A noção de "dessexualização" é capital para Foucault, mas ela com frequência foi muito mal compreendida. Quando ele fala de "dessexualização do prazer" no s/m, Foucault não quer dizer que o s/m descola o prazer de todo ato que possa ser considerado como sendo de natureza sexual (ainda que de fato destrua sua dependência para com as relações sexuais no sentido estreito desse termo), mas que o s/m descola o prazer de toda especificidade genital, da localização do prazer em – ou de sua dependência em relação aos – órgãos genitais[107].

Essa iniciativa é tão afastada da abordagem freudiana da sexualidade, dessa sexualidade abordada a partir da satisfação pulsional – e não

[106] O fato desse "não há rastro" foi notado pelo rei Salomão, que Lacan comenta, notadamente em 27 de março de 1963 (seminário *A angústia*). *Cf.* J. Allouch, *La psychanalyse: une érotologie de passagem*, *op. cit.*, p. 66.

[107] David Halperin, *Saint Foucault*, *op. cit.*, p. 100.

genital – que, na época, fez tanto escândalo? Não parece que Foucault tenha explicitamente se colocado essa questão, e só podemos aqui lamentar que a invenção do objeto pequeno *a*, ou mais exatamente que o estudo, reiterado em Lacan, do jogo entre pequeno *a* e falo nunca tenha chegado até ele. Com efeito, é com esse jogo que podemos tentar explicar "a erotização das regiões não genitais do corpo" de que fala Halperin logo após a citação que acabamos de ler. E a menção que Halperin faz então do seio e do ânus, como a da elaboração "de uma nova cartografia corporal do prazer" por certo não recusa o interesse que poderia apresentar esse jogo de pequeno *a* e do falo que Lacan instaurava em sua teoria do luto, em sua leitura de *Hamlet* ou ainda, já no ano 1962-1963, para construir uma teoria da trepada e explicar o sadomasoquismo. Esse seio erotizado do S/M seria radicalmente diferente daquele que o bebê mamava e do qual Lacan observava que ele pertencia não à mãe, mas de fato à criança? Conviria prová-lo em sua vulnerabilidade, por exemplo pinçando-o, furando-o, se já não estivesse falicizado?

O "corpo sem órgão", tornado famoso por Deleuze e Guattari, inventado por Artaud, esse "corpo ateu", "esquizo" como se disse, é um corpo sem orgasmo, sem falo no sentido "reduzido" que acabamos de dizer[108]. Foucault:

> A incredulidade que hoje não vai deixar de suscitar a perspectiva de uma vida enfim liberada da preocupação do pênis, da vagina e do orgasmo aparecerá talvez amanhã, retrospectivamente, como uma reação tão curta e risível quanto a fobia da masturbação entre os vitorianos[109].

Aquilo contra o que aqui se ergue Foucault (e muitos outros com ele) é muito próximo daquilo que produziu Lacan com a escrita da metáfora paterna "Se é o Nome-do-Pai que produz o falo, então não!" É preciso liberar-se, escreve Foucault, da "austera monarquia do sexo[110]"

---

[108] *Cf.* James Miller, *The Passion of Michel Foucault*, New York, Simon & Schuster, 1993, trad. Hugues Leroy, *La passion Foucault*, Paris, Plon, 1995, p. 315-320.
[109] Citado por J. Miller, *op. cit.*, p. 317.
[110] Citado por J. Miller, *op. cit.*, p. 217.

que também é essa monarquia – ainda que a de um nome – que supostamente faz o sexo. Mas o regime sexual é de fato monárquico? Mesmo arriscando ter de questionar o alcance da metáfora paterna[111], o analista não pode ignorar as explorações recentes e inovadoras da sexualidade que lhe colocam essa questão. Aliás, não é, ela própria, uma maneira de laço sexual novo, original, fora da prática sexual que põe em jogo o falo? Logo, um laço diferente daquilo que ela descreve como procedimento de normalização do sexo, de produção de uma identidade sexuada? Não está ela às voltas, e especificamente, com a sexualidade do mestre, como é também e diferentemente o caso da sexualidade S/M? A erótica psicótica não coloca, retomada no exercício analítico, problemas erotológicos inéditos?

O avesso dessa ascese S/M do *katapugon* parece ser a crença, regularmente formulada, segundo a qual o *straight*[112] pode, este, trepar com toda virilidade monárquica legitimadora senão legitimada. É uma ideia quase delirante, como atesta – justamente ao a isso objetar – a pregnância histórica da mania do *katapugon* entre os heterossexuais. Somos tentados a responder exclamativamente: "É preciso acreditar nisso, para a esse ponto dedicar o reto a desmenti-lo!" Logo, essa crença se afigura uma formação ela mesma heterossexista.

A incidência do *straight* sobre aquilo que não é (mas que não se contenta em não ser, que dele se distingue) é também perfeitamente sensível na declaração de *coming out* como S/M de uma feminista pró-sexo, Pat Califia, ao ponto de Jeffrey Weeks, que a cita, falar a seu respeito de uma "iconoclastia eroticamente carregada":

---

111 Precisemos: ela não é esse operador único que reivindicam os psicanalistas bons pastores e cujas variações seriam suscetíveis de engendrar, segundo o caso, neurose, psicose, perversão. Objetaremos que, por exemplo, em Lacan (*cf.* seminário *A relação de objeto e as estruturas freudianas*), a escrita da metáfora paterna serve de referência e engrama para a leitura do caso do pequeno Hans. A objeção comporta sua própria recusa: esse matema não teve, posteriormente, nem o desenvolvimento nem a fecundidade que dele se podia esperar a partir do seminário *A relação de objeto*.

112 Palavra muito útil e amplamente empregada para não ter mais que dizer "heterossexual". *Straigh*: reto, retilíneo, tenso (assim, ao qualificá-los de "*straighs*", aqueles que não o seriam lhes oferecem, generosamente, falo), honesto, leal, nítido, simples, burguês, heterossexual, que não tem práticas sexuais não convencionais.

> Gosto do S/M porque não é um negócio de mulher. É uma espécie de sexo que viola todas as coisas que me ensinaram para ser uma encantadora garota com assuntos bem próprios[113].

Logo, essa multiplicidade de parceiros toma apoio na inexistência do gozo do Outro. Nisso, é lacaniana. Implica outra coisa (que também mostrou Foucault e que nada tem de trivial): que o encontro anônimo seja sexualmente privilegiado em relação a uma trepada com alguém cujo corpo conheceríamos, ou antes, cujo corpo acreditaríamos conhecer.

Esse anonimato tomou vulto com os correios sexuais, com o *phone sex*[114], com uma sexualidade de classificados, com a multiplicação de lugares de encontro, em suma, com a emergência de uma sexualidade cuja chegada Marguerite Duras saudou com *O Navio Night*[115]. O que é essa sexualidade *navio night*? Uma sexualidade alérgica à luz cheia (Duras propriamente falando experimentou isso ao fracassar primeiramente no filme que traz esse nome), uma sexualidade, escreve ela, do "orgasmo negro", uma sexualidade em que a identidade de cada um é notoriamente fictícia ("Ela não sabe nada. Inventa"), uma sexualidade territorializada (Paris de noite, Atenas na hora do silêncio noturno da sesta) e que permite assim a deriva[116], já que esse território do *navio night* é um golfo, uma sexualidade de crianças de pais enfermos quanto ao desejo, em atraso sobre a descendência, uma sexualidade em que as explicações – as cenas primárias – estão definitivamente perdidas, em que não se faz o esforço de descobrir o nome

---

[113] Jeffrey Weeks, *Sexuality and its discontents: Meaning, Myths and Modern Sexualities*, London, Boston and Henley, Routledge and Kegan Paul, 1985, ch. 8, "Les limites de la sexualité, Le défi du lesbianisme".

[114] A despeito de um desenho em quadrinhos célebre em seu tempo, não acreditar que tudo isto é reservado aos frustrados. Bill Clinton, do qual não se pode imaginar muito que tivesse renunciado aos gozos de seu sexo, teve quinze *phone sex* com Monica Lewinski. Vão dizer que as condições do anonimato, da identidade fictícia, não estão aqui reunidas? É preciso ver! Trepar com o presidente, não é trepar com um corpo anonimizado? Com um "tipo" (o presidente sendo, na oportunidade, seu tipo de homem, classe só comportando, no caso em questão, uma única unidade)?

[115] Marguerite Duras, *Le Navire Night*, Paris, Mercure de France, 1979. Os termos citados encontram-se respectivamente nas páginas 31, 33, 36, 37 e 77, 67-70, 57-58, 81, 12.

[116] Foi proposto "deriva" (inglês *drive*) para traduzir o *Trieb* freudiano.

do pai, uma sexualidade em que há dinheiro ("Ela o paga por lhe dar tanto prazer"), uma sexualidade sob vigilância (vigilância do parceiro, vigilância daqueles, família, amigos, polícia, que querem parar isso), uma sexualidade em que a existência da mulher para o homem é uma questão sem objeto, uma sexualidade na qual o casamento põe fim. Uma sexualidade, sobretudo, em que a parada do *navio night* no mar é a morte do desejo. O golfo é atravessado por mil itinerários da deriva, de tal maneira que, faltando esses mil itinerários, nem mais um único é possível; o golfo é uma cadeia borromeana. Daí o convite à viagem, inscrito em cada um deles, como se um maior número de itinerários, de anéis, devesse assegurar melhor a existência do conjunto encadeado. Duras:

> Tente. Tente, quando estiver só no quarto, livre, sem nenhum controle de fora, chamar ou responder acima do golfo. Misturar-se à vertigem, à imensa maré das chamadas. Essa primeira palavra, esse primeiro grito, não sabemos gritá-lo. Melhor chamar Deus. É impossível. E isso se faz.

Com efeito, Deus está metido no assunto, e não foi um pequeno avanço de Lacan quando, logo depois de ter publicado seu "Kant com Sade", confirmava sua afirmação implicando Deus no sadismo e no masoquismo também (*cf.* seminário *A angústia*). Em a *História de O.*, o acolhimento de paus anônimos e múltiplos ao qual a mulher escravizada é submetida por seu mestre implica que este mestre não trepe com ela.

O anonimato no encontro sexual está ligado a outra espécie de privilégio, aquele que é dado na primeira vez (a virgindade é quando a primeira vez é uma única vez). Mas a trepada pode acontecer fora de uma dimensão de "é a primeira vez"? Em outras palavras: não se trata a cada vez desse anonimato com o sexo, só variando as vias para chegar a ele? À questão, colocada por Jean Le Bitoux, o criador do *Gai Pied* (Foucault inventara esse título em 1979), de saber por que o anonimato das saunas de San Francisco lhe parece importante, Foucault responde que a "multiplicidade" dos encontros anônimos permite "uma afirmação da não identidade", na qual

> aparece um fenômeno de dessexualização, uma espécie de mergulho submarino completo o bastante para que dele saiamos sem nada daquele ape-

tite, sem nada daquele lancinamento que por vezes guardamos, mesmo após relações sexuais satisfatórias[117].

Esse texto pode ser aproximado da experiência feita por Foucault do LSD. Tendo primeiramente dito aos dois amigos com quem ela aconteceu:

> O céu explodiu, e uma chuva de estrelas está caindo sobre mim. Sei que não é verdade, mas é a Verdade.

Foucault acrescentará, pouco depois:

> A única coisa de minha vida que seja comparável ao que sinto agora é fazer amor com um desconhecido [...] o contato com um corpo que não conhecemos permite experimentar a verdade semelhante àquela que vivo neste momento[118].

A referência aqui à verdade, à erótica da verdade, é decisiva. Foucault dirá ainda à Le Bitoux:

> As práticas físicas de tipo *fist-fucking* são práticas que podem ser chamadas desvirilizadas, talvez até dessexuadas. São, na verdade, *extraordinárias falsificações de prazer*[119].

A falsificação do sexo, do prazer, "é a Verdade", a verdade daquilo que não é verdade.

Foucault não estava longe de Lacan ao observar, em 1970-1971, já como Lacan, que a distinção entre o verdadeiro e o falso é o efeito de uma falsificação *primeira*[120]. E não faltam oportunidades a J. Miller quando ele liga a falsificação do prazer e a da verdade[121].

---

[117] Citado por J. Miller, *op. cit.*, p. 306.
[118] J. Miller, *op. cit.*, p. 288-289.
[119] *Ibid.*, p. 310.
[120] Daí o mal-entendido do processo aberto contra Foucault por Jacques Bouveresse.
[121] *Ibid.*

Qual é, pois, o teor desse laço? Enquanto opusermos o falso ao verdadeiro, acreditando assim definir o verdadeiro (e não *um* verdadeiro), não teremos a resposta. Em compensação, esse laço aparece muito mais discernível se à verdade opusermos não o falso mas o esquecimento, se opusermos à *alétheia, léthe*. Então sim, uma via se abre que dá seu peso ao anonimato (aquele do prazer falsificado, aquele do orgasmo *straight* também) como forma do esquecimento de si, isto é, desse esquecimento de si que também é poder de se esquecer.

* * *

A essencial miséria sexual. Foucault dizia que "vivemos todos mais ou menos num estado de miséria sexual[122]". Esse dizer é difícil de situar. Talvez não valha só constatação de historiador ou/e de uma experiência pessoal. Foucault fala dessa miséria como de um efeito, não necessariamente buscado, "de procedimentos muito mais complexos e muito mais positivos". Como explicar, no entanto, que isso não esteja em questão, como ele próprio observava, em *A vontade de saber*? Talvez seja preciso chegar a situar esse dizer num nível equivalente àquele dos princípios freudianos, algo como um princípio de prazer, um "princípio de miséria", mas justamente, sem além.

Seja como for, a partir dali, o problema é encontrar o(s) viés(eses) para uma intensificação do sexo. Foucault volta a isso muitas vezes. Por exemplo:

– na partilha Ocidente/Oriente, procura-se aqui a verdade do desejo, ali a intensificação do prazer;

– em seu comentário de *My secret life*: o autor, observa ele, utiliza o fato de escrever um diário como meio para novas experiências sexuais[123] (o Ocidente inventa, portanto, novos prazeres);

– em sua leitura de *O anti-Édipo*: Foucault diz que se trata, com essa "arte erótica", de fazer crescer ação, pensamento, desejos, por proliferação, justaposição;

---

[122] M. Foucault, *DE*, t. III, p. 258. Misère jusque chez l'empereur romain: Tibère ranime ses désirs défaillants avec des tableaux de Pharrasios (*cf.* P. Quignard, *Le sexe et l'effroi*, *op. cit.*, p. 15).

[123] M. Foucault, *op. cit.*, p. 102 e 131.

– caso típico de intensificação do sexo segundo Foucault, a campanha contra a masturbação[124] feita pelo século XIX ocidental.

A justo título (o que já se podia julgar pela análise tomista da *delectatio morosa*), Foucault situa o dispositivo da confissão como se também resultasse de uma intensificação como essa: no apelo à verdade do sexo como verdade de si, cada um é levado a buscar si no sexo e essa atividade – sexual – contribui para intensificar o sexo. Simplesmente, essa intensificação, a do "sexo rei[125]", não é aquela que Foucault elegia.

Leo Bersani, o melhor amigo de Foucault na Califórnia, nos diz J. Miller[126], inicia sua questão *O reto é uma tumba[127]?* por uma declaração à qual não falta nem humor nem justeza:

> Há sobre o sexo um segredo bem guardado: a maior parte das pessoas não gosta [*don't like it*].

Bersani sabe muito bem que, nas comunidades "homos", *gay, queer, leather, faery* (ou *fairy*), no dizer mesmo dos praticantes, é o contrário. O sexo – no sentido da trepada – ali é fácil, imediato, frequente, quase sem problema[128]. Renaud Camus escreveu, chamando-os de "tricks", quarenta e cinco relatos desses encontros sem amor mas com porra[129] (no sentido de Sade, para o qual, as mulheres, como os homens, ficavam de tesão e cuspiam porra). E Roland Barthes, depois de notar o caráter simples desses encontros (um traço essencial à sessão analítica lacaniana, espécie de *trick* ao inverso, já que geralmente sem porra e sem colocação fora de jogo do amor), conclui seu prefácio à obra de R. Camus definindo o *trick*

[124] *Cf.* M. Foucault, "Non au sexe roi", *DE*, t. III, p. 258-259, bem como Jean Stengers e Anne Van Neek, *Histoire de la grande peur, la masturbation*, Paris, Les Empêcheurs de penser en rond, 1998.

[125] *Cf.* M. Foucault, *ibid.*, p. 259, em que Foucault fala de uma "armadilha temível".

[126] J. Miller, *op. cit.*, p. 296.

[127] L. Bersani, *Le rectum est-il une tombe?, op. cit.*, p. 13.

[128] O que é perfeitamente bem traduzido no filme *Jeanne et le garçon formidable*, com uma eficácia ainda maior no *straight* uma vez que se escolheu encarnar a figura do homossexual por uma bela moça. *Cf.* igualmente M. Foucault, *DE*, t. IV, p. 331.

[129] Renaud Camus, *Tricks*, Prefácio de Roland Barthes, Paris, P.O.L., 1988.

como "um encontro que só ocorre uma vez: melhor que uma paquera, menos que um amor". O *trick*, escreve R. Camus:

> Se não é consubstancial à homossexualidade, parece bem lhe ser, em compensação, numa ampla medida, específico, e ali se praticar, hoje ainda, infinitamente com mais frequência que na heterossexualidade[130].

Em 3 de fevereiro de 1972, na capela Sainte-Anne, Lacan fazia a mesma constatação:

> O interesse daquilo que assinalo não é dizer que desde sempre as coisas são da mesma forma que o ponto aonde chegamos. Houve e ainda deve haver lugares onde é preciso uma senha para entrar, onde o que acontece entre homem e mulher é conjunção harmoniosa, como entre terra e céu; mas é curioso, só se ouve falar disso do lado de fora. Por outro lado, em relação a essa maneira que tenho de definir, é antes com F(x) que cada um tem relação, mais que com o outro. É antes confirmado pelo termo *ecce homo*. É inteiramente certo que os homossexuais têm mais tesão, com mais frequência e mais firmes. Um fato curioso, mas é um fato. Não se enganem mesmo assim. Existem homos e homos. Não falo de Gide...

Estaríamos, num tal exercício do desejo, gostando mais do sexo? Não é tão simples.

Com efeito, Foucault notava ainda que o problema sexual, nesse contexto, se desloca sobre... depois[131]. Haveria, pois, a despeito dessa facilidade homo da trepada, uma confirmação e não uma contestação, do lado homos, desse "*don't like it*"?

A razão desse "*don't like it*"? Dessa miséria sexual? Conjectura: o *katapugon* seria apenas um caso particular, o do mestre ocidental antigo, daquilo que "não todo" do corpo não deve passar ao sexo. Notadamente não sua vida. Aliás, sempre abraçamos *todo* um corpo? As heroínas de Sade, observava Lacan, permanecem em perfeita boa saúde. Pois, se uma

---

130 *Ibid.*, p. 24.

131 *Cf.* a nota logo a seguir: o melhor momento do amor.

vida se for, o que não está excluído a despeito de Kant (que Lacan discutia), pelo menos será com essa consequência de fazer o sexo desaparecer ao mesmo tempo que a vida.

Esse "não todo o corpo" também explicaria a necessária brevidade do orgasmo, que se esvaece no instante em que tudo acabaria sendo arrastado. Naquilo que seria uma economia libidinal, uma economia do gozo, essa brevidade já apareceria como uma miséria.

A miséria sexual foi buscada, foi elevada ao nível de um ideal por certas escolas filosóficas (notadamente o estoicismo), depois pelo cristianismo, com a célebre metáfora da sexualidade do elefante[132]. O elefante só trepa cinco dias a cada dois anos, e apenas em vista da reprodução. "Façam o mesmo", ensinava a pastoral cristã. E, com efeito, se trepar está estritamente a serviço da reprodução, Deus, que gosta de seu rebanho, que gosta que seu rebanho lhe preste culto, como bom neurótico que é (segundo Will Self, que chega até a colocá-lo em análise[133]), Deus estará presente até no ato dessa trepada, com o que o grande mandamento do *Deuteronômio* VIII (de não esquecê-lo) será respeitado. Esse problema pastoral é eminentemente sério, pois se o sexo é ele mesmo esquecimento de si, perda de si, dissolução de si carregando em seu vendaval toda possibilidade de inscrição e, portanto, de relembrança, a oposição é radical: o sexo esquece Deus ao jogar no esquecimento de si aquele mesmo que não devia esquecer Deus.

Conjectura: ao se inscrever na linha reta da obsequiosidade romana (a obsequiosidade é quando o mestre é metido*), o cristianismo instaura-

[132] M. Foucault nota que esse modelo é encontrado não só em Francisco de Sales, mas já em Plínio (*DE*, t. IV, p. 549).

[133] Will Self, *Mon idée du plaisir* (*My Idea of Fun*). Conto moral, traduzido do inglês por Francis Kerline (que realize aí uma verdadeira proeza), éditions de l'Olivier, 1997, p. 202. Não resistimos à felicidade de citar algumas linhas: "a figura crística do pai ausente torna-se o que era, o que sabíamos todos que era: um neurótico errante, incapaz de assegurar a manutenção de sua própria criação. Está provavelmente dilapidando seus fundos em alguma psicanálise teológica, deitado num divã, lá em cima, no firmamento. "Por quê? geme ele diante de seu psiquiatra. Por que fiz isso?" Mas ele não assume nada, ah não, ele protege o recalcado, ele nega a própria existência do mundo. No máximo dele reconhece uma pequena parte, de vez em quando, em seus raros momentos de lucidez e conscientização. O Liechtenstein, por exemplo.

va uma mudança para com esse "não todo" ao qual o mestre antigo tinha tanto apego. A mão do cristianismo sobre o mundo greco-romano modifica o alcance da rejeição do *katapugon*. Com a renovação desse interdito, não seria mais um *no man's land* erótico mantido fora da inevitável destituição do domínio no sexo, mas um sinal de que só pode haver outra submissão radical a Deus. Uma pesquisa histórica poderia verificar essa conjectura. Peter Brown traz um elemento ao dossiê ao nos apresentar a noção religiosa de "coração perfeito" como verdadeira resposta ao "que a Tua vontade seja feita e não a minha[134]". Esse coração perfeito deve ser simples, logo, feito todo de uma peça, totalmente transparente diante da vontade de Deus. Que o inteiro como tal seja reservado a Deus implica uma mudança de valor do *katapugon*. No cristianismo, significaria que está excluído submeter-se inteiramente a um outro que a esse Deus. Segundo o conselho de Santo Antônio, na luta contra o Maligno, cada um deve reduzir seu corpo em servidão.

* * *

Pensar efetivamente a não relação sexual. Seguir o fio da tese da não relação sexual é uma ascese do saber. A regra dessa ascese seria isto: excluir, como não convindo, tudo o que estabelecesse uma relação entre homem e mulher.

Já era o que fazia Lacan a respeito do falo, seis anos antes de dizer, em 4 de junho de 1969, "Não há relação sexual":

> O campo coberto pelo homem e pela mulher [Lacan desenhou dois ciclos eulerianos que se cruzavam], naquilo que se poderia chamar, no sentido bíblico, o conhecimento que um tem do outro, só se cruza pelo fato de que a zona onde eles poderiam de fato se recobrir, onde o desejo deles

---

* Jogo homofônico em francês: *le maître se fait mettre.* (N.T.)

[134] Peter Brown, *The Body and Society, Men, Woman and Sexual Renonciation in Early Christianity*, trad.: *Le renoncement à la chair, Virginité, celibate et continence dans le christianisme primitive*, trad. do ingles por Pierre-Emmanuel Dauzat e Christine Jacob, Paris, Gallimard, 1995, p. 58 *sq*.

> os leva para atingir <...> [falta uma palavra; seria: o falo? em cujo caso essa falta estaria em seu lugar!] se qualifica pela falta daquilo que seria o intermediário deles, o falo, é o que, para cada um, quando é atingido, justamente o aliena ao outro[135].

Era escrever que o sexo não pode ser apreendido a partir do falo. Também não se podia dar melhor de antemão seus limites à escrita de uma "função fálica" $\Phi(x)$. Assim, essa escrita vê seu alcance limitado, por exemplo no seminário... *ou pior* com observações do tipo:

> Existe não $\Phi(x)$, mas o dizer que esse $\Phi(x)$ não é a verdade: que é daí que surge um que faz que esse $\exists x\, \Phi(x)$ deve ser posto [...] do lado daquilo que funda o homem como tal. Vale dizer que esse fundamento o especifica sexualmente? É bem precisamente o que na sequência será questionado[136].

Valia dizer, ainda de outro modo, que o falo sozinho não pode subsumir o sexo. Logo, como sustentar a tese, a ascese da não relação sexual?

Tal ascese nada teria de especificamente lacaniano e/ou foucaultiano. Assim a praticaram os homossexuais punks que criticavam a homossexualidade S/M. A seu respeito, Foucault sublinhava a fluidez das relações, as mudanças de papéis, o fato de que, nas relações de dominação/submissão, as coisas não são jogadas de antemão. Segundo ele, o que está em jogo nessa fluidez é uma certa perda de identidade; seu objetivo sendo, para além dessa perda, uma intensificação do prazer. Mesmo assim, mudar de papel não é mudar os papéis, a disparidade entre eles (por exemplo, entre carrasco e vítima) subsiste. Daí a crítica dos homossexuais punks que não se reconheciam nas silhuetas chiques do Bairro Castro de homossexuais inebriados por uma bela bunda forrada de couro. Em ato, essa nova geração de homossexuais significava a seus predecessores que, ao se fazerem mais machos que os machos, eles mantinham suas identidades sexuadas. Logo, esses corpos *queers* não

---

[135] J. Lacan, *L'angoisse*, sessão de 5 de junho de 1963 (estenotipia p. 2 – cf. igualmente, p. 4,7).

[136] J. Lacan, ... *ou pior*, sessão de 17 de maio de 1973.

frequentam mais, como os praticantes do S/M, as salas de ginástica de suas mamães em análise; eles lançam a moda da antielegância. A cor deles é o preto, não é mais o rosa. Vestem-se com roupas de segunda mão, devotam-se à subversão[137]. A ética punk era: "*Do it yourself*", o contrário, portanto, do consumo.

Tal ascese exige que seja afastada toda frase que comporte os dois significantes "homem" e "mulher", pois, só em dizê-los, estabelecemos uma relação intersignificante (um laço linguístico) entre os dois. Logo, também é excluir a frase que acaba de ser dita! Essa aporia mostra que, a partir dessa tese, a coisa emperra. Ela é interessante, heurística, precisamente nisto.

A distinção homo/hétero torna-se não menos problemática. Para dela melhor se desprender, uma solução posta em prática tentou inscrever algo em seu lugar. O que foi feito com o manifesto de *queer nation: I hate straight.* Esse ódio do *straight* (e não do hétero), no entanto, não garante que se tenha deixado de lado o que Monique Wittig chama o espírito hétero, *the straight mind*, uma concepção hierárquica da diferença[138].

A ascese da não relação sexual implica uma rejeição do essencialismo, posição doutrinal que coloca *a priori* a existência de uma natureza masculina e uma natureza feminina, a mesma em todos os tempos e em todos os lugares. Foucault foi censurado por essa rejeição. Ele era "construtivista". Nós também. Uma universitária feminista americana, que critica Foucault desse ponto de vista, coloca, entretanto, a questão:

> Se aceitarmos que não haja coisa tal como macho e fêmea, como explicar os crimes regularmente cometidos pelos homens contra as mulheres? Mas se aceitarmos que macho e fêmea sejam categorias irredutíveis, então,

---

[137] *Cf.* F. Browning, *op. cit.*, p. 79-83 e 198 (em que se trata das *drag queens*, outra maneira de subverter o machismo seja ele homo ou hétero – uma subversão da qual L. Bersani duvida muito que seja operante).

[138] Para uma discussão da posição de Monique Witting e seus paradoxos (e para mil coisas ainda que vão ao longo do presente capítulo), *cf.* L. Bersani, *Homos, repenser l'identité, op. cit.*, p. 58 *sq.*

como a mudança social é possível? Ou, se falarmos de "mulheres", quem é este "nós" e quais mulheres[139]?

Vemos aqui que Foucault, sem de fato saber, fez-se junto a essa mulher o portador da tese da não relação sexual (do "não todo" da mulher).

Se agora tentarmos abordar positivamente a inexistência da relação sexual, uma via parece frequentável: dizer, para desconstruí-lo, o que, efetivamente, o que historicamente vetoriza o sexo. Resposta, evidentemente parcial: o *katapugon*.

O melhor momento do amor. Trata-se de um teste particularmente significativo.

Casanova. Casanova parece ter sido o primeiro a formular o problema ao responder: "É quando a gente sobe a escada." Com certeza dizia assim mais do que queria dizer, indicando que, para ele, o que vai vir após é quase um trabalho pesado (não se diz que se "trabalha" uma mulher?). É que a vitória parece certa desde a escada, esse lugar delicioso em que já se sabe que está ganho embora quase nada ainda dessa vitória tenha sido obtido. Pelo menos acreditamos que "está ganho", e Casanova afirma isso. É sua loucura acreditar nisso, considerar sem interesse, quase desprezível, a sequência das operações (termo preferível, aqui, ao de acontecimento).

Essa subida de escada, dizia Freud, é uma metáfora. Ao ouvi-lo assim, entendemos que Casanova (*cf.* aqui abaixo) não sai do cristianismo.

Os gregos. *Perainein, perainesthai*, "penetrar" ou "ser penetrado" são os dois termos privilegiados, em Artemidoro, para dizer a relação sexual[140]. Segundo Winkler e a quase totalidade dos especialistas que po-

---

[139] Amy Richlin, *The garden of Priapus, Sexuality and Agression in Roman Humor*, Oxford University Press, 1992, introdução.

[140] J. Winkler, *The Constraints...*, *op. cit.*, p. 11: "Entre todas as significações e facetas do comportamento sexual que puderam ser escolhidas com uma especial atenção, os gregos se focalizaram de maneira intensiva na predominância e na submissão", tal como o subcapítulo *The Social Meaning of Erotic Dreams*, p. 33 *sq.*

Cf. igualmente M. Foucault, *DE*, t. IV, p. 482: "Muito mais que o próprio corpo, com suas diferentes partes, muito mais que o prazer com suas qualidades e intensidades, o ato de penetração aparece [em Artemidoro] como qualificador dos atos sexuais."

demos consultar, os gregos insistem na dominação e na submissão, têm a sexualidade focalizada na penetração.

Logo, é ainda mais curioso que tenham inventado algo que praticamente não é encontrado em outro lugar, a relação intercrural: uma penetração que não é francamente uma. Explicação dessa curiosidade: o interdito do *katapugon*.

O pecador. Para o cristão, mas tomado enquanto pecador, aquilo que é bem o menos tratando-se de sexo, o melhor momento do amor é a ereção. Isso não fica imediatamente claro, sobretudo se nos lembrarmos que Santo Agostinho partilhava a opinião de Freud segundo o qual a volúpia do orgasmo é a maior de todas. Agostinho descreve o orgasmo como uma perda de controle:

> O desejo não se contenta em se apoderar do corpo inteiro, exterior e interiormente, ele sacode o homem inteiro, unindo e misturando as paixões da alma e os apetites carnais para trazer essa volúpia a maior de todas entre aquelas do corpo; de modo que, no momento em que ela atinge o auge, toda a acuidade e o que se poderia chamar a vigilância do pensamento são quase aniquiladas[141].

Entretanto, essa visão "epilética" (*dixit* Foucault) não era, sempre segundo Agostinho, aquela de antes da queda. Naquele tempo, o corpo obedecia à alma, o sexo era "como os dedos". Mas por ter-se revoltado contra Deus, Adão foi punido com a perda desse domínio. Desde então, o falo também se revolta: ao se guiar apenas pela própria cabeça, ele se ergue contra o homem como o homem se ergueu contra Deus. Obstinadamente revanchista, Deus pune o homem ao fazer agitar-se intempestivamente seu falo, significando-lhe que ele não é o mestre dele, da mesma forma que, ao pecar, ao desobedecer a ele, o homem havia significado a Deus que ele não era seu Mestre. Logo, a ereção é bem, no cristianismo,

[141] Saint Augustin, *La cite de Dieu, in Œuvres de saint Augustin*, Paris, DEsclée de Brouwer, 1959, livro XIV, ch. XVI, p. 425 – Citado por M. Foucault, « Sexualité et solitude », *DE*, t. IV, p. 175 (Foucault observa que essa descrição remonta a Cícero).

o traço privilegiado. Conforme a isso, essa problemática agostiniana surge regrada no discurso do mestre: só há um único mestre e os homens são, na melhor das hipóteses, seus servidores, seus escravos.

A escrita da metáfora paterna em Lacan surge belamente encarnada por Deus que faz com que se agitem os falos humanos; assim ela também deve ser situada em relação ao discurso do mestre, talvez até do Mestre. Certos indícios discretos mas impossíveis de serem eliminados dão a pensar isso: o Nome-do-Pai intervém como "significante-mestre" "no" "desejo da mãe" dominando-o. Essa escrita não tem o alcance geral que Lacan pareceu lhe emprestar durante alguns anos.

FOUCAULT. Segundo ele, "o melhor momento do amor é aquele em que o amante se afasta no táxi".

> É quando o ato está consumado e o rapaz foi embora que a gente começa a sonhar com o calor de seu corpo, com a qualidade de seu sorriso, com o tom de sua voz. É a lembrança mais que a antecipação do ato que importa antes de tudo nas relações homossexuais[142].

Logo, trata-se de um amor reminiscência e não repetição (segundo a preciosa distinção de Kierkegaard[143]). Mas essa observação talvez perca uma chance, a saber, o fato de que essa relembrança deve ser interpretada levando em conta a facilidade do acesso ao sexo, na qual Foucault insiste também. Essa facilidade está a serviço da acentuação da primeira vez, tão decisiva em Foucault. Que relação, pois, entre essa valorização da primeira vez e o amor relembrança? Com certeza o anonimato do objeto, que é outra coisa que a substituição freudiana. Se *Ein ist kein*, a trepada está bem às voltas com um "não há rastro" que viria sublinhar a relembrança ao tentar, em vão, preenchê-la.

LACAN. Segundo o seminário *A angústia*, o melhor momento do "amor" é aquele em que se é enganado: aquele que estaria ali se, no ins-

---

[142] M. Foucault, *DE*, t. IV, p. 330.

[143] Søren Kierkegaard, *La répétition*, trad. Paul-Henri Tisseau e Else-Marie Jacquet-Tisseau, *in Œuvres complètes*, Paris, éditions de l'Orante, t. 5, 1972.

tante mesmo de sua realização, não se esvaecesse (com a colocação fora de jogo do falo[144]). Além do mais, esse esvaecimento é como que pontuado por um antes e um depois. Antes, logo antes, há transposição de um ponto de angústia[145]; depois, ou melhor, depois de depois, há o reconhecimento de que, no lugar da morte, ao termos obtido apenas "a pequena morte", mais uma vez nos safamos barato[146]. Lacan ilustra essa economia por um gesto retomado de T.S. Eliot, o da bela mulher que, após ter-se "rebaixado à loucura", isto é, após ter trepado, anda pelo quarto a alisar os cabelos. É, diz Lacan, "que ela está, nas intenções de seu parceiro, doravante tranquila[147]".

> Eu, Tirésias, velho homem de mamilos enrugados,
> Avistei a cena, e predisse o resto –
> Eu também esperava o visitante previsto.
> Ele, o rapaz com espinhas, chega,
> Pequeno escriturário de agência imobiliária, olhar altivo,
> Um desses tipos vulgares a quem o aprumo cai bem
> Como um chapéu de seda num milionário de Bradford.
> Como ele imagina, o tempo lhe é agora propício,
> A refeição terminou, ela está cansada e se entedia,
> Ele começa a atiçá-la com carícias

[144] J. Lacan, *A angústia*, sessão de 29 de maio de 1963: "o falo funciona por toda parte, exceto ali onde o esperam, nomeadamente no estádio fálico." Ou ainda: "o órgão nunca é suscetível de aguentar muito longe na via do apelo ao gozo. Em relação a esse fim do gozo e ao alcance desse apelo do outro em seu termo que seria trágico, o órgão ambo-ceptor pode ser dito ceder sempre prematuramente." (Sessão de 29 de maio de 1963.) Da mesma forma: "É por não realizar, se não for em seu desvanecimento, o encontro dos desejos que o falo se torna o lugar-comum da angústia."

[145] A angústia se faz sensível quando "a subjetividade [...] é focalizada na queda do falo" (J. Lacan, *L'angoisse*, sessão de 6 de março de 1963). Concluindo essa mesma sessão, Lacan exemplifica essa relação da angústia com o orgasmo com a ejaculação do candidato no momento em que se recolhem as provas. Um pouco mais tarde virá esta definição: "O orgasmo, de todas as angústias, é a única que, realmente, se acaba" (sessão de 15 de maio de 1963); ver também sessão de 29 de maio de 1963.

[146] J. Lacan, *A angústia*, sessão de 29 de maio de 1963.

[147] *Ibid.*, p. 21-22. *Cf.* Thomas Stearns Eliot, *La terre dévastée*, 1921-1922, trad. de Guy Le Gaufey, III, Le sermon de feu.

Jamais bem censuradas, embora não desejadas.
Inflamado e resolvido, ele logo passa ao ataque;
Suas mãos bobas não encontram defesa alguma;
Sua vaidade não exige resposta,
E faz da indiferença uma saudação de boas-vindas.
(E eu, Tirésias, sofri de antemão tudo
O que aconteceu naquele mesmo divã, ou leito;
Eu que fiquei sentado ao pé do muro de Tebas
E caminhei no meio dos mortos mais vis.)
Ele concede para acabar um beijo condescendente
E vai às apalpadelas na direção da escada que ficou na sombra...

Ela se vira e lança um olhar no espelho
Mal consciente de que seu amante partiu;
Seu cérebro autoriza a passagem de um pensamento semiformado:
"Bom, bem, está feito: e estou contente que tenha acabado."
Quando bela mulher à loucura se abandona e
Vai e vem de novo em seu quarto, sozinha,
Ela alisa maquinalmente os cabelos,
E põe um disco no prato da vitrola.

Do ponto de vista dessa virada brusca do amor, não nos espanta ver Lacan, posteriormente, falar de seu gosto pelas preliminares. Seria este, segundo ele, o melhor momento do amor? Tudo se passa antes em Lacan como se a resposta fosse: "Seja qual for o lugar onde esse melhor momento tenta localizar-se, de qualquer modo seremos passados para trás."

Tomadas juntas, essas cinco respostas (Casanova, os gregos, o pecador, Foucault, Lacan) usam de rodeios. Nenhuma, de certo modo, consegue dizer o verdadeiro do verdadeiro do melhor momento do amor.

* * *

Lacan, psicanalista homossexual. Encontramos alguma coisa mais próxima da posição do psicanalista (e não do mestre) Jacques Lacan que a posição de Ggreg Taylor? Que julguemos antes.

O personagem de Ggreg, antes de fazer absolutamente questão de ter três "g" em seu nome (o ternário dele), desde a adolescência, construiu a si mesmo como um produto: seus sapatos com espelhos e seus óculos de *strass* tão célebres quanto, na época, os charutos tortos de Lacan. A esse respeito, ele declarava:

> Sou um produto, digo a todo mundo que sou um produto. Não consigo acreditar que as pessoas ignorem que também é o caso delas[148].

Não é uma frase que poderia perfeitamente ser colocada na boca de Lacan psicanalista?

Como Lacan, Ggreg Taylor se interroga: "Qual é a diferença entre subversão e autopromoção?" Resposta, ela também comum: "Nenhuma." A autopromoção, modalidade da preocupação de si, pode se tornar, do jeito que a coisa vai desde o *dandy* Baudelaire, uma subversão.

Sequência lógica: um e outro se autodefinem como "agitador do futuro". O que nada mais é que anunciar que esse êxtase (Heidegger) que tem nome "futuro" não existe[149].

Lacan e Ggreg têm a mesma preocupação com o estilo. O produto Ggreg também se nomeava: "Dou-estilo-ao-mundo." É por um voto assim que começam os *Escritos* de Lacan.

Outro traço comum, esse produto está "perpetuamente a ponto de se tornar ele mesmo uma nova atração de Disney Land" (Browning), logo, de perder seu alcance subversivo. Daí resulta que, feito Alice, começamos a desejar conversar com ele.

> Alice: Você por acaso não vem do país das maravilhas?
> Ggreg: Nããão, sou de San Francisco. Não dá pra ver?
> – Então, precisamos muito nos rever para conversar sobre isso – responde Alice afastando-se, acompanhada de Cinderela e do camundongo.

---

148 Citado por F. Browning, *op. cit.*, p. 68. Os outros traços mencionados são retirados dessa mesma obra.

149 *Cf.* Jacques Derrida, *Mal d'archives*, Paris, Galilée, 1995, e a leitura que dele proponho em "Nécrologie d'une science juive, Pour saluer *Mal d'archives* de Jacques Derrida", *L'unebévue* nº 6, primavera de 1995, Paris, EPEL, p. 131-147.

A escolha de falar com um analista é sexual, no sentido que esse falar, por mais íntimo que seja, tem seu lugar imediata e definitivamente marcado por um distanciamento da cama. A situação analítica típica e inaugural – uma mulher deitada num divã e um homem sentado numa poltrona – evoca notadamente esta outra: a amizade de uma mulher e de um homossexual com o qual, pelo menos neste assunto de cama, ela diz estar enfim tranquila. É abusivo qualificar como heterossexual essa situação. Bem antes, ela seria... *au-mot-sexuelle*[*].

A escolha de Lacan de tratar a transferência a partir do *Banquete* de Platão não inscreve esse seminário no campo dos estudos gays, antes mesmo que tal campo tivesse existido? O modelo dado pelo *Banquete* é o do laço éraste erômeno. E a interpretação de Lacan, remetendo o desejo de Alcibíades não a Sócrates mas a Agaton, acontece entre três homens. Então?

Resta a intervenção de Diótima! Mas uma mulher que um homem faz falar (no caso, Platão) é uma mulher que toma a palavra? A discussão de Lacan a esse respeito não suspende todas as ambiguidades. Daí a importância da questão colocada por David Halperin: "Por que Diótima é uma mulher?", "Por que Platão escolhe uma mulher para iniciar Sócrates nos mistérios do desejo homossexual masculino[150]?" Resposta: essa mulher é um tropo. E Halperin conclui que a questão nunca vai ter resposta.

* * *

A volta do odor[151]. É de bom tom proclamar, biologia ajudando, que o ser humano perdeu o olfato, que sua sexualidade não depende mais dele, que ele não tem, nisso diferindo de outros mamíferos, seu período de cio e, ao lado dele, todo um tempo em que o sexo o deixa em paz.

---

* Homofonia: *au-mot-sexuelle* [lit. na palavra sexual] e *homossexuelle*. (N. T.)

150 D. Halperin, « Pourquoi Diotime est-elle une femme? », *in Cent ans d'homosexualité et autres essais sur l'amour grec*, trad. do americano por Isabelle Châtelet, Paris, EPEL, 2000.

151 Para a análise de uma outra volta do odor, desta vez na antropologia, *cf.* C. Lévi-Strauss, "La sexualité féminine et l'origine de la société", *op. cit.*

Por mais indubitável que seja, essa verdade não esconde ainda melhor a importância do odor? Aristóteles falava dessa incidência do "odor de bode" das pessoas que fazem amor e também é possível convocar, como testemunha mais moderna, o número que Miss Charlie Brown, a sem-vergonha do Sul, há pouco propunha no *Backstreet Cabaret*, em Atlanta, cidade que acolhe a maior festa gay do mundo, a Hotlanta[152]. Charlie é uma *drag queen*, uma paródia da sem-vergonha que se esconde em todo homem, especialmente no homossexual. Num certo momento de seu número artístico, percorrendo os convivas instalados em volta das mesas da plateia, Charlie pergunta:

> – Que cheiro é esse?
> E alguns gays timidamente declaram:
> – É cheiro de mexilhão.
> – Está cheirando mexilhãããão, grita Charlie.

Depois, para diante de uma mulher e lhe pergunta como esta pode suportar olhar o marido com toda aquela bela carne gay que ela pode admirar.

Por que os gays do *Backstreet Cabaret* cheiram o que os héteros supostamente não cheiram mais?

Bersani dedica várias páginas de *Teoria e violência* a ler a maneira como Freud trata o odor em *Mal-estar na civilização*. Freud, nota ele, depois de ter reconhecido como superior a toda outra a intensidade da satisfação sexual, supõe uma baixa quase original dessa intensidade, ligada ao acesso à posição vertical, à perda do odor que a fazia nascer[153]. O "recalque orgânico" (Freud) do odor equivale até ao que Freud designa como um antagonismo da sexualidade para com ela mesma (não se trata mais aqui de seu antagonismo com a civilização):

---

[152] Esse relato, e uma apresentação mais global das *drag queens*, é apresentado por F. Browning, *op. cit.*, p. 195-202.

[153] L. Bersani, *Théorie et violence*, *op. cit.*, p. 27 *sq.*, e S. Freud, *Le malaise dans la culture*, *Œuvres complètes*, t. XVIII, Paris, PUF, 1994, nota 1 p. 296-297 e p. 292-293, nota 2 (que comporta as frases citadas acima).

> Era o conjunto da sexualidade, e não só o erotismo anal, que ameaçava tornar-se vítima do recalque orgânico. Tanto que, desde então, a função sexual se acompanha de uma repugnância, da qual não se pode dar outra razão, que a impede de encontrar uma plena satisfação e que a rechaça para longe do objetivo sexual, para o lado das sublimações e dos deslocamentos da libido. Sei que Bleuler [...] certa vez aludiu à existência de uma tal posição original para com a vida sexual, posição de distanciamento.

A sexualidade do animal humano, por uma espécie de intervenção em si mesma, não só baixou de intensidade, mas também pode cair no esquecimento total com o recalque orgânico do odor. E Bersani afirma, não sem malícia, que essa nota final do quarto capítulo de *Mal-estar...* bem poderia constituir uma "confissão erótica" de Freud. Ele, por sua vez, nos confessa emocionar-se (é o que ele diz: "*nothing is more moving*[154]") com a imaginação antropológica de Freud gozando,

> num modo fantasmático, das convulsões míticas e pré-históricas que agarrariam, em seu ser físico, um macho de quatro patas arrastado por um fungar apaixonado.

Essa figura está bem no cerne da análise da sexualidade freudiana. Ora, ela é aquela, mal velada, do *katapugon*. Como prova, o seguinte chiste. Trata-se de um caçador (a sexualidade é caça, em espanhol: *cazamiento*), caminhando na floresta, de fuzil na mão. Mas de repente, inesperado, surge, no meio das folhagens, um cartaz enorme: CUIDADO PERIGO. Logo em alerta, o caçador arma o fuzil, o aponta para a frente, olha inquieto à volta, espera um instante, observa ainda. Nada! Corajoso, decide mesmo assim avançar. Ao fim de um certo momento, sua vigilância já um pouco relaxada, o caçador teria quase acabado por esquecer o aviso se não tivesse parado diante de um segundo cartaz, menor, na altura de um homem, mas comportando a mesma inscrição: CUIDADO PERIGO. Mesmas reações que na primeira vez, mas mais atenuadas; e mesma sequência. Nada! Tranquilizado, nosso caçador prossegue sua progressão

[154] L. Bersani, *The freudian Body*, *op. cit.*, p. 17. *Théorie et violence*, *op. cit.*, p. 29.

silvestre quando, tendo quase por completo esquecido os dois incidentes, ele se vê trazido à dura realidade com um pequenino cartaz, quase ao nível do solo. Ele para, se debruça e lê: TARDE DEMAIS.

Não é um acaso se os mesmos que gritam "É cheiro de mexilhão" freqüentam, para trepar, parques, bosques e florestas, como os Pines, em Fire Island[155]. Para disso se convencer, basta ver a importância que um filólogo como Calame dá aos lugares[156].

Enfim, lembremos que, há alguns anos, a descoberta da incidência de feromônios no comportamento sexual humano (o dos seres que inalam?) e a de um órgão vomeronasal destruíram a evidência do "fato" de que o homem teria se distanciado do odor.

* * *

O orgasmo retal existe? Aristóteles, o mestre dos mestres, se colocava a questão e, ao contrário da maior parte dos testemunhos daqueles que se dedicam ao coito anal, respondia pela afirmativa. "Por que certos [homens] gozam quando são amados?", interrogava-se ele – por serem "afrodiziados", traduziríamos para pegar ao pé da letra e devolver à deusa o *aphrodisiazomenoi* sublinhado por Winkler. O que o preocupa, nota ainda Winkler[157], é que há gozo. Logo, vamos ver Aristóteles esforçar-se para tornar possível uma relação entre dois conceitos que, por convenção, nunca se acavalam: "homem" e "gozo por ser afrodiziado".

Eis sua explicação[158], ainda mais importante já que esse texto constitui, tal como escreve Winkler, "a mais complexa e rica teoria do dese-

[155] Descrição em F. Browning, *op. cit.*, p. 180-187.

[156] Dois de seus mais importantes capítulos até se intitulam « Prairies et jardins de légende » e « Prairies et jardins de poètes », C. Calame, *op. cit.*, ch. VIII e IX.

[157] J. Winkler, *in Before Sexuality*, *op. cit.*, p. 200. A questão é assim formulada: « Como se explica que certos homens gozem por serem sexualmente comandados, que gozem ou não igualmente por serem ativos? » *Cf.* C. Calame, *op. cit.*, p. 156.

[158] Com certeza retomada, muito de vez em quando, por alguns autores. Assim, um compilador italiano, Cœlius Rhodiginus, no século XVI (citado por Pierre Maréchaux, «A dignidade das braguilhas: os discursos sobre a sodomia na Renascença», *in Les gays savoirs*, sob a direção de Patrick Mauriès, Gallimard e éditions du Centre Pompidou, Paris, 1998, p. 194). Assinalemos, nessa mesma obra, um texto de Adam Mars-Jones – « A ignorância também tem uma história » – que identifica em Jeremy Bentham « o primeiro intelectual oposto à homofobia ».

jo sexual "natural" por mim conhecida nas fontes antigas[159]". O desejo pode acontecer em razão de duas coisas, da acumulação de uma excreção em seu local natural (essa retenção sendo não natural), ou então pelo fato de pensar. Ora, há homens cujos condutos internos não estão dispostos *kata physin*: neles, os condutos para os testículos são cegos; existem então circuitos alternos que levam ao *hedra* (o assento, as nádegas).

> Aqueles cujos condutos desembocam exclusivamente no posterior desejam ser fodidos, aqueles cujos condutos têm as duas saídas desejam foder e ser fodidos.

Em alguns, as excreções tendem a ser bem finas e aéreas, mas há de fato excreção; e uma "coliquescência no posterior" durante a relação anal. A leveza e a dispersão do fluido é então comparável à resposta sexual feminina. E

> são portanto insaciáveis, como as mulheres, já que o fluido é mínimo, sem força de ejeção e perde rapidamente seu calor[160].

Como vemos, há aqui solidariedade entre a afirmação da realidade do orgasmo anal e a afirmação, senão da inexistência, pelo menos da ausência de eficácia do orgasmo feminino. Logo, isto confirma, de certo modo como um contraexemplo, a distinção a ser feita entre o reto e a vagina. Tudo se passa como se a exceção aristotélica (a tese do orgasmo anal) confirmasse a regra segundo a qual um único apenas dos dois orifícios vizinhos é suscetível de orgasmo.

Se agora nos voltarmos para um testemunho moderno, o de Renaud Camus, que, sem saber satisfazendo a um jogo de palavras de Lacan, é sério ao fazer série, deveremos concluir que aquilo que queria explicar

[159] J. Winkler, *in Before Sexuality*, *op. cit.*, p. 201.

[160] Aristóteles, *Problemas*, seção I-X, texto estabelecido e traduzido por Pierre Louis, Paris, Les Belles Lettres, 1991, seção IV, « Des rapports sexuels », p. 80-93. A concepção « freudiana » de que o homem é uma mulher castrada está perfeitamente explícita nesse texto (*cf.* 879b).

Aristóteles não existe – ou não existe mais. Não há um único orgasmo retal nos quarenta e cinco *tricks* relatados por Camus, isto até quando alguns acontecem sob efeito de *poppers*. E sobretudo, embora até esse ato permaneça, de todos os que são descritos, o menos evidente. Com efeito, nunca se sabe totalmente se o parceiro encontrado, eleito do momento, é daqueles que aceitam ou recusam seja penetrar o reto, seja, ponto mais sensível, tê-lo penetrado. Há aí uma espécie de minissuspense, ausente no lugar dos outros gestos, que é como que o sinal discreto de um ato ainda marcado por um certo desafio.

Com certeza, em Camus, esse ato se inscreve numa questão de conjunto que é um dos ensinos não desprezíveis de seu livro. O que desagrada mais que tudo a seu narrador protagonista, o que quase o obceca, aquilo de que ele foge tão logo encontra, é um parceiro que poderíamos dizer, esquecendo o sentido dado por Esquirol à palavra, monomaníaco, que só tem na cabeça um único ato, isto independentemente da própria natureza desse ato. Camus precisa poder passar de um gesto ao outro, de uma postura à outra, inverter as posições ou, outras vezes ainda, jogar as simetrias (como dois cavaleiros cruzando os ferros), em suma, variar, explorar algo como um conjunto de possibilidades. Logo, apresenta-se a possibilidade desse conjunto que é um traço determinante para a obtenção de seu gozo, para elevar o trick a essa modalidade do gozo em que ele se distingue da "mexidinha". Assim, o ato de penetrar ou de ser penetrado inscreve-se, ao mesmo título que cada um dos outros atos possíveis, nessa busca de uma espécie de globalidade dos corpos colocados em jogo, talvez até de totalidade dos atos, ainda que não saibamos bem dizer o que uma e outra são.

Nessa tensão entre uma globalidade visada e um ato no entanto isolado entre todos como não sendo especialmente evidente, não está excluído ver a assinatura, tornada discreta mas sempre perceptível, do distanciamento do *katapugon* na Antiguidade.

A não existência do orgasmo retal seria uma espécie de última barreira que, se fosse levantada, faria com que a sexualidade estivesse toda, toda ali, toda isso, toda num corpo ele mesmo totalizado, toda invasora, ocupando todo o tempo. Questão: por que é preciso essa barreira, embora o próprio orgasmo só pontualmente atinja essa totalidade do gozo de si, do outro, que também é uma perda de si e do outro.

* * *

Katapugon e "feminidade". Os helenistas estão de acordo para dizer que, na Grécia, o laço era estabelecido entre *katapugon* e feminidade. Assim:

– Winkler[161]: o contraste entre hoplitas e *kinaidoi* é uma oposição entre machos viris e machos afeminados.

– Halperin[162]: o contraste é ativo e hierarquicamente superior, o receptor é passivo e submisso. Essa polaridade penetração-atividade-dominação de um lado, e, do outro, penetrado-passividade-submissão remete respectivamente à masculinidade e à feminidade.

– Calame: em Aristófanes, as zombarias contra Agaton, que se apresenta em cena com os traços da bela Cirene, o chamam de *katapugon* e, até, de *europrôktos*, "bunda mole".

Entretanto, essa assimilação das duas problemáticas eróticas que distinguimos contra quase três mil anos de tentativas de amálgama é objeto de duas limitações. Por um lado, (Calame) a "reciprocidade erótica" é reservada às mulheres, o que combina com a ausência de orgasmo retal. Por outro lado (Winkler, num outro texto[163]), essa redução tenta assimilar o desejo da mulher ao localizá-lo

> no interior das estruturas de concorrência das famílias e da imaginação masculina na qual todo desejo é uma perigosa irrupção que ameaça a autonomia de cada um.

É Ovídio, do qual se sabe que suas palavras lhe valeram morrer no exílio, quem vai selar a distância, como nota Quignard, ao escrever esta frase, que ficou célebre:

---

[161] J. Winkler, *in Before Sexuality, op. cit.*, p. 182.

[162] D. Halperin, « Pourquoi Diotime est-elle une femme? », *op. cit.*, p. 178.

[163] J. Winkler, *Constraints..., op. cit.*, ch. III "*Erotic Magic Spells*", p. 73.

Odeio os acasalamentos que não satisfazem cada um dos parceiros; é por isso que sou menos dado ao amor por rapazes.

Foucault é preciso na intervenção de Ovídio na erotologia. Numa entrevista publicada três dias após seu falecimento, ele declara[164]:

Começa-se a ver a emergência do delírio amoroso em Ovídio num momento em que temos a possibilidade e a abertura de uma experiência na qual o indivíduo de certo modo perde por inteiro a cabeça, não sabe mais quem é, ignora sua identidade e vive sua experiência amorosa como um perpétuo esquecimento de si[165].

Perigo, portanto. Mas o exílio de Ovídio não terá bastado. Durante séculos serão agitadas suas *Metamorfoses*, fazendo de sua soma a um só tempo uma enciclopédia e um modelo de vida de homem e cidadão. Entre 1480 e 1600, contam-se numerosíssimas edições. O que foi feito então de sua descrição dos amores de Júpiter e Ganimedes? Ao moralizar o relato, observa Pierre Maréchaux[166], aliviaram-no de seu valor subversivo. As leituras *verbatim*, literais, têm mais dificuldades no lugar desse apagamento, nota ainda Maréchaux. Tanto que homossexualidade (um anacronismo, no caso em questão) e literalidade travam aqui um mesmo combate, por exemplo ao corrigir, na oportunidade, um "entre as genitálias (*inguinilus*)" por um pudico "entre os joelhos (*genilus*)", ou um *potiente luxuria* por um *patientiae luxuria*. E esse "ostracismo filológico" (Maréchaux) vai perseguir o *katapugon* até em Guillaume Budé,

[164] E já Lacan em 1953, 1960 e 1966 (lista não exaustiva – reportar-se ao *Index des noms propres et titres d'ouvrages dans l'ensemble des séminaires de Jacques Lacan*, Paris, EPEL, 1998): "leiam o mito de Tirésias, existem vinte versos em Ovídio que pus em meu primeiro relatório, o de Roma, por ser um ponto essencial, e que tentei desde então passar adiante, quando se falou da sexualidade feminina em Amsterdam. Foi bonito! Como esquecer a profunda disparidade que há entre o gozo feminino e o gozo masculino!" (*O objeto da psicanálise*, sessão de 8 de junho de 1966.) Os nomes de Ovídio e Tirésias são procurados em vão no índice dos *Escritos*, que comportam os dois textos do relatório de Roma e da intervenção em Amsterdam.

[165] M. Foucault, "Le retour de la morale", *DE*, t. IV, *op. cit.*, p. 701.

[166] Pierre Maréchaux, *op. cit.*, p. 179 *sq*.

com traduções como "vício abominável", "obscenidade", ao passo que *cinaedi*, no dicionário de Charles Estienne (1552), era traduzido por... "dançarinos"!

Logo, não se pode concluir, mesmo levando em conta esse laço entre *katapugon* e feminidade, pela assimilação, pela não distinção dos dois termos. Se são distintos, pois bem, distingamo-los! É tão simples assim.

Desse modo, percebemos que, para muitas mulheres, o problema não é o gozo deslizar do clitóris para a vagina, mas obter de um homem que ele faça outra coisa que focalizar-se no reto (o dele ou um outro)[167]. Por ter desprezado isso, Freud acabou prescrevendo às mulheres "a tarefa" (*Aufgabe*) de renunciar, em proveito de uma nova zona genital, a vagina, à zona genital dita originalmente predominante, o clitóris[168]". O ridículo dessa posição prescritiva não precisa mais ser demonstrado.

No entanto, isso de modo algum resolve a questão do laço tão constantemente mantido entre *katapugon* e feminidade, inclusive, hoje, em certas feministas. Assim, numa conferência pronunciada para promover o desejável de uma escrita lésbica, Nicole Brossard[169], depois de ter afirmado que, nessa literatura, mulheres são obcecadas por mulheres, impõem-se compreender o que significa "sou obcecada por uma mulher", nota que "nesses livros, o outro sempre é uma mulher, e isso faz toda a diferença do projeto e do questionamento". Mas quem é, qual é, segundo ela, essa outra mulher, esse outra mulher, esse outro em mulher? Respos-

[167] Enquanto eu apresentava pela primeira vez numa universidade, na Argentina, em 1998, a paisagem do *katapugon*, uma mulher me interrogou publicamente: "Como se explica que os homens argentinos desejem tanto fazer amor nesse lugar?" A resposta estava contida na questão: "Pergunte isso a eles." À medida que a conferência avançava, o diretor da universidade, que tinha amavelmente dado seu apoio ao convite, e que se achava na tribuna ao meu lado, se decompunha. Com certeza a justo título, a se crer numa observação feita por um professor de psicologia na saída: "Depois do que ouvimos, o que vamos ensinar aos estudantes na segunda-feira?"

[168] S. Freud, "Sur la sexualité féminine", *in La vie sexuelle*, trad. do alemão por Denise Berger, Jean Laplanche et coll., Paris, PUF, 1969, p. 139. A observação do caráter prescritivo dessa afirmação foi feita por Marie-Hélène Devoisin.

[169] Nicole Brossard, "Écriture lesbienne: stratégie de marque", *in Les études gay et lesbiennes*, Paris, éditions du Centre Georges Pompidou, 1998.

ta (mas sem esse ponto de exclamação que, aqui, vale interpretação): é um mestre! Com efeito, trata-se de livros

> nos quais as heroínas só se tornam heroínas no momento em que reconhecem na outra mulher um poder de autoridade que lhe dá precedência sobre qualquer outro poder.

A outra mulher, que uma mulher imagina ou adivinha lésbica, simboliza "uma radical insubmissão", "um domínio que lhe permite designar-se como sujeito no espaço simbólico". Sua existência, escreve ainda N. Brossard, "compromete a ideia de docilidades", e é a esse título que ela obtém a docilidade da heroína que, sem interrupção, vai festejá-la "como assunto de interesse, reconhecimento e desejo".

Questão: essa outra mulher, tão bem inscrita no domínio, ao ponto de se submeter a mulher outra, consegue afinal se abandonar por completo? Ou então aceita, também, como mestre, a lei do *katapugon*?

* * *

O sexo é uma derrota. Da trepada, seja qual for seu sexo, seja qual for aquele do ou dos parceiro(s), sai-se como os lençóis: des-feito [*défait*]*. Trepar é ir a uma derrota [*défaite*]. Igual a dizer que ali estamos perdidos. Feito ratos.

Interrogado sobre o delírio amoroso como perda de si, Foucault (agora lemos sua declaração sob nova luz) menciona a descrição tornada clássica de Ovídio: a experiência amorosa é um esquecimento de si, uma perda de identidade. Dela encontramos outra formulação (com certeza não absolutamente equivalente, mais *soft*) em Freud, para quem o amor supostamente deve acontecer às expensas do narcisismo (um erro bem grosseiro, homólogo àquele que Freud teria dito que a humanidade sofrera, com Copérnico e Darwin, uma ferida narcísica).

---

* Trocadilho: dé-fait pode ser *dos* (*de*) *fato*(*s*) como *des-feito*. Semelhante com *défaite* [derrota] (N.T.)

O que talvez seja um pouco menos clássico, em compensação, é, em Foucault, a vizinhança dessa descrição com uma ética do intelectual que consiste, *da mesma forma*, em se desprender de si mesmo[170]. Essa ética é uma erótica, essa erótica é uma ética na qual o que está em jogo é o desprendimento de si. Se, além disso, esse si se constitui como mestre, e antes de mais nada como mestre de si, esse desprendimento só pode ser situado como uma derrota.

Bersani encontra uma baliza em Freud. Os *Três ensaios*, nota ele, dão uma versão da trepada que é de outra veia que a doutrina freudiana normalizadora do sexo[171]:

> O prazer sexual ocorre toda vez que um certo limite de intensidade é atingido, quando a organização do eu [*self*] é momentaneamente perturbada por sensações ou processos afetivos de uma maneira ou de outra "além" [*beyond*] daqueles em relação com a organização psíquica.

E Bersani acrescenta[172], sem indicar a que ponto, nesse dizer, ele é lacaniano:

> Esta definição retira o sexual do intersubjetivo.
> *This definition removes the sexual from the intersubjective.*

Trepar é uma derrota no sentido que se trata de uma derrota do subjetivo como tal.

Será por isso, entre os parceiros, a briga? Esse declive (o da luta senão da guerra dos sexos) é fácil de descer. Mas para falar de derrota, a referência ao jogo [*jeu*] basta. Aquela ao "eu" [*je*] diz a briga fundamentalmente não necessária.

---

[170] "O que pode ser a ética de um intelectual – reivindico esse termo intelectual que, nos dias de hoje, parece dar náuseas em alguns –, senão isso: tornar-se permanentemente capaz de se desprender de si mesmo (o que é o contrário da atitude de conversão)?", *DE*, t. IV, p. 675. A atual etificação da psicanálise é uma escroqueria pelo fato de se apresentar como uma ética sem erótica. Ela não pode expor sua erótica; daí seu esquecimento, necessário, do supereu, isto é, dessa instância à qual pretende submeter qualquer um.

[171] L. Bersani, "Le rectum est-il une tombe?" *op. cit.*, p. 64.

[172] *Ibid.*, p. 160.

Há, no entanto, no próprio jogo, um vencedor e um vencido? Não pode ser induzido sem abuso daquilo que acaba de ser dito. Bem antes há, se podemos assim contar, dois vencidos. A trepada é uma vitória de Pirro. Quignard observa que Epicuro, antes de Freud, notava que um homem que não goza fabrica a doença que o consome[173]. A doença é uma derrota... em outro lugar.

A justo título, Foucault denuncia o erro que consiste em acreditar só estar às voltas com o desejo, em desprezar o jogo do prazer. Centrar a erotologia analítica apenas no desejo, como é o pendor de um certo lacanismo, corresponde a responder a alguém que pergunta: "Você tem horas?", "Tenho", resposta que por certo... deixa a desejar (é sua grande vantagem), mas que, por aí mesmo, não convém, já que se trata não só do desejo, mas de sua realização (inclusive, segundo um certo modo, na análise). Talvez tivesse sido possível evitar esse deslizamento se tivéssemos parado mais na problematização do, talvez até dos gozo(s), que, a partir de 1971, vem no primeiro plano do trilhamento de Lacan. Lacan estaria então retomando pelo avesso (!) o caminho do seminário *A angústia,* em que o vetor desejo → gozo ordenava todo o processo da subjetivação?

Esse sexo-derrota também explica que as relações de poder/submissão sejam, na trepada, tão importantes. Ele explica, enfim, que a passividade tenha a última palavra.

No melhor caso, as relações de poder/submissão culminam, em cada um dos parceiros, numa dissolução não do eu [*moi*], mas do si. Na publicidade já citada de uma orgia S/M ("Vamos trepar até [a gente] cair"), ouvimos bem: [*a gente*] cair. Quignard, latinizando[174]: "O coito é fonte e fim do corpo vivo; ali onde *est* torna-se *sum*." A trepada é o ato de atingir um instante no real que *si* se conjuga no neutro.

Isto explica que se tenha pensado poder situá-la como uma "pequena morte", senão opor mitologicamente (e comicamente) Eros e Tânatos. Mas não. Ela está bem às voltas com a morte, mas com a segunda morte. O que contesta radicalmente a oposição mencionada acima.

---

[173] P. Quignard, *op. cit.*, p. 237.

[174] *Ibid.*, p. 162.

É possível ter uma vista, necessariamente de longe, dessa segunda morte no horizonte da trepada, desse horizonte que seria aquilo a partir do que a trepada muda de repente? Deve-se crer que sim, caso contrário, não falaríamos disso. Comentando "Correspondências", poema no qual vê a justo título uma exposição de doutrina, Bersani escreve que:

> Em razão de sua força, mesmo a irresistível experiência dos sentidos nos projeta fora do mundo dos sentidos; é sua própria intensidade que faz da experiência sensorial uma experiência espiritual.
> [...] É como se, ultrapassando um limite máximo, a sensualidade de repente se transformasse em seu contrário. Esse grau máximo de certo modo abre um espaço; há uma "expansão" semelhante àquela das "coisas infinitas" e talvez um certo vazio se insinue na plenitude dos sentidos[175].

É o "talvez" que diz a pertinência e faz a força dessas observações.

* * *

Três desabamentos do mestre. O mestre tem à sua frente três encontros em que é esperado, em que se trata de sua derrota, em que ele não pode nem evitar ir nem consentir em ir.

Primeiro encontro: quando ele encontra o erômeno e se torna assim éraste. Eis alguns indícios e testemunhos da perda de seu estatuto.

Os *agôgai*: trata-se de um conjunto de ritos que agrupam as sortes lançadas para conduzir uma pessoa até sua casa e sua cama. Winkler, que analisa esses ritos, nota que se trata de atingir o erômeno em seu sono, de provocar na vítima "uma poderosa sensação de agitação e tormento interior que a impede de dormir". A fórmula ordenadora desses ritos poderia ser a de uma estatueta do Louvre, uma mulher de joelhos, as mãos atrás das costas, furada com treze unhas:

> Furo a senhorita Fulana de maneira a que ela não tenha mais nada na cabeça a não ser eu.

---

[175] L. Bersani, *Baudelaire et Freud, op. cit.*, p. 40-41 (*cf.* igualmente p. 93).

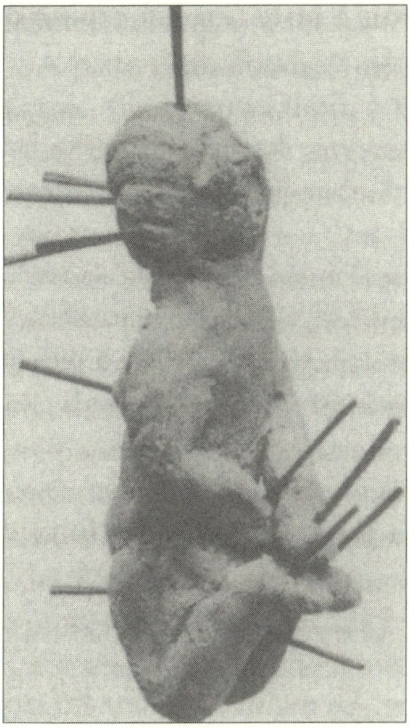

É preciso atormentar o outro para obter dele o comportamento que porá um termo no tormento que ele provoca em si. Winkler, que menciona essa estatueta, observa que, na literatura, são as mulheres que utilizam esses procedimentos, mas na vida real são homens, às vezes homens célebres[176].

Outro testemunho, Caton (citado por Quignard[177]): um homem apaixonado permite que sua alma viva no corpo de outro. O amor ameaça a identidade pessoal. Quignard[178]: a matrona romana (*Domina*, a Dama) não podia amar, pois o amante (que ela se tornaria) é um escravo.

Segundo encontro: o orgasmo.

Sófocles louvava sua grande idade por tê-lo liberado da libido, "Mestre enraivecido e selvagem" (citado por Quignard).

[176] J. Winkler, *Constraints...*, *op. cit.*, p. 85, 90 e 95 (para a estatueta).
[177] P. Quignard, *op. cit.*, p. 173.
[178] *Ibid.*, p. 176.

Para sua pesquisa sobre *A cultura do desejo*, Browning encontrou Armistead Maupin, autor das célebres *Crônicas de San Francisco*. Num tom diferente de sua petulância habitual, Maupin lhe fala de sua experiência das saunas como de uma proximidade com Deus:

> Nas saunas, ele encontrou uma qualidade de comunicação notável com homens cujo nome ele jamais soube, homens com quem ele nem sequer teve relações sexuais, que ele abraçou antes de retomar seu caminho e que lhe deixaram um sentimento quase religioso[179].

Um certo Bruce Boone, formado pelos Irmãos Cristãos, especialista, como Bersani, de literatura francesa (decididamente!), tradutor, escritor, professor, testemunha no mesmo sentido. "A primeira vez que você chupa um pau, diz ele a Browning, é de fato como a comunhão mística." Um pouco em falta das referências católicas indispensáveis, mas não de perspicácia, Browning lhe retorque que associar felação e comunhão é um clichê. Digamos, um típico estereótipo psi. "Não, você não prestou atenção no que eu disse, retorque Boone. Eu disse a Santa Comunhão. É muito diferente. [...] É uma questão de dissolução do si [...] comer a carne de Deus a fim de fazer apenas um com ele[180]."

Em Artemidoro, a antinomia do mestre e do sexo é perfeitamente identificada, por exemplo, na maneira como é interpretada essa atividade de escravo que é a masturbação. O mestre é então o membro viril, a serviço do qual se dedica a mão[181]. Foucault, comentando Artemidoro:

---

[179] F. Browning, *op. cit.*, p. 91-92.

[180] Como a tradução francesa é falha nesse lugar, damos aqui o original inglês (p. 82): "*I explain that I wasn't religious but that equating cocksucking with communion seems like a cliché. "No, you didn't listen carefully", he answers. " I said Holy Communion. It's different [...] This isn't shocking the way people think – it's about dissolving the self." He reminds me that Holy Communion is not about fellowship, as Protestants might conceive of it; for those deeply driven by the spiritual quest, Holy Communion is literally to eat the flesh of God, and so to be one with God. To eat God is to be liberated from the alienated division of the self, to lose the self.*"

[181] M. Foucault, "Rever de ses plaisirs. Sur l' "Onirocritique" d'Artémidore", *DE*, t. IV, *op. cit.*, p. 475.

O órgão feminino, aquele que é chamado *o anankaion* (o elemento "necessário", aquele cujas necessidades nos constrangem e pela força do qual constrangemos os outros), é significante de todo um feixe de relações e atividades que fixam o estatuto do indivíduo na cidade e no mundo[182].

O terceiro encontro do mestre com seu próprio desabamento é a morte.

* * *

Os "privilégios" da homossexualidade. A defunta homossexualidade dá lição clínica pelo fato de apresentar facilidades de acesso a certos traços maiores do sexual. Eis alguns.

– O sexo como estranho a si, como destino. Browning escreve[183]:

> Desde a infância ou quase, nossa ideologia nacional nos inculca que todo indivíduo é mestre de seu destino. À medida que crescemos, a medicina tradicional e a psicologia popular – até a psicanálise "legítima" – nos ensinam que somos os autores de nossos próprios problemas.

Ora, o homossexual, acrescenta Browning, é confrontado, na adolescência, em si mesmo, com um desejo aberrante e que, além disso, logo lhe surge como um destino. É a estranheza do sexual em cada um, mas o homossexual, este, não pode fingir não ver. Assim, ele deve mais ou menos fazer seu *coming out*, versão gay da "declaração de sexo" (Lacan), mas que sublinha, melhor que essa declaração, essa alteridade do sexual em cada um que Lacan havia tão justamente ressaltado no caso do pequeno Hans. O hétero, por sua vez, está particularmente enganado por uma

---

182 *Ibid.*, p. 485-486. Todo esse parágrafo de Foucault está escrito de modo a valorizar a dimensão significante do falo. Daí, também é possível ler de outra maneira, que como um mito ou uma crença no destino, a espécie de reverência que Freud faz ao *ananké*. Trata-se de um culto fálico!

183 F. Browning, *op. cit.*, p. 145-146.

cultura que lhe apresenta sua sexualidade como conforme à natureza, à ciência, ao direito, à sua imagem, etc.

– O sexo como que regrado pelo significante. Entre os encontros de Browning, há um certo Luna, um gay latino de Miami que conheceu os bairros Castro, West Hollywood ou Greenwich Village e que, finalmente, voltou viver em Miami[184]. Durante a entrevista, Luna oferece a Browning esta fantástica frase: "Ter relações sexuais em espanhol é muito diferente para mim". E Luna precisa até onde vai essa diferença, a saber, até a obtenção de relações sexuais mais satisfatórias. Categoricamente.

> Luna continua: "Posso ficar muito apaixonado em inglês, mas não tem a mesma força que quando me exprimo em espanhol. Quando falo espanhol, penso em inglês. Mas acho que sinto as coisas em espanhol, e penso em inglês, e depois traduzo."

– O sexo como ordenador da família. Um dos elementos que contribuem para a instauração da selvageria familiar é a ideia de que os laços familiares são naturais, que está, portanto, excluído a isso escapar. Como se todo pai não tivesse de conquistar a confiança do filho, como um "vulgar" pai adotivo. As famílias gays, lésbicas, transexuais, estão ao abrigo desse senão.

– O sexo como caça. A essência cinegética do sexual é tão manifesta do lado dos gays, das lésbicas, mais geralmente da sexualidade *navio night*, que vamos nos dispensar aqui de trazer qualquer documento. Convém ainda situar essa caça em sua dimensão de submissão, a que sublinhava Lacan numa passagem citada acima (p. *42) e da qual se pode dizer que ele só inovava relativamente, uma vez que Giordano Bruno (referência determinante para a "volta a Freud") já chamava seus leitores à parte, dizendo-lhes:

– *Vedde, e 'l gran cacciator dovenne caccia*[185].

---

[184] *Ibid.*, p. 158 *sq.*

[185] Giordano Bruno, *Les fureurs héroïques*, Paris, 1585, rééd. Les Belles Lettres, Paris, 1954, p. 53 (introd.) e p. 205 (texto do soneto).

Um sexo ou o outro
Sobre a segregação urinária

"Essas espertezas e essas violências são culpa do gênio maligno que mistura o povo nômade das chaves com a tribo sedentária das fechaduras. Gritos dilacerantes e grotescos são soltos de uma ponta à outra."
Michel Tournier, Petites proses

"I Vitelli dei Romani sono belli."
Ferdinand de Saussure
Cours de linguistique générale

Inconveniência menor?

Há certos lugares aonde ninguém pode ir no lugar de ninguém. Assim parecem bem ser a sala de parto para a mãe grávida, o quarto de hospital para o doente, a mesa para quem come, a sala de exame para o candidato, o divã para o analisando, o leito conjugal para a jovem esposa, a quadra de tênis para o jogador profissional, a mesa para o jogador de bridge.

Entretanto, este último caso nos sugere que o critério que de fato garantiria que se trata de um tal lugar não deixa de ser ambíguo. Com efeito, posso imaginar que alguém "tome meu lugar" num torneio de bridge, e é preciso um conto de Thomas Bernhard[186] para entender que a coisa aí também está realmente excluída.

[186] Thomas Bernhard, "Waten", in *Amras*, Paris, Gallimard, 1987, p. 221-282.

Um grupo de amigos janta no restaurante. Num dado momento, um deles se prepara para deixar a mesa de modo imprevisto; à indiscreta questão "Aonde você vai?", ele responde "Vou ali aonde você não pode ir no meu lugar!" Curiosamente, acreditamos entender imediatamente do que se trata.

Ninguém ignora que aquele ou aquela que se tiver levantado logo vai se ver diante de uma escolha forçada, terá de se declarar "homem" ou "mulher". Há aí uma situação ainda mais espantosa porquanto a espécie de decantação de que acaba sendo portador quem é então confrontado com tal escolha, decantação que o incomoda e da qual ele quer bem se livrar o mais cedo possível, em nada difere em função do sexo. No banco, qualquer um pode bem fazer um depósito sem ter de optar por um guichê "homens" ou "mulheres".

Não se trata de uma escolha do tipo "a bolsa ou a vida" que resulta de outra lógica (várias vezes desenvolvida por Lacan), uma vez que quem opta pela primeira conserva a segunda ao passo que quem opta pela segunda perde as duas. Não, trata-se de uma escolha muito mais boba, de uma alternativa em que a eleição de um dos dois ramos exclui *ipso facto* o outro.

Está entendido que não evoco aqui os sanitários familiares, eles sexualmente não marcados. Aliás, essa não determinação não deixa de ter consequências nas relações eróticas no seio da família, como muito bem sublinhou Albert Cohen. Em *Bela do senhor*, os amantes usam dois sanitários distintos e tão afastados um do outro que nenhum dos ruídos provocados em tais lugares por um deles pode jamais chegar a ser ouvido pelo outro. Assim, seus desejos não serão contrariados por certos pensamentos relativos a essas atividades pouco apetitosas do outro. O erotismo assim depurado nem por isso deixa de virar vinagre.

Por forçarem a uma escolha "homens/mulheres, vamos falar desses sanitários públicos ou semipúblicos, os da clientela de um café, os que uma estação, um aeroporto põe à disposição de seus usuários. Logo, os modos impõem, em tais lugares, aquilo que Lacan designou como sendo uma "segregação urinária". Um certo pré-fabricado força o ser falante, portador de um objeto que o incomoda, a só se livrar dele após ter-se declarado de um sexo ou do outro.

Há algo abusivo nessa escolha duplamente forçada já que a natureza, ao me recusar a possibilidade de fugir desses lugares para os quais ela me dirige, exclui que eu recuse tomar uma das duas vias que me estende a sociedade. Logo, quem se sente estar no mesmo nível com a mentira de uma sexualidade distribuída em dois gêneros que seriam pura e simplesmente um dado?

Essa situação evoca aquela, inversa, do paralítico para o qual nada está previsto que lhe permitiria deslocar como bem entendesse sua cadeira de rodas. Aqui, tudo parece previsto, mas como saber em que cadeira estou e se até, como se pretende, existem duas e apenas duas espécies de cadeiras? Digo "parece previsto" porque não desprezo o grito, desesperado ou furioso, às vezes não formulado, do menino forçado a admitir que não tem altura para o mictório onde o pai dá tranquilamente (o menino pelo menos acredita nisso) satisfação à sua vontade. Para ele que tem de escolher o ridículo penico de cocô, o que explica que o tenham direcionado para "homens"?

No entanto, nada como um dito espirituoso para que se ouça a inconveniência dessa escolha, seu... desconforto. Nos anos setenta, na França, dois letrados se encontram e um pergunta ao outro: "Como são os toaletes na Academia Francesa?"; o outro, como previsto, não sabe o que responder, o que permite ao primeiro concluir: "Existem bem duas portas, uma marcada HOMENS, a outra MARGUERITE YOURCENAR."*

A invenção do significante

Bem antes de Lacan formular seu "não há relação sexual", os dois termos "homens" e "senhoras", tal como os põe em jogo a segregação urinária, intervêm em seu texto "A instância da letra no inconsciente" como a operar o primeiro passo de seu "desvio[187]" da linguística saussuriana. O que está manifestamente em jogo nesse texto é uma certa definição do

---

* Marguerite Yourcenar foi a primeira mulher eleita para a Academia Francesa de Letras. (N.T.)

[187] Devemos a palavra a Jean-Luc Nancy e Philippe Lacoue-Labarthe, *Le titre de la lettre*, Paris, éd. Galilée, 1973.

significante. Mas por que ter feito aqui intervir esses dois termos que supostamente marcam a diferença sexual? Logo, outra problemática está discretamente presente, que podemos antes de mais nada indicar com esta interrogação: a acasalar assim esses dois termos, o que disso resulta quanto à questão do sujeito em sua relação com o sexo? Há, quanto a isso, dente de coelho, como terá notado nosso leitor atento ao fato de que o casal eleito por Lacan é homens/senhoras, ao passo que esperaríamos ou bem homens/mulheres, ou bem senhores/senhoras. Deve-se ler essa bizarrice como um toque cortês num texto em que o amor não está muito presente?

Esse texto desdobra duas problematizações diferentes da declaração de sexo. Vamos estudá-las considerando seus dados, não tão simples quanto se pode primeiramente pensar.

Ao escrever "A instância da letra no inconsciente", Lacan ainda não forjou sua definição do significante como "aquilo que representa o sujeito para outro significante"; logo, ele tampouco dispõe de uma distinção nítida entre "significante" e "signo". Assim, esse texto deveria figurar, nos *Escritos*, bem antes da articulação intitulada "Do sujeito enfim em questão" (o sujeito cartesiano só se encontrando, no trilhamento de Lacan, efetivamente e "enfim em questão" em razão de sua abordagem pelo significante). Mascara-se aí algo que merece ser assinalado: o verdadeiro posicionamento do simbólico não é, como sugere a ordenação dos *Escritos*, o Relatório de Roma de setembro de 1953; ele é a este posterior de não menos oito anos. É exatamente em 6 de dezembro de 1961, durante o seminário *A identificação*, que Lacan, pela primeiríssima vez, formula sua definição do significante, distinguindo-o, então e doravante, nitidamente do signo. Há, nesse dia, uma depuração radical da função representativa do significante, mas que, por um lado é introduzida de mansinho e cujas consequências, por outro lado, só vão ser extraídas aos poucos. Ao pontuar de certa maneira a reunião de alguns de seus escritos, Lacan, em 1966, embaralha as cartas[188]. Com efeito, exceto em "Subversão do su-

[188] *Cf.* J. Lacan, "Petit discours aux psychiatres", 1967, *in Petits écrits et conférences, op. cit.* Lacan evocava, nessa conferência, "o contexto de briga no qual eu incito isso tudo". A

jeito" e "A ciência e a verdade" (o primeiro texto publicado pela primeira vez em 1966, o segundo datado do próprio tempo da reunião dos *Escritos*), não é encontrada nessa coletânea, evidentemente, nenhuma menção à definição propriamente lacaniana do significante. Equivale também a dizer que o tratamento das questões (as psicoses, a direção da cura, o inconsciente, a sexualidade feminina) ali é operado fora da incidência da definição lacaniana do significante.

Essa observação permite precisar nosso questionamento. O que acontece com uma relação homem/mulher uma vez que o significante não está radicalmente distinguido do signo, uma vez que as dimensões simbólica e imaginária permanecem em continuidade?

Primeiro confronto: o desvio do signo

Assim, consideremos de entrada o esquema saussuriano do signo linguístico:

Esquema 1

Lacan começa reescrevendo de outro modo o que ele apresentará, em consequência e de modo abusivo, como o algoritmo fundador da linguística:

$$\frac{S}{s}$$

Um simples confronto dessas duas escritas dá um certo número de ensinamentos:

---

interferência aqui notada deve evidentemente ser situada nesse contexto de briga. Há uma política da teoria.

1) Já como Barthes[189], Lacan passa para cima o que está em baixo e para baixo o que está em cima.

2) Ali onde Saussure e Barthes usavam abreviações, ([Sign^{é}] e [Sign^{t}] para o primeiro, [Sa] e [Sé] para o segundo), Lacan faz intervir uma acrofonia estrita; considerando que nos dois casos se trata (não por acaso, mas pelo fato de uma raiz comum) da mesma primeira letra, essa acrofonia tende a homogeneizar as duas ordens distintas do significante e do significado.

3) Essa homogeneização é bloqueada pela maiúscula trazida sobre o "S" de "significante" (em Saussure, ela não intervém como a distinguir significante e significado, uma vez que essa distinção é produzida pelos dois diferentes expoentes "é" e "t" sobre a comum base do "Sign" – ele enfeitado com uma maiúscula).

4) Lacan suprime a elipse que, em Saussure, tem valor de um determinativo do signo linguístico.

Esta última intervenção, num único gesto, quebra o signo linguístico saussuriano e reforça o papel da barra; esse reforço não se escreve como tal no instante presente do trilhamento lacaniano, mas já o comentário o sublinha: há, lê-se, uma "barreira resistente à significação[190]".

Logo, as duas ordens, marcadas com o S maiúsculo e s minúsculo são distintas, como mostra que haja, a partir desse algoritmo, um possível estudo "das ligações próprias ao significante[191]". Paralelamente, "não há significação alguma que se sustente senão do envio a outra significação[192]".

Ora, o fato de haver uma ordem do significante e uma ordem do significado implica que, ainda que se ligue a um significado, o significante nem por isso atingirá a coisa. A existência de cada uma dessas ordens sublinha que nunca pode haver uma simples "correspondência biunívoca da palavra à coisa[193]". Se, graças ao algoritmo, uma fonologia

---

[189] Roland Barthes, *Éléments de sémiologie*, II, 4. Citado por J.-L. Nancy e P. Lacoue-Labarthe, *op. cit.*, p. 39.

[190] .J. Lacan, *Écrits, op. cit.*, p. 497.

[191] *Ibid.*

[192] *Ibid.*, p. 498.

[193] *Ibid.*, p. 497. Saussure havia recusado a identificação da língua como "nomenclatura" (*cf.* Ferdinand de Saussure, *Cours de linguistique générale*, edição preparada por Tullio de

(e não mais uma fonética) e uma semântica passam a ser possíveis, elas mesmo assim se pagam com um certo preço, mas em outro lugar que ali onde elas se constituem e nomeadamente no lugar da referência. Uma vez que o significante remete ao significante, que a significação remete à significação, como conceber doravante o laço das palavras com as coisas? Certamente não, certamente não mais sob o modo da correspondência biunívoca.

Daí provém que Lacan declare, em seguida, "faltosa" a ilustração que ele diz ser "clássica" do algoritmo. Notemos que nunca houve em lugar algum tal ilustração do algoritmo, ainda que pelo fato de ser ele, Lacan, quem acaba de forjar esse algoritmo. A ilustração é esta:

Esquema 2

Tal como notaram Nancy e Lacoue-Labarthe, o esquema que, em Saussure, corresponde mais de perto a essa ilustração é o seguinte esquema:

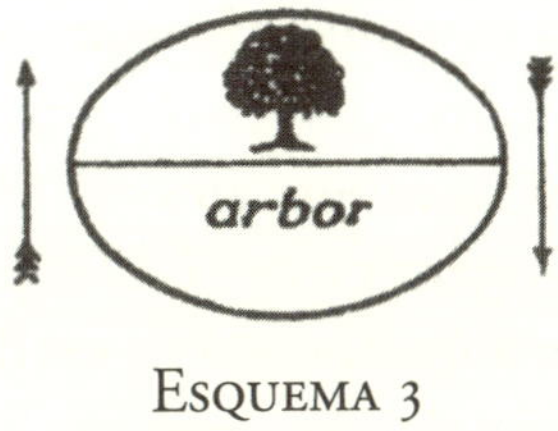

Esquema 3

Um desenho de árvore aparece pela primeira vez no *Curso de lin-*

Mauro, Paris, Payot, 1986, p. 97). Cito no entanto aqui Lacan em razão de sua radicalização, nele, dessa recusa. Tal radicalização se deve ao estatuto do objeto em psicanálise. Saussure o entrevê, mas em outro lugar que em seu curso, nomeadamente em seu estudo do verso saturniano. É notável que ali é encontrada a problemática do "redobramento" que Lacan faz intervir no *Curso* (*cf.* Jean Starobinski, *Les mots sous les mots*, Paris, Gallimard, 1971, p. 20).

guística geral a fim de figurar a língua como nomenclatura, ou seja, aquilo que rejeita Saussure não sem, no entanto, nos indicar que essa vista simplista (que associa esse desenho a ARBOR) "pode nos aproximar da verdade[194]". O esquema vem escorado nesse outro e como se o repetisse:

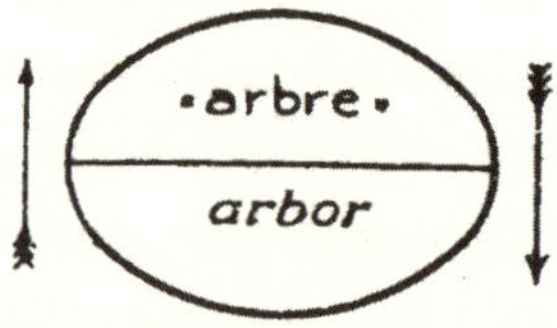

Tullio de Mauro, a quem devemos uma edição crítica do *Curso de linguística geral* (daqui por diante: *C.L.G.*), nos ensina que o esquema que comporta esse desenho da árvore não é de Saussure, que é devido a uma iniciativa, que ele julga intempestiva, de seus primeiros editores. Ela de fato é se lermos o desenho como se transcrevesse a língua enquanto nomenclatura. Eu queria, no entanto, mostrar que essa iniciativa dos editores, longe de ser sem relação com a doutrina saussuriana, ali de fato se apresenta como uma rata [*une bévue*], mas no sentido em que o entendemos na análise. Com essa rata, retorna aquilo que, do trilhamento de Saussure, teve de ser afastado para a instalação da doutrina, a saber, o escrito enquanto específico. Saussure tem decerto a prática do escrito (até o ponto de se reconhecer ele mesmo *epistolofóbico*[195]) mas sua especificidade não foi admitida em sua doutrina. Assim, ele teria dito, em suas lições de linguística geral: "Língua e escrita são dois sistemas de signos distintos; a única razão de ser do segundo é representar o primeiro." Depois, vilipendiando aqueles que dão o papel principal à palavra escrita: "É como se acreditássemos que, para conhecer alguém, fosse melhor olhar sua fotografia que seu rosto[196]." A escrita seria apenas

[194] Saussure, *op. cit.*, p. 95.
[195] *Ibid.*, p. 345.
[196] *Ibid.*, p. 45.

uma fiel transcrição do falado? Mais ninguém, doravante, admite isso[197]. Com efeito, para conhecer alguém, a fotografia pode analisar mais que a inspeção *in vivo* do rosto.

Essa rata editorial vem se colocar, no *C.L.G.*, logo antes da transcrição do último curso de Saussure, em que ele dá, aliás não sem se sentir insatisfeito, seu passo decisivo, aquele pelo qual ele troca os dois termos acasalados "conceito" e "imagem acústica" pelos termos, eles também acasalados, "significado" e "significante". Logo, essa troca intervém bem após seu próprio "erro" (Starobinski *dixit*), que teria sido seu estudo dos anagramas, entre 2 e 19 de maio de 1911. Trata-se de definir a natureza do signo linguístico.

Esse esquema 4 se revela bizarramente feito. No lugar do conceito, a palavra "árvore" é colocada entre aspas; no lugar da imagem acústica encontramos a palavra latina *arbor* escrita, como aqui mesmo, em itálico. Qual é a função dessas aspas, a dessa escrita itálica? As aspas, num uso inabitual, interviriam como um determinativo que nos indicaria que se trata do conceito da árvore? Isso não é evidente, pois vemos essas mesmas aspas, na página 162 do *C.L.G.*, marcar tanto o significado "julgar" quanto o significante "*julgar*". Em contrapartida, é mantida, na mesma página 162, a diferença das duas fontes de escrita.

A colocação em jogo, aqui, desse grau próximo de zero da transliteração (conjunção de duas fontes de escritas: romano/itálico) é um puro fato de comodidade sem nenhum alcance doutrinal? Notemos que o grafismo do esquema 3, se tivesse aparecido fora do contexto universitário em que foi promovido, por exemplo, numa tábua de argila ou num papiro exumado de uma antiga civilização, teria espontaneamente sido lido pelo arqueólogo como uma transliteração, ela patente, já que o traçado de cima escreve pictograficamente aquilo que a inscrição de baixo escreve alfabeticamente, a barra marcando a separação desses dois modos bem diferenciados de escrita. Ao tornarem explícita, na doutrina, a incidência

---

[197] *Cf.* a obra, por demais desconhecida, em que Madeleine David localiza e denuncia o que ela chama "o preconceito hieroglifista": *Le débat sur les écritures et l'hiéroglyphe au* XVIIe *e* XVIIIe. [*O debate sobre as escritas e o hieróglifo nos séculos* XVII *e* XVIII]

da transliteração, os zelosos alunos teriam posto o dedo naquilo mesmo que marcou, mas por defeito, a doutrina saussuriana, naquilo que a tornou tão insatisfatória para seu inventor?

Ao apresentar o método da delimitação do signo linguístico, "Saussure" não pode deixar de recorrer a uma transliteração: ele produz duas maneiras de escrever, em francês, uma sequência traduzida primeiramente numa escrita fonética. Não se trata mais aqui de um grau quase nulo da transliteração, mas de uma interpretação fundada numa homofonia, de uma cifração de um escrito por outro escrito, de uma maneira de escrever por outra que, embora tenha a ver com a mesma família do escrito, nem por isso deixa de ser, inclusive saussurianamente falando, uma escrita diferente.

Logo, opomos essa doutrina saussuriana ao trilhamento saussuriano não sem razão, já que ela se estabeleceu às expensas de uma das questões mais vivas desse trilhamento. Assim, um Tullio de Mauro rejeita a problemática dos anagramas como não pertinente, embora ela trabalhe uma questão, para Saussure, fundamental, a da identidade, da particularidade da letra. O que faz a letra idêntica a si mesma? Em que consiste sua discrição? O trilhamento saussuriano partiu dali, perdendo a descoberta da *nasalis sonans* (N = alfa). A escapada de Meillet, convocado a se pronunciar sobre a validade do estudo dos anagramas, depois a não resposta de Pascoli decerto escaldaram Saussure. Mas isso nada retira ao fato de a ideia da consecutividade e da linearidade do signo linguístico ter-se revelado ao longo desse trabalho sobre os anagramas. Pouco loquaz em seus últimos anos, Saussure vai se voltar, mas em solitário, para a sinologia, o que implica um vivo interesse por uma escrita não alfabética.

Assim, podemos afirmar que Lacan, ao tomar apoio (embora a modifique) na "falsa ilustração" do algoritmo, vai ao encontro, para além da doutrina saussuriana, do trilhamento de Saussure. Ele vai reiterar esse gesto saudando, quando for conhecido, o estudo dos anagramas. Há equivalência, em Lacan, entre não perder a presença do desenho da árvore posta em lugar de significante no desenho "incorreto" dos primeiros editores do *Curso* e produzir (como ele o fez) uma conjectura sobre a origem da escrita[198] cujo ponto vivo, admitido praticamente por todos os especialistas, é o rébus de transferência.

Segundo confronto: intervenção do escrito

Assim, estamos aqui em presença de dois novos esquemas 2 e 3) que também é possível confrontar. As observações 1) e 4), oriundas do confronto precedente (*cf.* p. 110), permanecem válidas. A novidade principal reside na intervenção, que não pode ser desconhecida como tal, do escrito. Com efeito, encontramos aqui colocadas em jogo as três operações que distingui em *Letra a letra*: transcrever, traduzir, transliterar.

O esquema apresentado por Lacan valeria como uma *transcrição* – incorreta, mas que mesmo assim é uma transcrição – daquele de Saussure.

Ele *traduz* um dos termos do esquema saussuriano, *arbor* tornando-se assim ÁRVORE. A tradução aparece aqui pela primeira vez nesse texto. Trata-se de uma tradução que, longe de ser inocente, acaba tendo uma certa visada. Sua única efetividade rechaça a fantasia de um alfabeto semântico internacional; mas também vai possibilitar o jogo anagramático do significante e da própria barra: há anagrama estrito entre "árvore" e "barra". Assim, a tradução puxa a barra, que parecia a meio caminho entre significante e significado, do lado do significante, sugerindo que a espessura desta vem daquela.

Ele reintroduz a *transliteração* desconhecida na doutrina saussuriana.

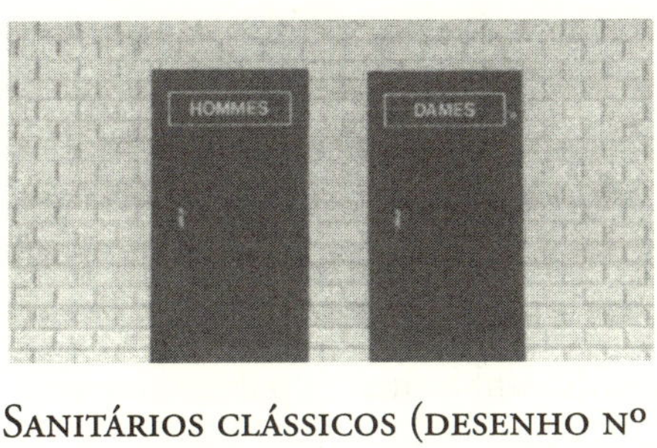

Sanitários clássicos (desenho nº 1)

[198] Apresentei em detalhe essa conjectura num capítulo de *Letra a letra. Transcrever, traduzir, transliterar*, *op. cit.*

Mas por que foi preciso, embora parecesse que estávamos conseguindo, já que tínhamos o algoritmo, introduzir esse segundo esquema que nos parece abrir uma polêmica que o algoritmo, se fosse tal como se nomeia, deveria ter tornado caduca?

A razão disso é que, ao quebrar o signo linguístico, o algoritmo desencadeia uma dupla catástrofe. Ele torna por um lado "enigmático", "de um mistério total[199]", o paralelismo do significante e do significado. É este o efeito do reforço da barra, da supressão do determinativo do signo, um efeito que Lacan, se dele não toma explicitamente ciência, nota pelo menos como tal ao falar do "deslizamento" do significante sobre o significado ali onde Saussure dizia "flutuação". Mas, por outro lado, essa quebra do signo, ao relacionar o significante ao significante e a significação à significação, também retira do signo todo alcance dêitico, e torna assim não menos "enigmático" o laço da palavra com a coisa.

O interesse da ilustração incorreta, o interesse que ela defende, consiste no fato de que ela sugeriria a existência de um certo laço biunívoco da palavra à coisa. Bem entendido, não se trata da coisa, mas de sua imagem, e de uma imagem que merece ser reconhecida como um pictograma, já que dá a coisa enquanto significada, em outras palavras, presa na rede da linguagem. Entretanto, uma certa ambiguidade persiste, que vai reduzir o "exemplo construído[200]" por Lacan.

Eis, primeiramente, este esquema dado por Lacan:

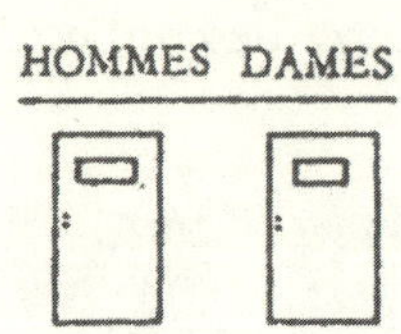

HOMENS SENHORAS

ESQUEMA 5

Um olhar um pouquinho atento para o desenho acima (numerado 1), que figura duas portas padrão (na época!) de toaletes, basta para

[199] J. Lacan, *Écrits*, *op. cit.*, p. 499.
[200] *Ibid.*, p. 500.

nos revelar a sofisticação do esquema de Lacan. Vamos lhe dar corpo ao desenhá-lo, por minha vez e de uma maneira tal, que ali apareça o conjunto dos detalhes mencionados no texto (veremos que eles não são sem importância) e essa sofisticação só se manifestará melhor (desenho número 2).

UMA FIGURAÇÃO DO *EXEMPLO CONSTRUÍDO* POR J. LACAN
(DESENHO Nº 2)[201]

A fim de precisar a partir do que se constitui, com esse exemplo, "a surpresa de uma precipitação do sentido inesperado[202]", confrontemos o esquema de Lacan (esquema 5) com este outro, ele de minha criação:

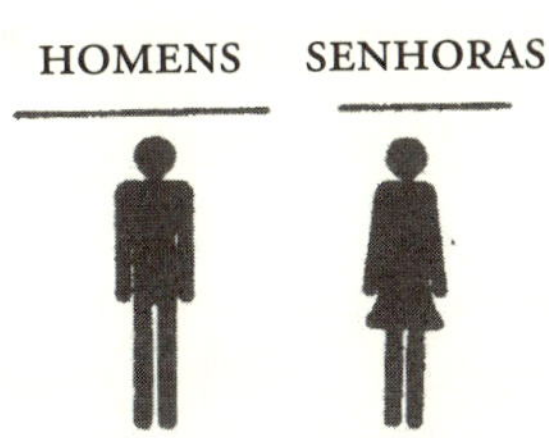

ESQUEMA 6

Aqui coabitam duas "ilustrações incorretas". Porém, estão próximas do esquema-rata do *C.L.G.* Cada uma poderia estar cercada (mas não

[201] Os três desenhos e os quadrinhos são de Gilles Janet.

[202] J. Lacan, *Écrits*, *op. cit.*, p. 500.

está) de uma elipse que viria marcar que se trata, a cada vez, de um signo linguístico. Do ponto de vista do esquema "saussuriano", esse novo esquema tem a vantagem de inscrever, com a coabitação de dois signos, a linguagem como sistema de puras diferenças. É essa coabitação dos signos que, na doutrina saussuriana, faz com que haja "flutuação" e não "deslizamento" do significante sobre o significado. Ela dá sua significação a cada um dos signos, ela consolida o sentido.

O exemplo construído por Lacan se apresenta como um *Witz* gráfico. Só há surpresa possível porque se instaura uma certa consolidação do sentido contra a qual ocorre a surpresa. Essa consolidação faz as coisas penderem no sentido da doutrina saussuriana. Ela tem de ser suficientemente engajada na versão "saussuriana" do signo para que advenha a surpresa.

Terceiro confronto: sexo e signo

Comparando esses dois últimos esquemas (esquemas 5 e 6), duas observações se impõem. Primeiramente, não há, no exemplo construído (esquema 5), dois significantes (um seria "homens", o outro "senhoras") mas um "redobramento[203]" do significante. O esquema inscreve esse fato ao só escrever, abaixo de Homens Senhoras, uma única barra contínua.

Ao fazer funcionar, em vez do signo saussuriano, esse redobramento, Lacan antecipa e de uma maneira que temos bem que dizer prodigiosa sobre o que só vamos aprender quatorze anos mais tarde com a publicação de uma amostra das pesquisas de "o homem dos fundamentos" sobre os anagramas. Com efeito, esses trabalhos sobre o anagrama podem ser descritos como uma tentativa de estabelecimento daquilo que vai ser a lei do redobramento (a "lei de *couplaison*"). Assim, pois, ao fazer intervir esse "redobramento" no *C.L.G.*, Lacan lança uma ponte entre esse curso e os trabalhos sobre os anagramas, entre doutrina e trilhamento saussuriano, embora até todo o movimento de constituição da linguística como ciência estrutural só fosse possível por tê-lo cortado. Não se ignora esse fato

[203] *Ibid.*, p. 499.

no interior da própria lingüística, onde foi possível ver se constituir, mas jamais plenamente instaurado, um movimento de "volta a..." ao ensino verdadeiro de Saussure para além do *C.L.G.*[204]. Tullio de Mauro chega até a afirmar que "uma melhor exegese [dos textos de Saussure] coincide com um progresso notável na teoria geral dos fatos linguísticos[205]", frase que não deixa de ressoar com certas afirmações de Lacan dando as implicações de sua volta a Freud mas que a evolução recente do ensino da linguística, ao deixar de lado Saussure sem outra forma de processo, não parece muito confirmar.

"Redobramento", esta palavra é, em francês, de duplo sentido. Dizemos que aplausos (ou ainda uma dor) "redobram" para significar uma exacerbação, um recrudescimento, um reforço. Desse ponto de vista, o significante ainda se encontraria mais marcado como significante. O significante, com seu redobramento, seria levado ao superlativo (*cf.* "Não é bonito bonito", ou ainda, na onomatopeia: "miam miam*", "nhã nhã**"). Mas o redobramento também pode jogar em sentido contrário, não mais híper mas hipo. Assim, diz-se "ela é doidinha [*fofolle*]" para significar que ela é só um pouco louca [*folle*], assim posso chamar "Mimi" uma "Micheline" para significar-lhe uma ternura efetiva mas medida. O redobramento tem um alcance hipocorístico. A intervenção desse jogo em "mais ou menos" demonstra que, com seu redobramento, o significante perde seu estatuto de significante, que ele resulta em consequência tanto do registro do imaginário quanto daquele do simbólico, que ele resulta da indistinção deles.

Assim se consolida, baseado nessa indistinção, com a "justaposição de dois termos[206]", um sentido que Lacan vai até dizer "complementar[207]". Esse termo é justificado em e pela linguística saussuriana: se o signo linguístico só se delimita por diferença com os outros signos, se é

[204] Saussure, *op. cit.*, p. V e XV.

[205] *Ibid.*, p. XV.

* Exprime o prazer de comer. (N.T.)

** Molenga. (N.T.)

[206] J. Lacan, *Écrits*, *op. cit.*, p. 500.

[207] *Ibid.* O "complementar" sendo o nome de uma relação, haveria, portanto, relação sexual, não entre homens e mulheres, mas entre homens e senhoras.

desse ser "conjunto" que ele recebe seu valor, não há nunca, em tal base, valor e, no fim das contas, significação, a não ser complementar.

Um certo número de conclusões deixam-se agora formular quanto a essa problematização da declaração de sexo a partir dos dois "significantes" "homens" e "senhoras".

– Ao quererem se definir um em relação ao outro, os significantes "homens" e "senhoras" fracassam em fazer dois, dois significantes localizados como tais.

– Eles perdem seu estatuto de significantes.

– Há indistinção dos registros imaginário e simbólico.

A questão é determinar em que condições poderia haver, num tal modo da declaração de sexo, uma produção de um sentido do sexual como de dois sexos complementares.

Retomemos, para o estudo desse *Witz* gráfico que dá resposta a essa questão, a comparação dos esquemas 5 e 6. Ela mostra que as duas portas semelhantes vêm aqui no lugar daquilo que seria dois pictogramas, um para "homens", o outro para "senhoras" (esses pictogramas são hoje de um uso que está se generalizando, em particular em todos os lugares de Babel – estações, aeroportos, grandes hotéis, lugares turísticos, museus, etc. – pelo fato de que permitem evitar a inscrição, em cada uma das duas portas dos toaletes, de tantas palavras quanto haveria de línguas faladas pelos usuários desses lugares[208]).

O esquema 6 é a escrita de duas transliterações vizinhas. O de Lacan, por outro lado, mesmo não levando em conta o caráter contínuo da barra a separar S e s, faz fracassar a transliteração já que, mesmo encarando cada uma das portas como um pictograma, teríamos duas vezes o mesmo pictograma para dois termos diferentes.

Assim, o estatuto dessas duas portas afigura-se flutuante. Como notam os autores do livro *O título da letra*, o exemplo de Lacan é a um só tempo fictício e, dizem eles, "realista", Lacan jogando, se é possível designá-los assim, com os dois "quadros". Vamos mostrar que não se

[208] As coisas estão no ponto em que hoje se fala, em certos lugares hospitaleiros, não mais de doentes, mas de "usuários" da psiquiatria. Usuários?

trata exatamente disso mas de uma necessária realização da ficção que faz intervir, num certo momento da demonstração, a dimensão do real.

Isto se acha implicado pelo fato de a questão colocada, como já se notou, ser dupla: não simplesmente a da relação significante significado, mas também a da relação do significante com a coisa. Essa outra mas conjunta questão vai ser tratada não pelo casal metáfora/metonímia, mas pelo casal conotação/denotação. Aliás, Lacan apresenta esse *Witz* gráfico como "um golpe baixo no debate nominalista[209]". Trata-se de saber não só "como o significante entra *na verdade* no significado" (sublinho), mas também qual é "seu lugar na realidade[210]".

A procissão sexual

E aqui intervém esse personagem de olhar pisca-pisca: o míope. Esse "pisca-pisca" evoca os sinais de uma circulação que não é urinária. Vermelho e verde são sem ambiguidade do ponto de vista da decisão de passar ou não. "Pisca-pisca", o sinal coloca um problema bem diferente, deixa seu lugar à contingência de uma situação sempre particular.

Não nos espanta ver o míope se perguntar se de fato é preciso ver o significante nas inscrições HOMENS SENHORAS para as quais ele se dirige, já que nossa análise, ao nos persuadir de que não se tratava propriamente falando do significante, nos libertou de nossa cegueira de vidente. O míope, este, de imediato, não vê a situação de conjunto, a relação espacial dos termos e das portas. Ele pode ver, numa certa imprecisão, o jogo dos termos e das portas mas ele não lê, então, os termos, e, quando se aproxima para lê-los, o lugar deles, acima de cada uma das portas, lhe escapa quase por completo.

Ora, essa própria incapacidade lhe dá acesso a um saber que escapa aos outros. Se é verdade que é possível ser a um só tempo míope e esperto, é possível conceber que, no lugar do trabalho mental ao qual ele é forçado para associar cada um dos termos a cada uma das portas (tra-

[209] J. Lacan, *Écrits.*, *op. cit.*, p. 500.
[210] *Ibid.*

balho ainda mais importante uma vez que os termos não estão precisamente inscritos nas portas: a sofisticação do esquema de Lacan deixa seu lugar ao míope), ele toma alguma distância, leva um certo tempo para observar aquilo a que as duas portas dão lugar. Para ele vai ficar claro que, com uma certa regularidade, as senhoras entram à direita e os homens à esquerda, e que isto não admite exceção. O míope, em outras palavras, leva em conta aquilo que Lacan nomeia aqui "a procissão[211]". Ele se pergunta se não é a própria procissão, o fato de cada uma das portas não cessar de se abrir e de se fechar para se abrir de novo, deixando passar de um lado os pretensos homens e, do outro, as pretensas senhoras, que daria seu fundamento bissexuado ao significado e que, por repercussão no andar do significante, isolaria cada um dos dois termos como sendo dois significantes.

Assim, a procissão real, que, no real, não é menos redobrada que o redobramento do significante no andar superior, viria suspender todas as dificuldades inscritas na construção do exemplo. Toda vez que uma senhora escolhe abrir a porta da direita e entra nos toaletes, que um homem escolhe abrir a da esquerda e faz o mesmo, o ato deles vem colmatar a falha inscrita pelo esquema. Logo, convém animar o esquema (no sentido do desenho animado), "realizar" o esquema, conceber que, no próprio instante em que eles se apresentam diante da porta, um corpo de homem um corpo de mulher valem como esse pictograma cuja ausência criava a surpresa. O significado "homem", o significado "senhora" de fato existiriam, já que quem vai ao toalete lhes presta "honra[212]" vindo colar a imagem de seu corpo em tal ou tal porta, ali mesmo onde falta o pictograma.

O que não deixa de ter consequências no andar do significante. Supondo, o que não está excluído, que um homem e uma senhora entrem no mesmo instante no toalete, a posição do problema da sexuação seria exatamente a do esquema 6, em que a transliteração é possível e, portanto, em que há bem um significante "homens" justaposto a um

[211] *Ibid.*
[212] *Ibid.*

significante "senhoras", um e outro tendo bem, então, um sentido complementar (todos os que não vão aqui vão ali). Por isso, a barra contínua do esquema de Lacan poderia ser rompida para dar duas barras, e tudo iria saussurianamente muito bem na sexualidade do ser falante.

Só que há um porém: tudo iria muito bem se homens e senhoras passassem a vida inteira na entrada das portas dos toaletes, performance que não deixa de ter um respondente clínico.

É preciso um certo ponto de apelo para que alguém acabe se inscrevendo dessa maneira naquele lugar. Daí a importância das janelas, explicitamente marcadas no esquema de Lacan, e a respeito das quais não me parece forçado dizer, com Lacan (baseando-se na famosa janela do homem dos lobos), que elas se propõem como que a fornecer ao sujeito uma moldura para sua fantasia.

Certo, repartir as fantasias em masculinas e femininas parece um empreendimento delicado, errôneo até, ainda que a coisa não esteja radicalmente ausente em Freud[213], e a presença das pichações para além da janela está aí para mostrar que, nessa repartição, a fantasia pode não se dar bem.

Reduziu-se, dessa maneira, aquilo que, entre homens e senhoras, faz disparidade? Não parece. Se julgarmos pela maçaneta da porta que Lacan não deixa de inscrever em seu esquema, única marca de uma certa dissimetria, mas marca incontornável.

Logo, concluamos este ponto. Supondo que um ser falante, para se assegurar de seu sexo, escolha recorrer ao binômio "Homens Senhoras", ele só pode produzir cada um desses dois termos como um significante, levá-los sobre as fontes batismais do simbólico, ao preço de valorizar seu corpo como pictograma, isto é, ao preço de renunciar a seu gozo sexual. Com efeito, nunca se soube que um pictograma gozasse. A segregação urinária está no preço dessa renúncia ao gozo do sujeito como dotado de um sexo. A procissão que ela ordena de fato consegue produzir "Homens" e "Senhoras" como dois significantes,

---

[213] *Cf.* S. Freud, « Les fantasmes hystériques et leur relation à la bisexualité », *in Névrose, psychose et perversion*, Paris, PUF, 1973.

mas não sem reclamar de quem se inscreve em cada uma das duas filas, que ele se limite estritamente, em sua relação com os dois sexos, a lhes prestar honras.

Assim, pois, nessa abordagem da declaração de sexo, o sujeito ou bem não conseguirá instaurar um ou outro sexo como dois significantes, ou bem conseguirá, mas ao preço de renunciar a seu gozo sexual.

Guerra dos sexos

Se o exemplo construído só encontrasse no real da procissão o meio de separar, nos dois termos HOMENS SENHORAS, aquilo que resultasse e do simbólico e do imaginário, não sem impasse na sexuação, esse próprio impasse convida Lacan a tomar por referência outro exemplo, ele de imediato real. Trata-se de uma lembrança de infância vivida por um irmão e uma irmã e relatada, muitos anos depois, por esta. Eis este outro exemplo aqui apresentado em desenhos em quadrinhos[214]:

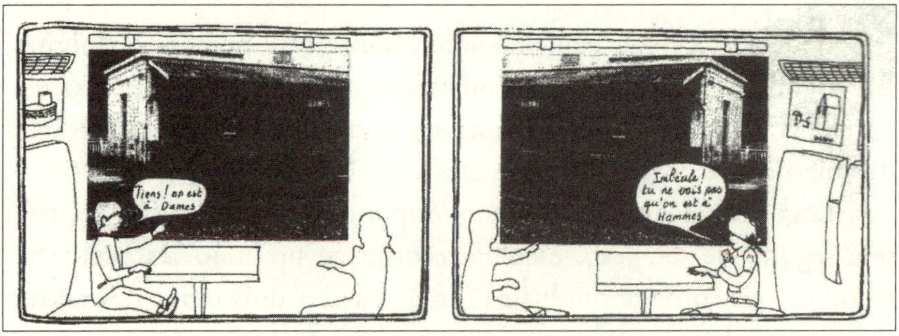

– Olhe só! Estamos em Senhoras.
– Bobão! Não está vendo que estamos em Homens!

[214] Essa representação não visa à verossimilhança, ao realismo. A figuração daquilo que cada um vê só é, como nos desenhos em quadrinhos, isto: aquilo que cada um vê; ela não é identificável ao que veria um terceiro colocado no eixo das duas imagens ou naquele do compartimento (nas dimensões do esquema 7, esse terceiro poderia ler a um só tempo "homens" e "senhoras"; colocado no fundo de um compartimento mais puxado para a esquerda, ele não poderia ler nem um nem outro).

O que acontece com uma declaração de sexo sob a égide da fraternidade? Este segundo exemplo[215], "ferroviário", prolonga a intervenção do personagem míope no primeiro; ele rompe, como já o míope, a visão de conjunto: o irmão, pelo acaso de uma certa parada do trem que fixou por um tempo seu campo visual, só vê Senhoras, ao passo que a irmã, pela mesma razão, só vê Homens (o esquema 7 aqui abaixo dá a topografia desses dois olhares cruzados que também são, veremos, dois olhares de cruzados).

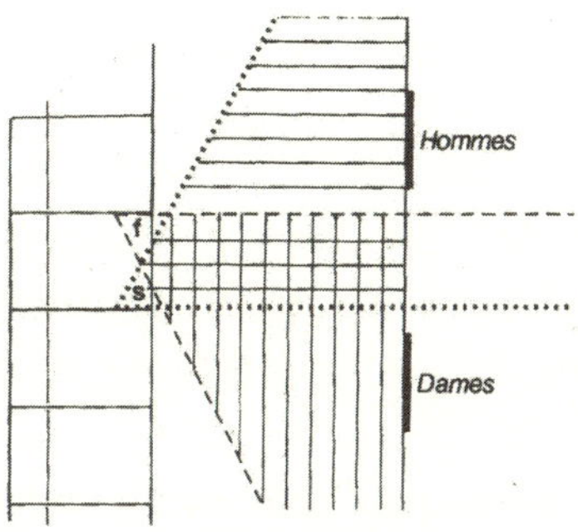

Esquema 7

O problema precedente pretendia colocar a declaração de sexo com dois significantes, este a aborda com um único significante, mas dois seres, de mais a mais, presos nas malhas da fraternidade. Irmão e irmã estão um frente ao outro, e cada qual vê as coisas do seu jeito, o semi-dito da verdade de seu desejo*.

Trata-se de novo de um *Witz*, uma vez que cada um se equivoca (como o espanhol permite dizer*) ao dar um valor toponímico às inscrições lidas,

---

[215] Está ele na origem da rata « Homens/Senhoras » em vez de « Homens/Mulheres », ou de « Senhores/Senhoras », de que tomamos ciência graças a uma gentil observação de Jean Paira Pemberton? Nesse caso, essa rata deveria ser situada como um resquício de um "infantismo" (decerto não: infantilismo) num texto que se quer teórico. O que confirmaria o dito espirituoso de Lacan que, interrogado sobre o segredo de seu êxito (questão no entanto perfeitamente boba), respondeu: "Tenho cinco anos." (*Cf.* J. Allouch, *– Alô, Lacan? – É claro que não!*, Rio de Janeiro, Companhia de Freud, 1999.)

* Jogo de palavras: [..] *et chacun voit* midi *à sa porte* [lit.: cada qual "vê meio-dia à sua porta"], *le* mi-dit *de la vérité de son désir*. (N.T.)

* *Équivoquer* tem em francês apenas o sentido (literário) de *usar de equívocos*. (N.T.)

ao confundir o nome de tal toalete com o do lugar onde o trem acaba de parar. Mas só há *Witz* para nós, a quem a história é contada; não há, no instante, nenhum efeito de *Witz* nem para o irmão nem para a irmã.

Tudo repousa, para cada um deles, no postulado de que um dado lugar tem apenas um único nome (postulado de unicidade que perde o "seu nome de" tão justamente caro a Marguerite Duras) e na evidência que a ele se segue: cada um, ao ver, nas circunstâncias em que se encontra, um nome, conclui, segundo seu voto, que só pode se tratar do nome do lugar. Considerando o postulado de unicidade e a diferença das leituras, daí decorre uma "guerra ideológica" irremediável[216]. Assim, pois, a eleição de um único dos dois termos do binômio HOMENS / SENHORAS (os dois termos tornando-se *bi-nomos* em razão dessa própria eleição), como termo-índice para sua sexuação, transforma o sujeito em patriota de um sexo e até o ponto de fazer dele(a) um(a) inimigo(a) do outro sexo, no caso em questão, do seu próprio.

Esses termos-índices são significantes? Eles valem como emblemas de uma pátria, como marcas distintivas inapagáveis. Logo, HOMENS ou SENHORAS não são significantes no sentido de Lacan; são, para o irmão ou a irmã, dois termos não subjetivados, uma vez que a incidência de cada um enquanto signo só se manifesta em sua capacidade de trazer o que se observa ao nível da rivalidade animal à dimensão da guerra ideológica.

Essa guerra nos indica qual ordem do gozo está implicada nessa problematização da declaração de sexo. Com efeito, a vitória depende, num ou noutro campo, do grau de gozo masoquista que cada um estará em condição de aceitar.

Catástrofe na segregação

O exemplo ferroviário introduzia, mas sob a forma de desconhecê-la, a função do índice: era evidente, para o irmão e a irmã, que ali onde estava a palavra, ali também estava, ou devia estar, a coisa. A fim de discutir a

[216] Certas posições feministas confirmam essa consequência guerreira da escolha de um único termo do binômio, isto independentemente do fato de que essas posições declaram ser para MULHERES (não: SENHORAS, meu Deus) ali onde a menina do trem elegia HOMENS.

incidência dessa crença, vou introduzir agora um terceiro *Witz* gráfico que um feliz acaso de viagem ofereceu a meu espanto.

Havia, nos anos oitenta, em Los Angeles, uma boate muito famosa, até em toda a América. Seu nome era algo como *Aorhouse*. Segundo o autóctone que lá me levou, esse nome não significa absolutamente nada. Não se trata exatamente de uma boate no sentido que entendemos na França. É certo que lá encontramos um *dancing* e um bar, mas também um restaurante e uma sala de jogos (*juke-box, baby-foot, flippers*, etc.). Montes de velhos objetos pendem do teto, estão pendurados nas paredes: cartazes velhos, placas mineralógicas, propagandas, parachoques de limusines, rodas de carruagens do faroeste, etc. A marca do antigo sempre está presente, embora não demoremos a suspeitar (se desembarcamos da Europa?) que aquilo tudo não está ali há muito tempo. Por toda parte pichações, inclusive nas mesas de madeira, trabalhadas em profundidade à faca sem que o dono, deve-se concluir, tenha julgado necessário intervir.

Os clientes, brancos e negros, se misturam sem problemas, mas não há *índios* mexicanos (segregação social?) nem jovens de menos de dezoito anos (segregação legal). Alguns estão "vestidos", outros não. Entre as moças, os saltos agulha convivem com as meias de ginástica, as microssaias com os *jeans*; e o macacão, entre os rapazes, junto com a camiseta e as calças mais burguesas. A música, dizem-me, é ao gosto do dia. O conjunto respira uma atmosfera descontraída, de movimentos livres e de relação entre as pessoas.

Mas uma das grandes alegrias oferecidas por essa casa nos vem das portas dos toaletes. Eis uma reprodução:

Os toaletes do *Aorhouse* em Los Angeles (desenho nº 3)

Há com o que passar horas a observar ao que essas duas portas dão lugar. De imediato, entendemos quem são os frequentadores para os quais o *Witz* gráfico, já faz um bom tempo, não funciona mais. Assim, vemos sair um negão, com aquele natural desengonçado que é o seu, dos toaletes marcados WOMEN, enquanto jovens americanas, desalteradas a *diet coke* e alimentadas com *diet chicken* mas nem por isso menos roliças, transformadas no momento da "saída" em verdadeiros pesadelos eróticos, entram sem o menor complexo nem a mais discreta hesitação no cantinho marcado MEN.

De vez em quando, mas raramente, o equívoco gráfico tem consequências reais. Assim, pode-se ver sair, dos WC marcados WOMEN, imediatamente após um rapaz, uma moça. A segregação urinária não funcionou. Mas era ela que, ao escolher WOMEN, se enganara!

A particularidade dessa nova problematização da declaração de sexo reside na escrita como tal do dedo apontado a designar um lugar, do dêitico. Essa escrita revela a crença implícita que funciona sorrateiramente nos outros dispositivos, crença segundo a qual os homens foram e devem ir ali onde está escrito HOMENS e as mulheres ali onde está escrito MULHERES. A localização do signo, diz essa crença, valeria como localização da coisa.

O dêitico é aqui distinto do significante cujo lugar, por isso, não é mais "naturalmente" reconhecido como sendo aquele da coisa. Nesse caso, o que acontece, então, com a declaração de sexo?

Esse dispositivo introduz outra diferenciação que aquela do masculino e do feminino, ela faz essa diferença ser redobrada por aquela do iniciado e do não iniciado. Chamo aqui, quase pleonasticamente (já que essa definição é dada pelo próprio dispositivo), "iniciado(a)" aquele (aquela) que admitiu que o significante não vale como dêitico. Para ele (ela), esse assunto está entendido; o(a) iniciado(a) se faz a vítima do dêitico. Logo, ele aceita ser localizado homem ali onde ele sabe que o significante "mulheres" não consegue delimitar o ser da mulher; ela joga o jogo do dêitico ao aceitar ser significada mulher ali onde ela sabe que o significante "homens" não consegue localizar o ser do homem. Essa aparente simetria dá a esse dispositivo seu caráter discreta e incontestavelmente humorístico.

Para o não iniciado, o assunto se apresenta de outro modo, já que tudo depende, para ele ou ela, de seu grau de aceitação daquilo que chamei a função persecutória da letra[217]. Assim, a espécie do não iniciado se divide em dois gêneros conforme o sujeito souber ou não souber ler o *That way*. Infeliz daquele que não o lê! Ele ou ela vai acabar, mas sem ter desejado, ultrapassando, mas sem saber, o interdito da segregação urinária e, portanto, vai estar à mercê, na cabine, de sabe-se lá que escabrosa heterossexual aventura.

Essas duas portas não têm janelas, o que por si só já nos sugere, nessa problematização da declaração de sexo, uma outra relação com a fantasia que aquela que indicamos ao estudarmos o exemplo construído por Lacan. A segregação urinária tem por função repartir homens e mulheres em duas distintas cabines, logo, impedir que nem um nem outro seja o lugar de um encontro entre um homem e uma mulher. No *Aorhouse*, a eventualidade de tal encontro se apresenta de modo bem diferente. Por um lado, está claro que não pode haver encontros heterossexuais entre iniciados, já que o iniciado irá, sem hesitação, para a cabine portadora da insígnia "Women" ao passo que a iniciada não hesitará muito em transpor a porta suporte da insígnia "Men". Por outro lado, está claro que o dispositivo exclui qualquer encontro heterossexual entre não iniciados: homem, o não iniciado irá ao lugar que ele imagina ser aquele dos homens ao passo que, mulher, a não iniciada vai escolher o lugar que ela imagina ser o das mulheres. Assim, pois, só pode haver, para além de qualquer uma dessas duas portas, encontro heterossexual entre iniciado e não iniciada ou entre iniciada e não iniciado. Em suma, esse dispositivo se apresenta como se inscrevesse uma fantasia de iniciação sexual. Logo, enquanto moldura para a fantasia, as duas janelas semelhantes de modo algum têm seu lugar aqui.

Mas essa fantasia, é esta a terrível lei do dêitico, é ela mesma muito maltratada. As cartas, singularmente, aparecem embaralhadas contanto

---

[217] J. Allouch, *Letra a letra*, *op. cit.*, p. quarta parte.

que, como fizemos para o exemplo construído por Lacan, não desprezemos a dimensão do ato. Com efeito, basta que alguém, pouco importa agora seu sexo, transponha qualquer uma dessas duas portas para que logo o dêitico indique, a quem o consultar nesse instante preciso, um outro lugar que aquele que supostamente devia designar (tomou-se o cuidado de prender essas duas portas com um tipo de dobradiça que permite abri-las tanto para o lado de dentro dos toaletes quanto para o lado de fora). Duas consequências daí resultam.

Admitamos que aquele que consulta confie, então, no dêitico para a determinação daquilo que deve ser o lugar dos toaletes, HOMENS ou MULHERES conforme o caso. A resposta que ele vai receber disso será quase qualquer, tanto dentro quanto fora das duas cabines. Aliás, agora não se pode mais falar de dentro e fora, e a própria noção de cabine não quer mais dizer nada. Há aí um ponto catastrófico de e para a segregação urinária, e que evoca o maravilhoso gozo infantil de fazer xixi ou cocô em qualquer lugar. É a própria boate que se torna um enorme WC sem segregação outra que aquela de sua entrada, que é estrita, deve-se notar, como em todos os lugares semelhantes nos Estados Unidos, no que se refere aos menores. O *Aorhouse* aparece como uma classe maternal mista em que uma professora não autoritária deixaria todos de bunda de fora e à satisfação imediata de suas necessidades. O mundo, diz essa metonímia, é uma imensa cagada.

Mas as inscrições e seus dêiticos passeadores também funcionam de outro jeito, como não tarda a experimentar quem estaciona diante das duas portas batentes. Como alguém não se sentiria, num tal lugar, apontado com o dedo, ora como homem, ora como mulher, já que é bem o que de fato ocorre? A quem buscaria o homem ou a mulher para sabe lá Deus que encontro, eis que o *That way* designa seu objeto cobiçado que pode ser homem ou mulher, pouco importa, já que é ele, o dêitico, quem o ou a faz tal. Mal-estar na civilização dos festeiros.

O lugar de sua catastrófica dissolução também é o lugar onde a segregação urinária, com um dedo dêitico, atinge a inexistência da relação sexual.

O ESTÁDIO DO ESPELHO REVISITADO

"A atividade genital em seu conjunto seria da competência de Afrodite. E a focalização do desejo numa pessoa, o que chamamos "ficar apaixonado", seria da competência de Eros.Mas a distinção, que está implícita em boa parte da literatura grega, nunca é explicitada. Tampouco havia na Grécia representação unificada das relações de Eros e Afrodite."

K.J. Dover[218]

Por que revisitar o "estádio do espelho"?

Com os recentes trabalhos de Guy le Gaufey[219] e de Émile Jalley[220] sobre o estádio do espelho de Jacques Lacan, hoje de fato parece estar se efetuando um fechamento quanto a essa invenção a um só tempo decisiva e inaugural. Esses estudos nos dão a prova de que ela cessou de ser "somente" uma descoberta que questionava o eu [*moi*] freudiano para uma possível abordagem psicanalítica das psicoses, depois, pelo menos em certos setores do campo freudiano, uma teoria aceita, para se tornar um objeto de estudos a um só tempo históricos e teóricos[221]. Assim, parece em ter chegado o tempo de uma nova visita ao estádio do espelho.

---

[218] K.J. Dover, *Homosexualité grecque*, *op. cit.*, p. 83

[219] Guy Le Gaufey, *Le lasso spéculaire, Une étude traversière de l'unité imaginaire*, Paris, EPEL, 1997.

[220] Émile Jalley, *Freud Wallon Lacan, L'enfant au miroir*, Paris, EPEL, 1998.

[221] Ainda escapam, no entanto, a esse fechamento a retenção de que, a nosso ver, é objeto a primeiríssima versão assim como a ausência, entre os lacanianos notadamente, de uma

Para falar a verdade, essa retomada também era exigida pelo próprio trilhamento de Lacan – exigência até então desprezada. Com efeito, sua problematização do estádio do espelho, após ter repercutido em razão da invenção do paradigma simbólico imaginário real em julho de 1953[222], assumindo então o regime dito "generalizado", cifrado pelo matema dito "do buquê invertido[223]", parece acabar com a invenção do objeto pequeno *a* em janeiro de 1963. Essa invenção representava um golpe fatal para o matema do buquê invertido uma vez que o objeto pequeno *a*, reconhecido como não especularizável, não podia mais entrar em nenhum jogo de reflexão. O buquê floral, situado até então como objeto pequeno *a*, por não ser mais especularizável, é todo o jogo desse matema, do qual ele é o elemento constituinte, que desaba. A partir daí, ou bem nos satisfazemos com essa situação dizendo que doravante não há mais necessidade de estádio do espelho na doutrina lacaniana, ou bem admitimos um certo grau de incoerência dessa doutrina, ou bem se coloca a questão de construir uma nova versão do estádio.

O problema de modo algum era novo: Guy le Gaufey, no estudo citado, dele nos propõe uma arqueologia. Como fazer (ou abster-se de fazer) imagem daquilo que não tem imagem? E talvez a história da escrita, de sua invenção, bem antes da querela bizantina a propósito dos ícones, já nos ofereça um leque de soluções, pelo menos locais.

O que fez então Lacan? Ele nem declarou caduco seu estádio do espelho nem encarou em detalhe as transformações do estádio do espelho

---

discussão crítica da proposta de Didier Anzieu, a de um eu [*moi*] definido não como identificação com a imagem do outro, mas como pele. O confronto entre essas duas teorias do eu [*moi*] concorrentes nem sempre aconteceu.

[222] J. Lacan, "O simbólico, o imaginário, o real", conferência na sociedade francesa de psicanálise, em 8 de julho de 1953, inédito. A não publicação por Lacan desse texto, no entanto, inaugural, constitui um argumento, a nosso ver de peso, em favor da retenção (*cf.* nota 4) do texto, não menos inaugural, sobre o estádio do espelho.

[223] J. Lacan, "Nota sobre o relatório de Daniel Lagache: "Psicanálise e estrutura da personalidade", *Écrits, op. cit.* Lacan explicitamente pronuncia o fim do esquema do buquê invertido em 30 de abril de 1969 (*De um Outro ao outro*): "O primeiro desenho do campo da objetividade fundado no quarto negro é falso."

que seriam exigidas pela invenção do objeto pequeno *a*[224]. Deve-se daí concluir que ele o julgava *ipso facto* ultrapassado? Ou então, ao contrário, que, segundo ele, ela não pedia nenhuma? No entanto, discretamente, uma questão subsiste quanto a esse estádio, como indica, por exemplo, a inopinada ocorrência, no seminário *O sinthoma*, de um certo "Ego" com função constituinte da estrutura borromeana – pelo menos no caso Joyce, encarado[225]. Aliás, para quem lê Lacan sem separar demais cada enunciado de seu contexto, estava claro que o distanciamento para com o hegelianismo, tão dominante no artigo *A família*[226], também punha um termo numa descrição algo normativante da construção da "personalidade acabada", concebida como uma sucessão de estádios sobre o modelo da sucessão das figuras na *Fenomenologia do espírito*. A invenção do objeto pequeno *a* é um adeus – parcial? – a Hegel. O que seria, então, um "estádio", isolado de toda sucessão de estádios? Nada de consistente teoricamente.

Enfim, para não desprezar um dos termos dessa lista dos problemas deixados em descanso, notemos que, no plano clínico, a questão é saber se a bipartição do estádio do espelho ou de sua ausência dá conta de todos os casos que se oferecem à experiência analítica. As maneiras como o ser falante consegue (ou não consegue) contar-se corporalmente como um, como unidade, são com certeza mais variadas do que dá a pensar essa bipartição bem feita, com sua fórmula totalizante (há *não-a* por toda parte onde não há *a*) para constituir um imperialismo. Imergir inteiramente um corpo num banho d'água, ou de paisagem, não é também uma maneira "arquimédica" de fazê-lo um? Esse único caso basta para declarar abusivo o imperialismo da bipartição mencionada.

Vão me permitir que eu relate agora um pedaço de itinerário que

---

[224] Da mesma forma, o estudo topológico, quase final no percurso de Lacan, sublinhando o caráter real da inversão da imagem no espelho, não dava lugar a uma nova versão do estádio do espelho.

[225] J. Lacan, *O sinthoma*, seminário inédito, sessão de 11 de maio de 1976.

[226] J. Lacan, *Les complexes familiaux*, Paris, Navarin, 1984, p. 35 (1ª ed. sensivelmente diferente: "A família: o complexo, fator concreto da psicologia familiar. Os complexos familiares em patologia", *Encyclopédie française*, Paris, Larousse, 1938, tomo VIII, nº 40). Esse texto comporta a primeira versão publicada do estádio do espelho.

seria intempestivo dizer pessoal, pois ele seria antes despersonalizado. Ao agradecer a Émile Jalley pelo envio de seu livro no momento mesmo em que eu estudava os textos relacionados (ou que se diziam relacionados) com o *anterôs*, acabei lhe escrevendo, não sem ficar um pouco espantado com o que acontecia assim, que o problema do *anterôs* valia como uma versão do estádio do espelho. *Einfall* igual era fundado? Ousemos conceber que pode haver aí um feliz encontro: o momento em que o estádio do espelho se torna suscetível de ser revisitado seria também aquele em que nos cai nos braços uma inédita versão do estádio do espelho, aquela que vamos tentar dizer e que é presentificada pelo *anterôs*.

Qual pode ser seu critério de aceitabilidade? A versão do estádio do espelho a ser construída (se ainda se pode falar de "estádio") deve levar em conta a invenção do objeto pequeno *a*. Esse ponto é difícil, pois essa invenção, no seminário *A angústia*[227], dá lugar a uma versão do engendramento do sujeito desejante que, cifrada com o matema que tem nome "grafo do amorrer", embora também seja suscetível de virar norma, não comporta estádio do espelho, isto, embora até o problema tratado permaneça de fato o do estádio do espelho, o da formação da "função do eu [*je*][228]".

Com o *anterôs*, estamos às voltas com um Eros erógeno? Erógeno desse "eu" [*je*]?

E com que aposta? Trata-se senão de resolver, pelo menos de não mais deixar em suspenso uma questão fundamental que, de modo surdo, às vezes barulhento, atormenta a psicanálise freudiana. Admitimos o axioma de Freud segundo o qual a criança saciada do seio é o modelo de toda satisfação erótica? Sabemos que esse texto, a justo título, é célebre:

---

[227] *Cf.* J. Allouch, *La psychanalyse, une érotologie de passage*, *op. cit.*, p. 36-59.

[228] J. Lacan, "O estádio do espelho como formador da função do Eu tal como nos é revelada na experiência psicanalítica", *Écrits*, *op. cit.*, p. 93 *sq*. Trata-se de uma comunicação datada de 17 de julho de 1949. Um outro critério de aceitabilidade vai, com certeza, parecer ser menos evidente, que só introduzirei aqui intempestivamente e sem estar seguro de poder, no termo deste percurso, satisfazê-lo. Trata-se do seguinte critério: algo com um "estádio do espelho" deve permitir o engendramento de pelo menos três modos do laço que, até o presente, permanecem com demasiada frequência não distintos, a saber, os laços de amor, erótico e de amizade. Bem entendido, esses três modos podem se compor uns com os outros, pelo menos segundo certas configurações; mas eles existem, fenomenologicamente, de uma maneira suficientemente diferenciada para impor distingui-los.

> Quem viu a criança saciada abandonar o seio, cair de novo nos braços da mãe, e as faces rosadas, com um sorriso feliz, adormecer, não pode deixar de dizer que essa imagem permanece o modelo e a expressão da satisfação sexual que ele mais tarde vai conhecer.

Uma proposta teórica (de regime platônico, já que fazendo maciçamente apelo à reminiscência) corresponde a esse trato clínico que o observador formula e não, notemos, as pessoas envolvidas:

> Não é sem razão que a criança no seio da mãe se tornou o protótipo de toda relação amorosa. Encontrar o objeto sexual, em suma, é apenas reencontrá-lo[229].

Dar um valor prototípico à cena assim escrita é admitir que nada do que pode acontecer depois com a "criança[230]" será suscetível de vir modificar radicalmente esse engrama onde se teria trilhado, nele, o regime de todas as vias possíveis da satisfação. Nada, logo tampouco um estádio do espelho. E não é, portanto, um acaso Lacan ter situado de modo diferente esse adormecimento da criança: longe de ver nele uma beatitude ou até, de modo mais simples, a felicidade de uma satisfação obtida, ele o interpretava como uma reação de defesa contra aquilo que comporta de insatisfação o próprio fato de ter ficado saciado. Melhor valia adormecer mais que estar às voltas com a distância persistente entre a satisfação buscada e aquela obtida, com a decepção que essa distância comporta! Essa leitura lacaniana era coerente com a doutrina de um desejo colocado por Freud como indestrutível, logo, como sempre presente, logo, colocado radicalmente ao abrigo (se assim podemos dizer) de sua própria satisfação.

---

[229] S. Freud, *Trois essais sur la théorie de la sexualité*, Paris, Gallimard, 1962, p. 74, 75 e 132. A confrontar com a tradução Transa, *Trois essais sur la théorie du sexuel*, II, La sexualité infantile, p. 35.

[230] Na obra citada na nota 2, G. Le Gaufrey sublinha a dificuldade dessa designação e as variações terminológicas que a assinalam nos textos de Lacan.

Ora, para nós, isso também deixou de ser uma evidência. O problema da satisfação do desejo, na medida em que ela operaria sua destruição, pelo menos momentânea, é insistente demais (hoje, em Pascal Quignard[231]), para que alguém possa pretender resolvê-lo por simples decreto, declarando (ainda que sob a autoridade de Freud) o desejo indestrutível. De fato, parece haver, no desaguadouro da trepada, aquele "período refratário" cuja ocorrência atesta que existe uma forma de gozo que se autodestrói ao se realizar, que encontra (deve-se dizer "que põe"?) um termo em sua própria expansão. À satisfação orgástica, caracterizada por uma brevidade permanecida amplamente um enigma, sucede um período refratário, de onde o desejo de fato parece ausente. Já teria ele deslizado em não se sabe que alhures? Pode-se, com Lacan, supô-lo? E a que preço? Com que consequências? Ninguém, em todo caso, pensou em identificar como período refratário o adormecimento da criança depois da mamada: o saciado não é o refratário, nem o refratário o saciado.

Lacan, por sua vez, só aprovou o caráter freudianamente indestrutível do desejo ao sustentar simultaneamente que esse desejo é fundamentalmente inarticulável (tese coerente com aquela da inexistência da relação sexual), o que não o impede, ele acrescentava, de ser articulado[232]. De

[231] P. Quignard, *Le sexe et l'effroi*, *op. cit.*, p. 76: "[em Roma] um homem (*homo*) só é um homem (*vir*) quando está em ereção. A ausência de vigor (de virtude) era a obsessão. Os modernos guardaram da concepção romana do amor o *taedium vitae*: o "desgosto da vida" que acompanha o prazer, *a detumescência do universo simbólico* [sublinho] que acompanha a detusmescência fálica, o amargor que nasce do abraço e que nunca distingue o desejo do terror ligado à *impotentia* repentina, involuntária, enfeitiçada, demoníaca." Há aqui laço, mantido, por cima do orgasmo, entre o ideal de virilidade e o *taedium vitae*, onde reside, de modo indireto, de fato um desejo. Mas se o sujeito, em vez de estar focalizado na ereção, o está no orgasmo? É então legítimo falar de um período refratário, de onde o desejo se ausentou? Num desses atalhos cujo segredo ele às vezes tem, Quignard escreve: "O prazer nos arranca o desejo." (*Op. cit.*, p. 147.) A fórmula deve ser confrontada com a de Lacan: "A fantasia é aquilo pelo que o desejo condescende ao prazer." Condescende... até onde? Até ali se perder?

[232] J. Lacan, *L'angoisse*, sessões de 23 de janeiro e 6 de maio de 1963; *cf.* também "Kant avec Sade", *Écrits, op. cit.*, p. 774. Articulado... como? De fato é preciso supor uma variedade de articulações e até certas transformações possíveis entre elas, caso contrário a própria análise não pode acontecer. Ou seja, o recorte do objeto pequeno *a* no *cross-cap*. Essa operação topológica cifra duas posições, duas articulações do desejo, o próprio corte fazendo passagem de uma à outra. Deve-se supor a existência de um desejo indestrutível

modo mais estranho, em 12 de março de 1969 (seminário *De um Outro ao outro*), comentando mais uma vez a última frase da *Traumdeutung*, que apresenta o desejo como indestrutível, ele fala de um desejo "que se mantém em sua estabilidade" "de maneira impassível". Mas era após ter distinguido o campo do gozo, em que se trata de "tudo o que resulta da distribuição do prazer no corpo", do campo do Outro como "terreno limpo do gozo". Disso decorre que a questão então discutida, a de um desejo "puramente formal", mostra não ser suscetível de se responsabilizar sozinha por aquela da relação sexual, que o problema do período refratário não está tão resolvido quanto se pudera primeiro pensar.

Além disso, é notável que esse modelo freudo-platônico da satisfação parece dispensar a oposição categorial masculino/feminino. Se há, no aleitamento, um gozo especificamente feminino, como não se deixou de pretender, o mínimo que possamos esperar daqueles que o ressaltam como tal é que nos digam o que, nessa circunstância alimentar, eles entendem por "feminino".

> *"Ó criança de olhos de virgem, eu te busco mas tu não me escutas, e não sabes que és o cocheiro da minha alma."*
>
> *Anacreon (fr. 360)*[233]

Quando o mestre se torna escravo

O problema do *anterôs* não pode ser tratado apenas "*in loco*", isto é, sendo encarado tal como nele mesmo, tal como é apresentado nos textos e seus comentários (antigos e modernos) e na iconografia. Pois há um

---

aquém ou além dessas duas posições? Se, pois, o corte é constituinte do desejo, este não deve ser buscado em outro lugar senão ali onde ele se tiver constituído. Deve-se, então, supor indestrutível esse *cross-cap* enucleado do objeto pequeno *a*? Ou então essa própria suposição é excessiva?

[233] Citado por K.J. Dover, *op. cit.*, p. 108

outro "efeito de encontro" – chamemos isso assim – que lhe é a um só tempo conexo, prévio, e (parcialmente) similar, nem que seja por também se tratar de um encontro erótico, o do encontro amoroso. O viés consiste em admitir que a análise do impacto do éraste sobre o erômeno (a análise do *anterôs*) não pode ser feita sem que também seja discutido, avaliado, precisado o que terá sido aquele do erômeno sobre o éraste pois, como vamos ver, era assim que os gregos situavam o inicial encontro amoroso, em outras palavras, algo que é exemplificado pelo "amor à primeira vista"* (noção grega, aliás). Ignorantes que somos, só podemos consultar. Ora, acontece que, no encontro amoroso, não há, entre os helenistas, nem a variedade das posições, nem a discussão com a qual estamos às voltas quando se trata do *anterôs*. Talvez seja aí uma chance; agarremo-la.

Se é verdade que nossa sociedade, como escreve Leo Bersani[234], mascara, quase sempre, as relações de domínio que nela se exercem, a Grécia arcaica e antiga faz contraste sendo, ela, abertamente, uma sociedade de mestres. Assim, ela vale aos nossos olhos como uma espécie de experiência de laboratório, notadamente no que se refere ao que ocorre quando o mestre é afetado por Eros. Trata-se de um caso particular uma vez que a lógica do domínio (da responsabilidade que ele implica) que tem de ser domínio de si, mas também de outrem e, mais amplamente ainda, do destino, desemboca em quase paradoxos. Marionete dos deuses, o mestre é responsável pelas voltas que lhe apronta o destino? Assume ele a decisão a que foi forçado?

Para nos introduzir nesse paradoxo particular que é o Eros no mestre, imaginemos a seguinte cena[235]. Ela acontece de noite, numa cidade grega, no telhado ou no cômodo mais alto de uma casa. Um jovem ali chegou; ninguém sabe; a casa não é dele. O jovem é um doente, mas também, o que ele igualmente consegue ser, um caçador. Ele tem fogo

* O francês usa a expressão *avoir un coup de foudre*, isto é, "ser atingido por um raio" (N.T.)

234 L. Bersani, *Homos, op. cit.*, p. 112.

235 Segundo J. Winkler, *The Contraints of Desire, op. cit.*, p. 1990, ch. III: *Erotic magic spells*. Winkler, que descreve a cena com mais detalhes, intitula belamente esse rito "uma cena na noite".

numa das mãos, dêitico daquele que o habita; na outra mão, podemos ver uma caixinha de chumbo, contendo um camundongo, ou vaga-lumes, ou ainda gordura de cabra – outras tantas oferendas a Vênus. O que ele pede à deusa? Que ela atormente a jovem que dorme bem embaixo do lugar onde ele está, que ela a deixe sem sono ou lhe imponha um pesadelo. Qual o objetivo desse mau tratamento infligido à amada? Suspender, pelo rito, a catástrofe que constitui para o mestre o fato de a amada não responder às suas tentativas de aproximação, ou de recusá-las. Trata-se de levar alguém a ceder às tentativas de aproximação que lhe são feitas, caso contrário é o próprio estatuto do agente do rito propiciatório que fica, de maneira permanente, ameaçado. Em *O Banquete*, de Platão, Pausânias fala da posição implorante dos érastes como de uma escravidão "de que escravo algum gostaria de saber[236]". Não menos.

Esse rito dos *agôgai*, nota Winkler, também é uma terapia e até um início de cura, nem que seja porque o mestre, ao pôr em prática isso, passa a ser agente ali onde ele sofria, primeiro de modo passivo, a constrangedora ferida de Eros. A despeito do salutar humor de um Karl Kraus, segundo o qual a psicanálise é a doença que ele pretende curar, essa terapia, como a terapia analítica, precisamente não desconhece que não pode ela mesma valer como cura.

> Assim, o *agôgé* é uma espécie de derradeira terapia tornada necessária por uma certa concepção cultural de *erôs* e enquanto tal é uma terapia que não só proclama sua própria necessidade mas também, num certo sentido, sua própria impossibilidade. [...] não há tratamento para *erôs* senão o(a) amado(a) ele mesmo/ela mesma[237].

Essa "derradeira terapia", como a de Freud, se reconhece como impossibilidade. E já que coloca que só o(a) amado(a) pode trazer a solução, ela se situa, igualmente como a psicanálise freudiana, enquanto erotologia de passagem.

---

236 Platon, *Le Banquet*, 183 a, citado por K.J. Dover, *op. cit.*, p. 105.

237 J. Winkler, *op. cit.*, p. 89.

Como esta opera? Por deslocamentos, responde Winkler, o que, aí ainda, não deixa de nos lembrar Freud. O éraste é um doente, um moribundo, uma vítima de Eros, um Eros às vezes identificado ao próprio objeto amado[238], um Eros erômeno. Winkler nos dá uma visão da importância do dano de amor sofrido por essa vítima de Eros que é o éraste ao escrever que "o suicídio é um fim banal nas histórias de amor desesperado[239]". Aquém dessa extremidade, o "rito de constrangimento erótico" (Winkler) visa afetar o objeto a um só tempo erótico e erógeno com algo próximo, senão idêntico a esse tormento, a esse sofrimento, a essa infelicidade com a qual o próprio amante é afetado por tê-la encontrado. Um homem apaixonado, dirá Catão, "permite que sua alma viva no corpo de um outro[240]". Mas o "permite" ainda concede demais ao domínio.

Há aí uma primeira "reciprocidade", uma primeira "simetria", dirão talvez[241], mas sobre fundo de disparidade. Se, com efeito, nesse momento em que se ligam, os dois parceiros estiverem atormentados, a ação de cada um e seu efeito sobre o outro, no entanto, não são idênticos, uma vez que o erômeno só atormenta o éraste pelo simples fato de ter aparecido[242] a seus olhos (o que ele talvez ignore e que, em todo caso, não afeta

[238] Claude Calame, *L'Éros dans la Grèce antique*, *op. cit.*, p. 75: « Entre Eros o arqueiro e o rapaz desejável, há, aliás com frequência, coincidência perfeita"; igualmente, p. 90. *Cf.*, *Le Banquet*, 204 c, em que Diótima diz de Sócrates que ele pensava que "o amor é o bem amado, e não o amante".

[239] *Ibid.*, p. 83.

[240] Citado por P. Quignard, *op. cit.*, p. 173.

[241] Seja a asserção "Pierre golpeia Paulo." A relação de Paulo e de Pedro será dita "recíproca" se e apenas se for igualmente verdadeira a asserção segundo a qual "Paulo golpeia Pedro." A relação dita "simétrica" parece situar-se num outro registro. Dois objetos serão ditos simétricos se apresentarem uma identidade de forma por uma pequena inversão. Essa inversão pode estar em relação com um ponto, um plano (caso da imagem espelho), ou ainda um espaço de n dimensões. Guy Le Gaufey introduz, bem a propósito considerando esse uso difícil dos termos reciprocidade e simetria, o conceito de uma "relação sem conversa", segundo o qual não se pode deduzir, de "Pedro golpeia Paulo", a asserção segundo a qual "Paulo é golpeado por Pedro." (G. Le Gaufey, "Une relation sans converse", *L'unebévue* nº 14, Eros érogène, Paris, EPEL, 1999.)

[242] O estatuto do erômeno é o de uma aparição, isto é, veremos, de uma imagem de um morto. Esse nome vai com o do desaparecido. Como seu nome indica, o des-aparecido priva aquele ao olhar do qual ele está desaparecido não tanto de sua vida quanto de sua

a ele), ao passo que o éraste atormenta o erômeno na visada expressa e primeira de lhe infligir aquilo pelo que o erômeno o faz passar. O laço (se é possível aí contar *um* laço) é, pois, a um só tempo simétrico e dissimétrico, de paridade e disparidade.

É certo que existiam outros procedimentos para fazer ceder o objeto recalcitrante, para constrangê-lo, diz Winkler, alguns mais próximos de nossas práticas de sedução, como dar presentes, convidar para um banquete (quando o erômeno é um rapaz), fazer intervir um *go-between*, dizer ou cantar um poema, mostrar ao amado imagens eróticas. Alguns desses procedimentos são mais estranhos aos nossos olhos (embora a magia sexual[243] deva estar mais próxima de nós do que sugere a ideia de modernidade), notadamente o apelo à intervenção de um deus, os sortilégios e os filtros. A despeito dessa estranheza, não se pode subestimá-los demais. Assim é que aos dois últimos procedimentos mencionados era atribuído o fato de que Péricles tivesse tantos amigos; e o próprio Sócrates lhes deveria a devoção que tinham por ele Apolodoro e Antístenes[244]. Entretanto, para penetrar melhor ainda a espécie de catástrofe realizada, para o mestre, pelo fato de ficar apaixonado, não é inútil entrar mais em detalhe na concepção que os gregos tinham da fisiologia do encontro amoroso.

Fisiologia do encontro amoroso

De Claude Calame, o *Eros na Grécia antiga* primeiro aparece como uma obra que se revela uma verdadeira mina para uma clínica do eros, por exemplo, quando o autor sublinha a importância do lugar do encontro amoroso: não se ama do mesmo jeito conforme o lugar onde ocorre a cena[245]. Mas o interesse desse livro também é introduzir algo como uma

---

aparição. O registro dessa desaparição sobre fundo de aparição é erótico.

[243] Sarane Alexandrian, *La magie sexuelle, Bréviaire des sortilèges amoureux*, Paris, La Musardine, 2000.

[244] J. Winkler, *op. cit.*, p. 76.

[245] Radicalizando a observação, Jean-Claude Dumoncel escreve: "é *Combray* depois *Balbec* que fazem que um objeto X se torne Gilberte ou Albertine", *in Le Pendule du Docteur Deleuze*, Cahiers de L'unebévue, Paris, EPEL, 1999, p. 14.

profundidade de campo, uma espessura histórica nessa Grécia antiga que, com demasiada frequência, nos é apresentada de maneira medíocre, unívoca[246]. A Grécia nos oferece não só uma, mas várias versões do laço erótico, que estão historicamente ligadas. Assim, por ter tirado suas referências da Grécia arcaica[247], Calame pode lançar sobre a virada platônica da homofilia grega um olhar que não lemos em nenhum outro lugar. Sem empregar os palavrões como "volta a...", sem sequer alardear que está suspendendo um desconhecimento, é isso, no entanto, que Calame procurar fazer. Aliás, esse desconhecimento intervém bem cedo uma vez que já Platão e depois Aristóteles apagam a importância que a poesia mélica atribuía ao *eu* [*je*][248].

Ora, trata-se de nada menos que do primeiro passo da invenção do amor. É claro, Calame não diz isso assim; mas, no entanto, escreve que a poesia mélica da Grécia arcaica constitui uma representação "especificamente grega" do amor[249].

Eros o "doce-amargo" (Safo), o "doce-picante" (prefere traduzir Calame), réptil contra o qual não há socorro, Eros penetra o éraste:

> A penetração constitui na poesia arcaica a qualidade própria das flechas que podem conduzir a uma morte por vezes também qualificada de amarga[250].

Para tentar avaliar o tamanho da espécie de mal-estar[251], a um só tempo tormento e deslumbramento – com o que este último termo, também empregado por Calame, indica de gozo –, notaremos antes de mais nada que é contra esse tipo de desventura que se ergue essa postura subjetiva segundo a qual "é melhor não desejar". Sabemos que ela tomou

---

[246] Um único exemplo: visto desde Roma, o amor grego trata da mesma maneira os rapazes e as mulheres. Calame retifica: não era o caso da poesia mélica. (C. Calame, *op. cit.*, p. 69.)

[247] Não há aí nada de "arcaico" no sentido de uma simplicidade de desajeitados, essa Grécia arcaica nos remete a escritos tão sutis quanto os de Safo.

[248] C. Calame, *op. cit.*, p. 67.

[249] *Ibid.*, p. 15.

[250] *Ibid.*, p. 26.

[251] *Ibid.*, p. 27: « A poesia arcaica privilegiou no amor a insatisfação."

corpo social sob o nome de budismo, que orientou e ainda orienta a vida de milhões de pessoas. E Calame cita certos versos de Teognis que um budista poderia perfeitamente acreditar vir da boca de Sidarta.

O ataque desse cruel tirano que é Eros é não tanto mental quanto físico; mais exatamente, é uma questão corporal. O intelecto, diz Calame, não está diretamente envolvido – a não ser por não estar mais agora no comando. Em seu capítulo "fisiologias do desejo amoroso", Calame, em acordo com muitos comentadores antigos e contemporâneos, precisa que o veículo de Eros é o olhar, concebido como uma matéria eminentemente concreta, como um fluxo que, partindo dos olhos tão belos, tão brilhantes, do erômeno, atinge os do éraste e, para além de seus olhos, alguns de seus órgãos, notadamente o coração e o diafragma[252]. Quem validar a análise lacaniana do quadro como "armadilha para o olhar" não terá dificuldade alguma para situar como olhar a imagem poética do erômeno-em-cavalo, bufando num pasto, escapando embora esteja ali, inacessível embora próximo, ao olhar fascinado e cativo do éraste que o contempla.

Ver-se ou ver-se novamente éraste é como ir parar numa cena S/M à qual especialmente não fomos, uma cena cuja dança é conduzida por um terceiro[253] – Eros –, mas também uma cena à qual só podemos nos subtrair, exceto parcialmente, se dermos satisfação à exigência erótica que ali está, impossível de ser suspensa. Esse fato de não poder se subtrair surge como um notável acento da força daquilo que atormenta, já que, se acreditarmos na maioria dos praticantes de S/M contemporâneo, qualquer um pode ir embora a qualquer instante, é só dizer "Arrego", declarar que chega. Quignard:

> Assim, sob os traços de Vênus, seja qual for o assaltante, rapaz de membros de mulher ou mulher curvada pelo desejo, o homem tende a ir na direção do que atingiu[254].

---

[252] Para uma apresentação mais detalhada – e mais completa que acima – da fisiologia do olhar na Grécia antiga, *cf.* Franpoise Frontisi-Ducroux e Jean-Pierre Vernant, *Dans l'œil du miroir*, Paris, éd. Odile Jacob, 1997.

[253] Já dissemos, esse terceiro não é um por inteiro, uma vez que ele pode ser o próprio erômeno.

[254] P. Quignard, *op. cit.*, p. 93. *Cf.* igualmente p. 95.

Logo, o éraste é alguém que foi atingido, ferido por um mal, por uma flecha que ele está proibido de arrancar, farpa na carne, faca que não cessa de remexer na ferida. Analiticamente, o estatuto desse objeto é o de um olhar; trata-se de um objeto pequeno *a* falicizado. Sua incrustação no corpo do éraste faz com que este último perca sua posição de domínio. Mal de amor, mal dentro.

É possível entrar mais em detalhe na fisiologia do encontro amoroso? Do ponto de vista da poesia mélica arcaica, esse olhar, que atinge o éraste (que o constitui como éraste), passa do erômeno ao éraste como o faria uma flecha, mas permanece igualmente no erômeno, isto segundo uma "alquimia" que parece escapar às leis da física do cotidiano que quer que um objeto esteja ou bem aqui ou bem ali.

A leitura lacaniana do *Banquete* de Platão sublinhava, por sua vez, o caráter banal da relação Sócrates Alcibíades. As categorias acasaladas éraste/erômeno não combinam. Alcibíades, célebre erômeno, se comporta como um éraste, Sócrates, não menos célebre éraste, é descrito em

Silene, contendo o agalma, nem por isso sendo um erômeno. Assim, Lacan é levado a situar o éraste de uma maneira intransitiva: ele é aquele que falta... Quanto ao erômeno, se é bem o detentor de algo, ele não sabe o que tem, e o que ele tem não é o que falta ao éraste.

Halpein, referindo-se a uma discussão que ocorreu bem depois de Lacan ter-se lançado num comentário do *Banquete*, escreve:

> Com efeito, Sócrates mantém o que, de um ponto de vista comum, é uma posição altamente paradoxal: ele mesmo é um amante, mas dá um jeito para cercar-se de outros amantes junto aos quais ele representa, por sua vez, um objeto de amor, assim como eles são objetos de amor para ele[255].

Nem a simetria nem a reciprocidade ficam aqui satisfeitas. O jogo está embaralhado.

---

[255] D. Halperin: « Platô and Erotic Reciprocity", *Classical Antiquity*, vol. V, nº 1, Abril 1986., *in California Studies in Classical Antiquity*, vol 17, nº 1; *Platon et la réciprocité érotique*, trad. Do americano por Guy Le Gaufey e George-Henri Melenotte, Cahiers de L'unebévue, Paris, EPEL, 2000, p. 23-24.

Ora, essa dificuldade relativa aos próprios fundamentos das identidades (sem as quais é difícil falar de identificação) está presente na problemática do estádio do espelho, já que identificar-se imaginariamente com essa imagem de um pequeno outro "amável", além disso obter o assentimento do Outro quanto ao fato de que essa imagem "é bem eu", implica, em mim mas também nesse lugar do Outro, que seja desconhecida essa inversão da imagem que, no real, assinala que "não é precisamente eu [*moi*]".

Da mesma forma que está presente, no estádio do espelho, a questão do domínio, de sua falta e de seu recobrimento. Na poesia mélica, que nos é apresentada por Calame, o equivalente do acesso ao domínio que o acontecimento do espelho (o "identificar-se imaginariamente") constituiria, também é um acontecimento. Na relação do éraste e do erômeno, um acontecimento intervém para além

> desse momento fugitivo em que o adulto domado por Eros enfim se torna o domador do adolescente que o inspira[256].

Há, por isso, a partir daí, instauração de uma simetria amorosa, sem mais resto algum que viesse recusá-la? Domar o outro pela fascinação nele provocada não equivale a domá-lo pela resposta que dele se obtém e suscetível de trazer algum apaziguamento a essa fascinação. A preciosa erudição de Calame nos ensina que a resposta do erômeno é dita com o verbo *philein*, jamais com *eran*[257]. Ora, era bem *eran* que atormentava o éraste, e não se vê bem como a resposta parcialmente apaziguadora do erômeno, essa resposta que dá (de novo) ao éraste uma certa parte de seu domínio perdido (e nesse sentido o erômeno o ama no sentido de Lacan: ele lhe "dá o que ele não tem") produziria no éraste uma mudança do regime e seu amor que, de erótico, se transformaria numa amizade fraterna.

As relações amorosas da poesia mélica grega, escreve Calame, estão

> condenadas à assimetria, elas deixam o adulto sozinho nas mãos desse Eros implacável que transtorna os sentimentos[258].

[256] C. Calame, *op. cit.*, p. 39.
[257] *Ibid.*, p. 40.
[258] *Ibid.*, p. 41.

Sobre essa fundação (que merece esse nome, pois há ali algo de fundador na erótica), a questão que se coloca é esta: por que não ter ficado por ali? Por que a Grécia antiga teve de construir, com Platão, algo *como* uma simetria, algo que, pelo menos, entende levar o éraste e o erômeno num mesmo ponto de sabedoria, digamos, em termos de lugares, conduzir os dois até a "Clareira da verdade"? E também: por que o sucesso tão grande dessa construção depois, notadamente pela via neoplatônica e até nos amores cortês depois romântico? Havia algo absolutamente insustentável nessa versão arcaica dissimétrica, disparate, da erótica que teria tornado a virada platônica como que necessária? Ou então, ao contrário, essa virada foi um acidente (que teria sido amplamente bem sucedido)? Em termos modernos: esse laço amoroso não pode sustentar-se como se comportasse necessária e abertamente uma dimensão S/M?

Em outras palavras ainda: o que provocou a importante mudança de direção da erótica grega arcaica numa iniciação? Afirmarei isto: a iniciação é aquilo para que se apela quando uma erótica está a ponto de se realizar como não relação sexual.

O problema do anterôs

Estudando com Calame a erótica da poesia grega arcaica, já encontramos o problema do *anterôs*.

Seria possível sua valorização tardia na problematização grega da erótica estar ligada, senão ser devida, a algum traço que teria ficado latente, talvez até em pane, na fisiologia do encontro amoroso? De acordo com essa conjectura, a instalação do amor platônico não seria apenas uma virada na erótica grega, talvez até um desvio dessa erótica, mas também uma resposta, talvez no sentido de uma pseudo-solução, a um problema até ali deixado de lado, em repouso, não tratado.

Que problema? Logo pensamos no fato de que, ao atender às atenções amorosas do éraste, o erômeno parcialmente "domado" nem por isso compromete seu gozo sexual nessa resposta. Ele poderá decerto prestar um serviço sexual ao éraste de sua eleição, "emprestar-se" de certo modo, isso é perfeitamente admitido, mas sem que jamais goze, ele, sexualmente, do ato a que se entrega. A iconografia confirma isso: nela quase nunca se encontra um erômeno em ereção.

Esse problema, na verdade, é mais complexo pois, quando o erômeno é uma jovem, Calame e a maioria dos exegetas não deixam de indicar que por também responder, como o rapaz imberbe ao instaurar com seu éraste uma relação de *philotès*, ela é suscetível, diferentemente do efebo, de gozar sexualmente com esse éraste. Aliás, esse traço é encontrado na problemática do *anterôs*; só a mulher, nota Halperin, tem acesso ao *anterôs* então definido como resposta sexual[259].

Tudo se passa (a começar pelo silêncio das mulheres a contrastar com a tagarelice filosófica dos homens) como se a constatação desse gozo, ou então esse próprio gozo, apagasse o problema que, por outro lado, persiste no caso do rapaz. Dover formula a esse respeito algo que praticamente todos os comentadores, implicitamente, aprovam. Ele escreve que:

> Durante todo o *Banquete* e todo *Fedra*, é evidente que o eros que representa um passo à frente na direção do Ser é um eros homossexual[260].

Ora, se aproximarmos essa constatação (que aliás vai mais além do platonismo) daquela de uma ausência de gozo no erômeno rapaz, somos convidados a concluir que a questão do Ser está precisamente colocada no furo constituído por essa ausência de gozo. Logo, ela está colocada como uma questão de pederasta. Essa conclusão nada tem de inédito, uma vez que Nietzsche já fazia da pederastia grega uma condição necessária da filosofia, platônica, em todo caso:

> Platão vai mais longe. Ele diz com uma candura de que só um grego é capaz (e jamais um "cristão") que não haveria filosofia platônica se não houvesse em Atenas tão belos adolescentes: só vê-los pode mergulhar a alma do filósofo numa vertigem erótica que só lhe dá descanso depois de ter semeado no terreno de tal beleza o grão de todas as grandes coisas[261].

---

259 *Cf.* D. Halperin: "Só as mulheres em geral têm a experiência do *anterôs*, segundo a expressão grega em uso" (*in Cent ans d'homossexualité*, *op. cit.*, p. 182).

260 K.J. Dover, *op. cit.*, p. 200. Digamos: *l'être en cul est* [trocadilho : *o ser de bunda está* e ressoa : *enculé* [enrabado].

261 F. Nietzsche, *Le crépuscule des idoles*, « Divagations d'un inactuel » § 23 (citado em destaque do conjunto de sua obra por Thierry Ménissier, *Eros philosophe, Une interprétation philosophique du* Banquet *de Platon*, Paris, Kimé, 1996).

A determinação homossexual do problema do Ser constitui uma dificuldade filosófica, uma vez que pelo menos a filosofia pretende tratar do Eros universalmente. Essa dificuldade será sensível em vários momentos da história da filosofia (e com certeza não só da filosofia, da vida cotidiana igualmente). Assim, em Hegel[262]. Com efeito, encontramos em *A fenomenologia do espírito* as duas escolhas que acabam de ser ditas: primeiro, o afastamento da relação do desejo com o objeto sensível (*cf.* "O Eu [*Moi*] e o desejo"), uma relação ainda mergulhada na natureza, a consciência não podendo atingir, a partir daí, seu estatuto de consciência de si; depois, a figura imediatamente seguinte, o apoio tomado, para a realização dessa consciência de si, numa duplicidade "homossexual". Em seu comentário desse movimento da consciência que só pode se realizar como desejo em relação a outra consciência e não em relação ao objeto do desejo, Hipólito escreve:

> O desejo é menos o do amor que o do reconhecimento viril de uma consciência desejante por outra consciência desejante[263].

Não se pode ser mais claro!

O enfrentamento das duas consciências começa, então, como o encontro éraste-erômeno, num confronto dos olhares.

> A consciência de si acaba como se fosse uma outra essência, é ela mesma que ela vê no Outro[264].

Ao lermos essas linhas, temos a impressão de estar às voltas com uma apresentação não de *A fenomenologia do espírito*, mas do *anterôs* de *Fedra*.

---

262 As linhas que se seguem devem muito a Émile Jalley. Fica aqui o agradecimento por essas indicações, estando por certo entendido que as afirmações propostas permanecem de minha responsabilidade.

263 Jean Hyppolite, *Genèse et structure de La phénoménologie de l'esprit*, Paris, Aubier Montaigne, 1946, p. 158.

264 Hegel, *La phénoménologie de l'esprit*, tradução de Jean Hyppolite, Paris, Aubier Montaigne, 1947, vol. 1, p. 156.

A dialética do mestre e do criado virá, então, instaurar uma disparidade do tipo éraste-erômeno (o mestre será o desejante, aquele que goza), baseada numa simetria cuja fórmula seria: "todos anterômenos". Trata-se, diz Jalley num notável jogo de palavras, de uma "anterística".

Logo, uma dobra teria sido tomada com Platão, ligando a questão do Ser e pederastia de uma maneira ainda mais difícil de ser desamarrada porquanto a questão do Ser é trazida pelos enunciados, ao passo que a pederastia regra a enunciação. Ora, nessa dobra, poderá facilmente vir alojar-se uma outra determinação conexa e, com certeza, não menos intempestiva, esta: se o Ser deve permanecer localizado na erótica pederástica (uma vez uma dobra tomada... é bem difícil desfazer-se dela), lugar será dado para que a mulher seja designada ao lugar não do Ser, mas do Outro. Por certo será preciso esperar muitos séculos para que essa determinação receba seu nome de "heterossexualidade", e ainda uma boa centena de anos para que Lacan, em seu atordoante "O aturdito", localize o que está em questão nesse conceito: não amar o outro sexo seja ele qual for, mas amar o sexo que, por excelência, é "o outro sexo", que é, por excelência, o "sexo", aquele que a língua diz tal, a saber, escreve Lacan, "amar as mulheres" (isto, seja qual for o sexo do amante). Daí a situar a mulher como uma figura entre outras da alteridade[265] é só um passo, regularmente dado e a respeito do qual é possível se perguntar se uma mulher hoje pode ficar satisfeita com essa honra excessiva que lhe é assim feita. Alterizá-la a altera, a afasta, afasta dela seu chantre que esquece, ou melhor, que negligencia assim desalterá-la. Leo Bersani deu seu nome próprio de Baudelaire a essa operação a um só tempo duvidosa e moderna, ainda que mergulhe suas raízes, através da cortesia, até em... Platão[266]. Logo, Lacan é levado, na sequência da proposta citada, a levar essa identificação do outro sexo com o Outro até o ponto em que ela se dissolve numa impossível universalidade:

---

[265] Notadamente por Jean-Pierre Vernant, que regra sobre isso o conjunto de seu artigo "Um, dois, três, Eros", *in L'individu, la mort, l'amour*, Paris, Gallimard, Folio, 1989.

[266] L. Bersani, *Baudelaire et Freud*, *op. cit.*

O que é chamado o sexo (talvez até o segundo, quando é uma boba) é propriamente, a se suportar de *nãotoda*, o Eteros que não pode se estancar de universo[267].

O que acontece na trepada, quando o parceiro eleito fica frio, quando, segundo a metáfora socrática, satisfazer-se corresponde a comportar-se como "um porco roçando numa pedra[268]"? Se admitirmos que a questão possa ser assim colocada, numa generalidade que por certo é enganosa (já que supõe que a resposta seria a mesma seja qual for o sexo de quem goza e de quem não goza), formulemo-la mesmo assim ainda um pouco de outro modo: que espécie de mal-estar toma conta daquele que terá gozado sexualmente, para além mesmo do instante desse gozo, ao passo que seu ou sua parceiro(a) terá ficado de mármore? É claro que a resposta está ligada à idéia que se faz do que acontece quando essa frigidez[269] não está presente. Se pensarmos que o gozo sexual é "recíproco" (o que é uma hipótese, senão um desejo, e não era exatamente a opinião de Tirésias), se pensarmos que ele é "simétrico", ou ainda "partilhado", então o mal-estar em questão será encarado como uma certa falta dessa reciprocidade, dessa simetria, dessa partilha[270].

Mas também é possível, partindo do fato de que a sexualidade é de ordem cinegética, notar que há violência, ferida, consumo em jogo[271]. E, se for verdadeira a história dos metecos de Atenas contada por Pausânias (o historiador, não o do *Banquete*), igualmente vingança. Essa história ocupa uma posição intermediária entre o rito dos *agôgai* e uma versão do

---

[267] J. Lacan "L'étourdit", *Scilicet* nº 4, Paris, Seuil, 1973, p. 23.

[268] O tom não é por certo aquele de *Fedra*. A metáfora é contada por Xenofonte, *Mémorables* I.2, 29 *sq*. (citado por K.J. Dover, *op. cit.*, p. 196).

[269] Na exposição oral que primeiramente foi feita dessa passagem, inesperada, a palavra "fragilidade" veio no lugar de "frigidez". Notamos aqui por sua virtude interpretativa: é uma fragilidade que vem quando a frigidez não está presente.

[270] Será preciso, então, referindo-nos às categorias lacanianas do seminário *A relação de objeto e as estruturas freudianas*, chamar essa falta frustração, privação ou castração?

[271] Consumir é ainda caçar: encontramos (*cf.* K.J. Dover, *op. cit.*, p. 60), em Homero, fórmulas do tipo "quando cacei meu eros de soluços", que indicam que a própria satisfação é ainda uma maneira de caçar no sentido de "rechaçar", por um tempo pelo menos, algo que embaraça.

anterôs, que parece mais pacificada; ela faz ponte entre o *eros* mélico e o *eros* platônico. Logo, aqui tem seu lugar. Ei-la[272] (Pausânias 1, 30):

> O ateniense Meles, desdenhando Timágoras, um meteco que se apaixonara por ele, ordenou-lhe subir ao topo do rochedo (a Acrópole) e jogar-se lá de cima; Timágoras, assim, sem fazer caso algum da vida e querendo dar prazer ao jovem em tudo o que lhe ordenava, lá se foi e de lá se atirou; e Meles, quando viu Timágoras sem vida, foi tomado de um remorso tão grande que foi jogar-se do alto do mesmo rochedo, e morreu ao deixar-se assim cair. E foi depois disso que os metecos estabeleceram um culto do deus vingador de Timágoras sob o nome de Anteros.

A versão do *anterôs* que Platão constrói em Fedra elimina completamente essa vingança no amor, a violência, o tormento, a escravidão que, desde o início, implica o fato de ver-se (novamente) éraste? Resolve ela a questão colocada pela ausência de satisfação erótica no erômeno? Opera ela uma espécie de *Aufhebung* da disparidade inaugural, ao instaurar, entre os parceiros, uma reciprocidade, uma simetria, talvez até uma igualdade? Podemos, com Platão, dar sentido à idéia de um laço erótico apaziguado? E se afirmativo, a que preço?

EROS E ANTEROS DISPUTANDO A PALMA

[272] Pausânias (1, 30, 1), tradução de Marguerite Yon, citado por Bernard Sergent, *L'homosexualité dans la mythologie grecque*, Paris, Payot, 1984, p. 210.

São questões difíceis e, com certeza, cheias de uma carga afetiva própria a cada um daqueles que as abordam, como mostra notadamente a vivacidade do debate sobre o *anterôs* entre os helenistas. Ao tomarmos conhecimento de alguns desses escritos, não deixam de saltar aos olhos, ao lado de análises precisas, às vezes estreitamente misturadas a elas, fórmulas que escamoteiam o problema, mas também que manifestam, na oportunidade, a ideia (moderna) que é feita do laço erótico e daquilo que acontece na trepada. Assim, essa descrição:

> Eros abre a via que leva à revelação perturbadora do belo em si. [...] O fluxo erótico que circula do amante ao amado para se refletir em sentido inverso do amado para o amante segue em ida e volta o caminho cruzado dos olhares, cada um dos dois parceiros servindo ao outro de espelho onde, no olho de quem está em frente, é o reflexo desdobrado dele mesmo que ele percebe e que persegue com seu desejo[273].

Estamos aí às voltas com a formulação (forçada, se julgarmos pelos textos que são assim comentados) de uma simetria típica. Da mesma forma, esta apresentação de *Fedra*:

> O espelho não é simplesmente a pupila que reflete o outro, onde percebemos a própria silhueta, mas o rosto, mas o amante inteiro, sobre quem nos projetamos, em quem nos modelamos, que se modela em nós e nos remete uma imagem onde um e outro se trocam e se misturam sem cessar, num vaivém que funde e confunde amor e contra-amor. *Anteros*, é este o nome do *eidolon* de Eros, esse reflexo de amor: nesse composto, o prefixo *anti* marca a relação de face à face, a troca recíproca e a simetria da reflexividade[274].

Ressoa, nesses comentários, o voto moderno de uma igualdade, de uma paridade, de um companheirismo pacificado dos sexos. Ficando

[273] Jean-Pierre Vernant, "Un, deux, trois: Eros", *in L'individu, l'amour, la mort*, Paris, Gallimard, 1989, p. 160.

[274] F. Frontisi-Ducroux, *Dans l'œil du miroir*, *op. cit.*, p. 122.

mais próximo dos documentos, Calame nos deixa ler as dificuldades que persistem no grande texto sobre o *anterôs*, em Fedra, bem como a solução que Platão acreditou poder lhes trazer.

Calame sublinha a assimetria mantida da relação éraste erômeno, isto até quando o erômeno responde favoravelmente:

> O desejo amoroso do erômeno é apenas um *anterôs*: não um amor recíproco ou um "contra-amor", como com demasiada frequência se afirmou, mas um amor especular que nasce no amado e que lhe remete uma imagem não do amante, mas dele mesmo. As regras da assimetria e do desnível são respeitadas [...] E, de fato, essa amor que invade o erômeno em eco ao do éraste, o rapaz o chama não *eros*, mas *philia*!

Logo, a disparidade de partida não é absorvida, tanto que Calame nota, é verdade que de modo breve demais, que a lógica da erótica de *Fedra* conduz a colocar que há *duas vias* filosóficas, dois caminhos para a sabedoria. Isolo esta observação, cujo lugar estava marcado pelos colchetes bem no meio da citação acima:

> As regras da assimetria e do desnível são respeitadas: o rapaz, por sua vez, conhece o estado amoroso e vai assim se tornar um filósofo adulto – a cada um sua via para a verdade[275].

O problema (geralmente escamoteado) dessas duas vias é bem conhecido do automobilista moderno, é o das saídas de uma autoestrada. Quando se pega a saída errada, é preciso um desvio enorme para voltar à saída certa. Aqui, não está aparentemente em questão um malogro, mas um engajamento numa via filosófica que, se pode não ser única (o que constitui um problema filosófico), deve, de qualquer modo, nos asseguram, conduzir cada um num mesmo lugar. Esse lugar, essa "Pradaria da Verdade" mencionada por *Fedra*, só Dover, que eu saiba, o situa analogicamente com o do orgasmo. Com efeito, trata-se de uma perda/

[275] C. Calame, *op. cit.*, p. 216.

realização de si e que, justamente, em particular no Platão de *Fedra*, se dá como sexuada. Da mesma forma, segundo Quignard (mas sua observação concerne à erótica romana, é verdade que herdeira daquela à qual nos referimos), há aí mais que uma analogia:

> O que é o *fascinus*? É a divindade dos deuses despida. Sem cessar a natureza goza e os Pais engendram. Para os deuses, ter engendrado e engendrar é o mesmo. É a cena primária incessante. A divindade dos Grandes Deuses é *aeternalis operatio*; é um coito infinito[276].

Deve-se ainda notar que, em Fedra, a inavaliável satisfação em jogo é de ordem oral. Como o exercício sexual tântrico, o infinito coito oral dos deuses é um coito sem orgasmo.

Mas voltemos às duas vias. Como, pois, conciliar partidas diferentes com uma chegada comum? Aqui talvez se aloje a tentativa de solução trazida por Lacan em sua leitura do *Banquete*. Que o erômeno transformado em éraste viria conectar sua via naquela do éraste. Não temos a ambição, nestas linhas, de discutir essa solução; ainda menos adotá-la: sua simplicidade, sua elegância e seu sucesso entre os lacanianos convidariam antes, por não tê-la avaliado, a dela desconfiar.

Logo, *Fedra* também precisa de todo um desvio para obter igual resultado (se é que o obtém de verdade) e esse desvio é nada menos que a integração da erótica pederástica na teoria da reminiscência. Seus efeitos redutores estão garantidos. Será preciso esperar Kierkegaard e Freud (pelo menos: Freud interpretado por Lacan) para que seja cortada essa conexão do amor presente na relembrança, para que o amor seja situado não mais em referência a um passado e a um futuro de imortalidade (que não seria outro senão esse próprio passado), mas a um ato, a uma repetição ela mesma oferecida ao que o tempo traz de perda, de esquecimento possível antes de advir como efetivo.

Em termos modernos, *Fedra* parece uma história de paquera, mais precisamente de intelectual paquerador – um pouco como Lacan, Fou-

[276] P. Quignard, *op. cit.*, p. 59.

cault e muitos outros puderam seduzir jovens e brilhantes garotos, de preferência (segundo o jogo de palavras de Lacan) "unidos rumo a Citera" ["*unis vers Cythère*" soa *universitaires* = universitários]. O contexto é importante, surge um elemento não eliminável da situação. Com efeito, seria um erro achar que o problema do *anterôs* se coloca de maneira dual, entre um éraste e um erômeno. Havia ali todo um meio, um conjunto de lugares, de costumes, de regras do jogo sexual e pedagógico, de competições que, sob muitos aspectos, evoca, por exemplo, o bairro Castro de San Francisco em seus mais fastos anos. Não era mal visto, nota Dover, um éraste "mendigar" os favores de um erômeno às vistas de todo o mundinho dessa "classe do lazer[277]". As famílias desconfiam, e tentam deixar os meninos ao abrigo dos ataques dos *erastai*. Os próprios garotos juntos se protegem dos discursos cheios de lábia. Certas ligações duram anos, outras, ao contrário, são muito efêmeras, e o próprio Platão aconselha o éraste a mudar de "objeto", como diríamos em nossos termos bárbaros, se, por acaso, encontrar um erômeno de corpo e alma mais bela que o que lhe apresenta seu erômeno do momento[278]. Como Diótima dando o tom, deveria caber a Marguerite Duras dar a esse tipo de comunidade do sexo (que não é exatamente esse regimento de amantes do qual se pode duvidar que alie um máximo de trepada a um máximo de eficiência soldadesca) encenado num meio como esse o nome de *navio night*, transcrevendo assim o incidente do golfo comunitário na relação[279] (faça da comunidade um exército e o golfo fica recoberto).

Fedra nos conta como Sócrates tenta, discretamente, arrancar o belo *Fedra* do domínio de seu éraste do momento, Lísias, para que seja mais um de seus namorados, ou, se preferirmos dizer assim, ao deixar-se sugestionar por Platão, para fazer dele um namorado da sabedoria, um filósofo. A enunciação do diálogo redobra o relato, já que é também o que visa Platão no lugar de seu leitor.

277 K.J. Dover, *op. cit.*, p. 62 e 186.
278 *Ibid.*, p. 199.
279 *Cf.* aqui mesmo, capítulo I.

Contra uma leitura conceitualizante senão escolar, sustentou-se que os diálogos de Platão deviam ser lidos como peças de teatro. Em *Fedra*, os diversos atos e cenas são bem distintos. Logo, a tese sobre o *anterôs* deve ser lida em seu lugar na dramaturgia. Após o discurso de Lísias, dito por Fedra, estamos às voltas com um primeiro discurso de Sócrates, teatralmente pronunciado de cabeça encapuzada, o que é simbólico, já que ambos, Fedra e ele, estão deitados à sombra de uma grande árvore. Esse primeiro discurso é ficticiamente atribuído a Fedra; depois, vem o segundo discurso, pronunciado por Sócrates de cabeça descoberta, pois não envergonhará o deus. É então a palinódia de Eros, à maneira de Estesícoro, o poeta de Helena. Essa pontuação teatral dos dois primeiros discursos de Sócrates sublinha um distanciamento, uma rejeição, não só do primeiro discurso, mas também uma rejeição que, vamos tentar mostrar, faz parte da tese platônica sobre o *anterôs*. Chamemô-lo, metonimicamente, "a rejeição do marinheiro". Eis o texto (em que se confirma o caráter não dual da relação Sócrates Fedra):

> Sócrates: Com efeito, suponha que haja, para nos ouvir, alguém de caráter nobre e benevolente, e que seja ou que já tenha sido amante de alguém dotado de iguais qualidades; se declararmos que aqueles que amam deixam-se arrastar por uma grande agressividade por motivos fúteis, que têm ciúmes dos jovens por quem estão apaixonados e que lhes fazem mal, ele acreditará, suponho, ouvir pessoas elevadas entre os marinheiros, e que nunca tiveram o espetáculo de um amor digno de um homem livre.

Ignoro o que Platão tinha especialmente contra o marinheiro, figura, para ele, daqueles que se entregam à *hubris*, à desmedida, mas não há dúvida alguma que não podemos hoje, leitores de Genet, partilhar esse ponto de vista que, para delimitar o efeito erógeno de Eros, isto é, a natureza do *anterôs*, afasta uma certa categoria de homens. Bem antes, somos todos, com Jacques Brel, "marinheiros de Amsterdam" (em todo caso, todos os que se emocionam com essa canção) ou ainda *marineros*, não *capitáns*, como precisam, igualmente cantando, os de língua espanhola. E nosso saber, visando fazer ciência, só pode se formular em propostas universais afirmativas. Mas sobretudo, para voltar a *Fedra*, vamos estar às voltas com um efeito que não para de diminuir uma vez que, mesmo entre as pessoas de qualidade, vai haver as que se comportam quase como marinheiros. Os eleitos, para acabar, serão uma ínfima minoria. "A Academia, dirá Lacan, é uma espécie de cidade reservada, de refúgio dos melhores[280]."

Como Platão, nesse segundo discurso de Sócrates, introduz o *anterôs*? A outra observação importante a esse respeito é que ele só faz isso e até só pode fazer isso *depois* de ter ensinado a Fedra sua teoria da reminiscência. Trata-se da famosa imagem da alma-atrelagem, que, em termos freudianos, pode perfeitamente ser identificada como um "aparelho psíquico", diremos: o aparelho psíquico do mestre. Segue uma nosografia, já que Platão, a partir daí, distingue três categorias de almas: aquelas que, mesmo penando, chegam, graças às asas, a se elevar ao céu para lá contemplar, convivas no banquete dos deuses, aquilo de que ninguém pode falar, a saber, as costas do céu, a Realidade[281]; aquelas que só contemplam uma parte dessa Realidade; e enfim, aquelas que, por causa da imperícia dos cocheiros, estão com as asas estropiadas e se afastam sem ter sido iniciadas. A referência ao falo está longe de estar ausente, sob a forma dessas asas que crescem ou não crescem, cuja ereção pode ser fisicamente obstruída, o que evoca diretamente a explicação que o pseudo Aristóteles constrói a respeito do que ele acredita ser o gozo anal no *katapugon*[282].

Uma vez admitida por Fedra, e por nós, leitores de *Fedra*, a teoria da reminiscência, o que se passa ou pode se passar de erótico entre o éraste e o erômeno vai poder ser abordado em dois níveis superpostos. É por essa razão que a teoria da reminiscência devia vir antes da apresentação do *anterôs*. O laço erótico é então desdobrado em cada um. O que ali se joga não diz respeito apenas ao que se passa entre eles, mas também, e para cada um, à sua relação com a Realidade, com os deuses. Logo, em qual categoria nosográfica acabará se alinhando cada parceiro? O consu-

---

[280] J. Lacan, *Le transfert dans sa disparité subjective, sa prétendu situation, ses excursions techniques*, Sessão de 21 de dezembro de 1960, Versão estenografada, p. 74.

[281] *Phèdre*, 246 c.

[282] *Cf.* capítulo I.

mo sexual (ou o recato nesse lugar – *cf.* a famosa temperança de Sócrates) comporta um desafio que ultrapassa a relação dos dois parceiros do momento, um desafio, diz justamente Calame, de iniciação.

É assim que estamos às voltas, na discussão do *anterôs*, com uma espécie de concorrência. Qual será o órgão portador das virtudes de elevação do falo? O pênis do éraste (senão o do erômeno)? Ou então as asas que, na anulação desse pênis, desfrutam das virtudes fálicas de elevação?

No caso que Platão julga o melhor, o da superação vitoriosa da prova iniciática, há anulação, queda do pênis falicizado em proveito da ereção das asas da alma. Com a bateria conceitual de Lacan, esse deslocamento e essa queda deveriam ser situados como uma erótica que tenta instaurar um falo imaginário (as asas) ao preço de uma redução real do pênis em objeto pequeno *a*, isto é, em falo esgotado, se ousamos dizer... antes do uso (pelo menos para o erômeno).

Em favor desse deslocamento, dessa metonímia, Platão não regateia. Como a religião que ameaçava seus fiéis com o inferno ao tentar seduzi-los com a ressurreição da carne, ele também não hesita em brincar com a cenoura e o pedaço de pau nesse segundo nível das relações éraste/erômeno. Ele ameaça (é o decreto de Adrasteu, em outras palavras, o destino, *Fedra*, 248 c) a alma do mau cocheiro com uma errância de dez mil anos, ao passo que aquele que, através da beleza do rapaz, perceber "o ar de família[283]" que ela apresenta com a verdadeira beleza breve sairia voando, é esta a promessa, rumo ao além.

Temos aqui a indicação de que a iniciação dá uma nova consistência à concepção da existência da relação sexual ali mesmo onde é abordado o fato de sua inexistência. Com efeito, Platão leva bem longe a interrogação da relação sexual uma vez que (pelo menos em *Fedra*, tal como nota Calame), diferentemente de Diótima, ele não deixa o erômeno[284] cair. Certo. Mas, até o ponto em que, de qualquer modo (vamos tentar mostrar), ele acaba por deixá-lo cair. Aliás, o "cair*" é o termo antinômico à elevação pela graça das asas que crescem, erigidas.

---

283 *Cf.* esse conceito em Wittgenstein.

284 C. Calame, *op. cit.*, p. 215.

* *Laisser tomber quelqu'un* [lit. deixar alguém cair] tem em francês o sentido de abandonar, largar alguém. (N.T.)

Platão resolve o problema filosófico-erótico do erômeno, o da saída de autoestrada? Eis o texto (*Fedra*, 255 b):

> A benevolência do amante – ensina Sócrates a Fedra – se manifesta mais de perto e perturba o bem-amado [...]. Quando o enamorado persevera nessa conduta e que se aproxima do bem-amado, aí acrescentando o contato físico que favorecem o ginásio e os outros lugares de reunião, o fluxo que brota, do qual falei, e que Zeus chamou "desejo" quando amava Ganimedes, vai em abundância para o enamorado; uma parte penetra nele e, quando ele está cheio, o resto corre para fora. [...] assim o fluxo da beleza volta para o belo rapaz passando pelos olhos, lugar de passagem natural para a alma. Ele consegue, a preenche e desobstrui as passagens por onde brotam as asas, que ele faz crescer; e é a vez da alma do bem-amado ser preenchida de amor.

Temos a sensação de que Platão poderia ter-se limitado a isso; teria sido um belo golpe de mágica. Mas o que faz precisamente o caráter fascinante e único dessa passagem de *Fedra* é que a descrição do que se passa eroticamente, longe de dizer unicamente respeito à alma, não despreza o corpo que goza. Não só sob a forma da teoria da "pequena compensação" erótica (*Fedra*, 255 e) que pode ser concedida, através desse corpo, ao cavalo negro do éraste que também deverá, para acabar, ser domado, mas também e sobretudo ao notar os pontos de disparidade que persistem entre o éraste e o erômeno.

O *anterôs* é o nome dessa disparidade. Esta apresenta vários traços conexos que, a uma primeira leitura, podem ser interpretados como outras tantas variações de uma mesma disparidade; mas resta impressionante que eles se situem em registros diferentes. Com efeito, vai se tratar do saber, da causalidade, da verdade (com seu antônimo o esquecimento), do erro e de uma disposição erótica específica:

– O erômeno não sabe o que ele ama.

– Ele não pode determinar a causa de sua emoção.

– Ele "esquece" que ele mesmo se vê em seu enamorado como num espelho.

– Ele se engana de nome ao chamar o que ele experimenta *philia* embora se trate de *anterôs*.

– Ele está disposto a conceder seus favores ali onde o éraste está às voltas, aqui embaixo, eroticamente, com o problema da pequena compensação.

Este último traço de disparidade indica que a iniciativa erótica permanece do lado do éraste. Este conseguiu, de certo modo, abrir a via, mas seria para não tomá-la. Ou, se tomá-la, seria para logo renunciar a um assunto que não leva a adesão do espírito inteiro, um assunto que desaprovam não só o cavalo branco e o cocheiro... mas Platão.

Ressoa, nesse lugar do texto, um falante silêncio quanto ao interdito do *katapugon*, o erômeno, futuro mestre que não pode, de maneira alguma, conceder seus favores até deixar-se enrabar. Tudo se passa como se, não dito, esse interdito se estendesse a todo o corpo do erômeno. Esse silêncio é tanto mais eloquente uma vez que Platão, de modo bem aberto, diz aqui a música erótica do *anterôs*. O interdito do *katapugon*, no entanto, está implícito, uma vez que, tanto para o éraste quanto para o erômeno, se trata de conservar ou de adquirir esse domínio de si em relação ao qual o *katapugon* tem valor de termo estritamente antinômico:

> Bem-aventurada e harmoniosa é a existência que eles passam aqui embaixo, eles que são mestres de si mesmos e regrados em sua conduta, eles que reduziram à escravidão o que faz nascer o vício na alma e que libertaram o que produz a virtude[285].

Será que Platão, depois de ter, de modo extraordinário, notado a disparidade éraste/erômeno nesse texto, que é também e simultaneamente com certeza um daqueles que, em filosofia, abordam mais de perto a inexistência da relação sexual, será que Platão se perguntou se o erômeno, assim situado, tinha a possibilidade de virar éraste? E como? Não que eu saiba[286].

---

[285] *Phèdre*, 256 b.

[286] Lacan constrói essa transformação não ao lê-la em algum recanto ou nota do *Banquete*, mas a partir de casos por certo clássicos, canônicos e evocados em *O Banquete*: Alceste e Admeto, Aquiles e Pátrocles. Vale dizer que só a morte permitiria a troca do éraste pelo erômeno? Os dois exemplos, citados por Fedra em *O banquete*, evocam um terceiro, o de Timágoras e de Meles. Pode-se dizer que Meles, segundo a maquinaria da troca, também se tornaria éraste por sua morte? Seria esquecer que enquanto Alceste e Aquiles se tornam,

Ora, isto era exigível, ou então era preciso sustentar que devia haver duas vias filosóficas para chegar à Pradaria da Verdade. Graças às asas que cresceram em suas costas, o erômeno, admitamos, alcança a Pradaria da Verdade; mas também é preciso admitir que lá chega continuando sem saber o que ele ama, nem a causa de sua emoção, sem ter suspenso o esquecimento pelo fato de que ama a si mesmo, confundindo *philia* e *anterôs*, permanecendo eroticamente oferecido e sem ter de enfrentar, como seu éraste, a malignidade de seu cavalo negro. Não se pode, de modo algum, segundo os próprios critérios de Platão, chamar um tal percurso uma iniciação.

Com essa hiância na racionalidade platônica da erótica pederástica, tocamos num limite do qual seria preciso se perguntar se não diz respeito à questão do gozo do Outro. Ora, o que vai ser para nós lição é o fato de que essa pederastia concebida como iniciação não tanto sexual quanto pelo sexo, mas sexual ainda em seu termo orgástico (se seguirmos Dover), se constrói baseada nessa hiância. Tudo se passa como se, por ter chegado muito perto da inexistência da relação sexual, Platão confiasse na iniciação para construir aquilo que para nós parece um semblante de existência da relação sexual.

Um dos sinais desse envio seria o fato de que encontramos, levemente mascarada, na *philia* iniciática, a violência do sexo. Com efeito, essa amizade éraste-erômeno é do tipo "olhar juntos na mesma direção, o olhar, aliás, devendo aqui ser entendido em seu sentido mais material. É a amizade do feixe, do *fascinus* alado, cujos estragos o século XX manifestou. Uma fórmula de Lacan de fato parece ser aqui validada, que dizia que uma certa fraternidade se constrói numa base segregadora. Encontramos o afastamento do marinheiro, escravo de seu cavalo negro, mas também a segregação do escravo. Esse elitismo, com certeza consubstancial ao próprio conceito de iniciação (o que seria um "todos iniciados"?), esse elitismo no qual Platão insiste (*Fedra*, 243 c, 250 a, b, d, 252 c, e) não é, fora de lugar, o traço da violência sexual de cuja presença falávamos na relação sexual?

---

para além de seus atos, figuras heróicas, os metecos, estes, não cultuam Meles mas bem o deus Anterôs.

Mas há mais, se ouso dizer. Essa violência segregadora para com o marinheiro não reencontra a violência sofrida pelo erômeno no instante em que, disposto a conceder seus favores mas estando às voltas com um homem de bem, ele vê este recusar aquilo mesmo cuja possibilidade ele vai ter produzido? Trata-se dessa violência que atinge Alcibíades confrontado com a abstinência obstinada de Sócrates. Se Alcibíades não é mais tão jovem durante esse encontro clandestino (ele tem trinta e seis anos no momento em que conta esse encontro), se a diferenciação éraste/erômeno está aí um pouco embaralhada como em todas as relações de Sócrates, uma questão se coloca, especialmente em relação a Alcibíades: seu falo é colocado fora de jogo? Ao admitir, com *Fedra*, que Eros também habita o erômeno, o próprio Platão nos convida a nos colocarmos a questão dessa disposição erótica na qual o colocou o éraste, disposição que, embora implique uma excitação, de modo indireto agride o órgão por excelência excitável no erômeno (que, por definição, sem ainda ser barbado, passou a barreira dos sete anos, aquém da qual o menino grego era sexualmente intocável). Roga-se a esse órgão que fique quieto. Mas não do mesmo modo que o do éraste. Certo, nem um nem outro são marinheiros. O éraste não o é, essencialmente por referência à sua participação no banquete dos deuses. Para o menino, em compensação, seria a experiência que ele faz então do espelho, seria o fato de amar a si mesmo em sua beleza e sem saber disso, que teria por função anular toda veleidade de manifestação de seu sexo.

Ora, isto reencontra um traço clínico característico da experiência do espelho que Lacan ressalta já na sessão de 21 de junho de 1961 do seminário *A transferência*... ao discutir o que quer dizer, em Karl Abraham *Die Partialliebe des Objektes*: o amor parcial do objeto e não o amor de um objeto parcial. Tanto que, no estádio fálico, "de fato há amor do outro tão completo quanto possível, menos a genitália". Ainda quinze anos depois (seminário *RSI*, sessão de 11 de março de 1975), Lacan volta a esse traço clínico que confirma a análise platônica: a experiência do espelho não funciona sem um branco na imagem, um algo que não é integrado pela identificação imaginária constituinte do eu [*moi*], e esse branco está precisamente no lugar do sexo. Eis esse texto, talvez a última menção do estádio do espelho em Lacan:

O falo é o que dá corpo ao imaginário. Lembro aqui algo que me havia impressionado muito em seu tempo. Eu havia visto um pequeno filme que me fora trazido por Jenny Aubry para me propô-lo a título de ilustração do que *naquele momento* [sublinho] eu chamava o estádio do espelho. Havia uma criança diante do espelho, não sei mais se era um menino ou uma menina[287]. É até bem impressionante eu não me lembrar mais. Talvez alguém aqui se lembre. Mas o que é certo é que, menina ou menino, ali entendi num gesto algo que, a meu ver, tinha valor pelo fato de supor, como o faço sobre fundamentos seguros, que esse estádio do espelho consiste na unidade apreendida, na reunião, no domínio assumido em razão da imagem, pelo fato de que esse corpo, de prematuro, de descoordenado até ali, parece estar reunido, fazer um corpo, sabe que ele o domina – o que não acontece, sem que se possa evidentemente afirmar, no mesmo grau, entre os animais que nascem maduros, não há essa alegria do estádio do espelho – o que chamei jubilação, pois bem, há realmente um laço disso com algo que era tornado sensível nesse filme por algo que, fosse um menino ou uma menina, sublinho, tinha o mesmo valor: a elisão, sob a forma de um gesto (a mão que passa diante), a elisão disto que talvez fosse um falo ou talvez sua ausência. Um gesto nitidamente o retiraria da imagem.

E isso me foi sensível como correlato, se posso dizer, a essa prematuridade.

[287] Trata-se de uma menina, em 27 de março de 1963 (*A angústia*), quando Lacan fala de um filme também relativo à criança no espelho e do qual não se sabe se se trata do mesmo ou bem de um outro que aquele trazido por Jenny Aubry. No relato de Lacan nesse dia, só a menina faz o gesto de passsar rapidamente a mão no "gama da junção do ventre e das duas coxas". O menino, este, "pobre boboca [*pauvre couillon*], olha a torneirinha problemática". Ele tem, prossegue Lacan, que "aprender a riscá-la do mapa de seu narcisismo, justamente para que isso possa começar a servir para alguma coisa". Segue uma indicação relativa à homossexualidade, que tem tanto mais seu lugar aqui porquanto o relato de 11 de março de 1975, ao colocar o que será chamado uma indiferença menino menina, modifica os dados de 27 de março de 1963. Nesse dia, lucubrando sobre essa torneira, Lacan começa observando que "quanto mais a afundamos, mais ela volta à superfície" para em seguida dizer que esse jogo é "o princípio do apego homossexual", o qual se joga "a quem perde ganha".

Essa correlação, no contexto em que a lemos, evoca a ruptura do laço éraste erômeno, a respeito do qual se dizia, ironicamente, que o éraste ficava livre no instante em que crescia o primeiro pelo de barba de seu erômeno. Mas prossigamos a citação:

> Logo, o falo é o real na medida em que é elidido. [...] O falo não é a ex-sistência do real. Há um real que ex-siste nesse falo e que se chama o gozo. Mas é antes a consistência; é o conceito, se posso dizer, do falo. Com o conceito, enfim, faço eco à palavra *Bregriff*, o que não cai muito mal já que, em suma, esse falo é o que se pega na mão. Há algo no conceito que não deixa de ter relação com esse anúncio, essa prefiguração de um órgão que ainda não é tomado como consistência, mas como apêndice, e que fica relativamente bem manifesto no que prepara o homem, como nos dizem, enfim, ou o que se parece com ele, ou o que não está longe, isto é, o macaco. [...] A única diferença entre o macaco e o homem é que o falo não consiste menos nele no que ele tem de fêmea que no que ele tem de dito macho – um falo, como ilustrei por essa breve visão de há pouco, valendo sua ausência. Daí o acento especial que o ser falante põe no falo no sentido que o gozo ali ex-siste, que este é o acento próprio do real.

Seja o estádio do espelho ou o *anterôs*, encontramos *a mesma determinação de uma identificação imaginária do sujeito como eu ideal ao preço de um branco na imagem, que é como o indício de um real ausente, o do gozo fálico*. Essa constatação justifica, pelo menos a nosso ver, a aproximação aqui tentada entre estádio do espelho e problemática do *anterôs*.

Uma versão anterótica da experiência do espelho

O problema do *anterôs* nos dá uma versão do estádio do espelho no sentido em que ali se encontra o conjunto dos traços constitutivos dessa experiência, mas dispostos de outra maneira. Com efeito, o erômeno está às voltas com

– Uma imagem espelho de si mesmo
– Essa imagem é idealizada

– Ela comporta um branco no lugar do corpo mais suscetível de ser falicizado

– Ela introduz o sujeito num certo domínio

– Ela só aguenta como imagem identificadora graças à existência de um ponto fora de imagem que é um ponto de assentimento.

A diferença dessa descrição com a de Lacan em sua versão dita do estádio do espelho generalizado deve-se ao agenciamento desses elementos. Aqui, tudo começa com o assentimento, que é a maneira de ser do éraste, ainda que ele mesmo sofra o efeito de uma imagem presentificada pelo erômeno. Desde o primeiro passo dado na direção do erômeno, o éraste dá seu assentimento ao que lhe parece impor-se a ele de modo quase absoluto. Mas essa ocorrência em primeiro lugar do assentimento, não é com isso que está às voltas qualquer um desde antes do nascimento, antes mesmo de ter a experiência do espelho? O assentimento (inclusive aquele concedido à imagem ecográfica diante da qual, feito bobos, certos pais ficam pasmos, não sem escrutar o sinalzinho diacrítico que vai lhes dizer o sexo anatômico da criança) precede a experiência do espelho que será feita pela criança.

A partir desse assentimento colocado em primeiro lugar, a experiência do espelho deixa-se situar, do lado do Outro, do éraste, como uma resposta enfim obtida; ela corresponderia ao momento, com efeito jubilatório, em que o erômeno concede seus favores, ao aceitar ver-se como é visto. Logo, a identificação imaginária vem em segundo lugar. Ao passo que a jubilação passa do lado do Outro, do éraste (jubilando, a criança – digamos assim – a jubila).

Na medida em que é desejada, qual é o estatuto da criança vinda ao mundo? No plano imaginário, para quem a deseja, seu estatuto é o de uma aparição, a qual nada tem de despedaçado já que, ao contrário, encontra sua unidade como imagem por um objeto pequeno *a*, por um olhar. Antes mesmo de toda coordenação motora, a criança é, aos olhos de outrem, tão unificada quanto o cavalo que bufa na pradaria e que, sem saber ou então imaginando, fascina o éraste. Como esse cavalo, ela é isto nessa espécie de soberba indiferença na qual Freud pendurava nada menos que o retrato que ele fazia da mulher, não fálica, mas falo.

Logo, a cifração do "estádio do espelho" pelo *anterôs* aqui proposta, põe em jogo, como dizíamos que era exigível, o objeto pequeno *a*. O acontecimento pelo qual a criança subscreve a esse estatuto, opera uma regulação, uma simplificação no sentido matemático desse termo, de uma certa indeterminação relativa à localização desse olhar que, de maneira antecipada, já fazia o erômeno. Com efeito, várias localizações coexistiam: esse olhar estava no erômeno como *agalma*, era, também, um olhar que viera atingir o éraste, era, enfim, o erômeno como aparição.

O conceito de uma imagem como objeto pequeno *a* está claramente presente na Grécia antiga. Um dos primeiros sentidos de "espelho", *dioptron*, o faz intervir como o "vinho" revelador, por suas virtudes liberatórias do domínio, da verdadeira natureza de cada um, mas também superfície líquida portadora de reflexos[288]. O espelho também é voz, a da poesia a cantar os altos feitos heróicos, oferecendo-os à imitação. O espelho é um *pharmakon*[289]. Passada uma certa idade, uma mulher grega evitava olhar-se não bela em seu espelho. O imperador Augusto fez dele um uso inverso, mas não menos farmacêutico: no instante de morrer, pediu um espelho.

Enquanto aparição, a criança surge do reino dos mortos. Roland Barthes não inovava muito ao ligar (em *A câmara clara*) a imagem (fotográfica) e a morte. Quignard:

> Existem três figuras aladas: Hipnos, Eros, Tânatos. São os modernos que distinguem o sonho, a fantasia e o fantasma. Na fonte grega, eles são essa única e idêntica capacidade da imagem na alma, a um só tempo inconsistente e arrombadora[290].

---

[288] F. Frontisi-Ducroux (*op. cit.*, p. 72 e 114) menciona o fragmento 53 de Alceu: "O vinho é para os homens um espelho." Da mesma forma, em Ésquilo, citado na p. 74. O autor insiste no fato de que, na iconografia, os espelhos, associados a uma imagem de mulher, não apresentam nenhum reflexo. Ele é paramento, *agalma*, "ao mesmo título que a cabeleira ou os brincos" (p. 82). Para o espelho voz, *cf.* essa mesma obra, p. 117.

[289] Jacques Derrida, "La Pharmacie de Platon", *Tel Quel* nº 32 e 33, retomado em *La dissémination*, Paris, Seuil, 1972.

[290] P. Quignard, *op. cit.*, p. 112.

Essa observação se apóia numa apresentação das três fontes da lenda de Narciso[291]. A versão beócia, um relato bem próximo daquele de Meles (Narciso) e Timagóras (Ameinias), evoca diretamente Anterôs, deus vingador. Após o suicídio de Ameinias, pela própria espada que lhe fora dada por Narciso, que recusa seus interesses amorosos, este se suicida também, parado no reflexo-olhar dele mesmo, mas no reflexo-olhar de Ameinias igualmente, o desaparecido, avistado numa superfície de água. O pequeno outro é igualmente a imagem de um morto nos dois outros relatos. Em Pausânias, trata-se da irmã gêmea morta de Narciso; em Ovídio é Eco, reduzida apenas à sua voz e a seus ossos transformados em rochedos. Debruçado sobre a água, apaixonado por uma ilusão sem corpo, "O que ele vê ele ignora" escreve Ovídio, o que só pode nos lembrar a fórmula de *Fedra* relativa ao *anterôs*.

Isto permite situar o que responde, do lado erômeno, à jubilação do éraste. Há um contraste forte, no erômeno, em sua experiência do *anterôs*, em sua identificação imaginária com a imagem dele que ele apreende na pupila do éraste, porque há jogo. O "Renascido", este (insulto popular), não pode jogar com isso, ficar alegre com isso*, pelo menos é isso o que o insulto lhe imputa. A criança no espelho joga com sua própria aparição no Outro, reconhecendo-se assim nessa unidade imaginária que ela terá sido sem ter podido, até ali, saber. Trata-se, por certo, de uma identificação com a imagem animada de um morto, mas tal que não projeta o sujeito na iminência de sua própria morte. Como é possível? Porque há um relato por trás da imagem, um "relato condensado em instante ético", escreve até Quignard para definir a imagem na pintura antiga[292]. Em termos lacanianos, esse relato se inscreve num grande Outro, por trás do pequeno outro[293]; em termos wallonianos, ele faz parte

[291] *Ibid.*, p. 274 *sq*.

* Jogo em francês: *Le "René" lui [...], ne saurait en jouer, en être enjoué* [...]. (N.T.)

[292] *Ibid.*, p. 54. E ainda, p. 60: "La peinture ancienne est un récit de poète, condensé en image", e p. 157.

[293] Acrescentemos: com efeito de desconstrução da imaginação de uma relação sexual. Lacan: "esse fato de as imagens serem tomadas no jogo do significante está aí para nos tornar sensível – toda a experiência psicanalítica é testemunha disso – que o que aí se perde é a função imaginária na medida em que responde ao acordo do macho e da fêmea." (*D'un Autre à l'autre*, sessão de 14 de maio de 1969).

do universo simbólico presente atrás da imagem de si, tal como lembrou bem a propósito É. Jalley.

Um dos benefícios teóricos da versão anterótica da experiência do espelho aqui apresentada deve-se ao fato de ela sublinhar o ponto onde, nessa própria experiência, o erômeno é enganado. Com a última palavra de Lacan sobre seu estádio do espelho, mas também com esse furo na racionalidade platônica aqui delimitado, vimos que se trata do ponto fálico. Ele faz resto do acontecimento do espelho. Essa criança desejada, subscrevendo ao desejo que a arrasta e lhe prepara a armadilha de sua própria imagem, por que caminho vai ela, portanto, poder (se) mudar em desejante?

Segundo a lógica do espelho tal, como é apreendida em *Fedra*, tudo se passa, com efeito (com efeito: Platão tinha razão), como se o sujeito devesse ser carregado por suas asas que, doravante, nele crescem. Ele assim se confirma como eu ideal. Entretanto, quanto mais ele avançar nesse caminho, mais lhe parecerá estranho e estranha (*cf.* a descoberta, pelo pequeno Hans, do caráter autônomo de seu *Vivimacher*) qualquer manifestação que seja desse resto estranho ao campo do narcisismo e que se realizou como resto pela própria identificação com a imagem de seu pequeno outro. Esse sacrifício ao qual o convida Platão, ele vai precisar, de certo modo, aprender a não fazê-lo, mais exatamente a fazê-lo em outro lugar que ali onde Platão o situa.

Eis a puberdade, esse outro acontecimento que faz que podemos falar, senão de um "estádio", pelo menos de uma "fase do espelho" e que, com essa fase, compõe essa sexualidade em dois tempos que fora assinalada por Freud. Segundo uma lógica desenvolvida por Charles Malamoud a respeito do hinduísmo, é a partir daquilo que foi efetivamente constituído como resto que se produz um novo germe de vida[294]. Logo, o "período de latência" é aquele em que a criança se satisfaz com essa posição de erômeno que ela terá adquirido com o acontecimento do espelho. Mas vem a chamada à ordem do resto fálico, o momento em que, na criança

[294] Para maiores precisões e para as referências bibliográficas, *cf.* J. Allouch, *Erótica do luto no tempo da morte seca*, Rio, Companhia de Freud, 2004, p. 354 *sq*.

macho, o marinheiro volta à superfície no erômeno[295], em que, na menina, o próprio corpo assinala a exigência de uma inscrição num tempo outro que o platônico. O sujeito, de certo modo, vê-se então preso num dilema: ou manter-se como erômeno tentando, de modo selvagem, ater-se ao sacrifício doravante heróico de seu gozo fálico, contentando-se em gozar, no plano imaginário, de sua participação futura no Banquete dos deuses e da idealidade (no entanto, superada pelas modificações corporais que intervêm, das quais a pilosidade poderia ser o traço metonímico) que garante uma certa paz em sua relação com o éraste, ou então, retomando de outro modo sua experiência jubilatória do espelho, achando elevado demais o preço a ser pago para ater-se à sua própria idealidade, renunciar ao que o amor platônico lhe faz brilhar de absoluto, autorizar a parte de seu corpo que escapava à idealidade e que não cessava, desde há pouco, de se vingar da negligência na qual estava confinada (é às vezes o sintoma, com seu lote de tormentos) a manifestar suas exigências, a aceitar dar satisfação a essas exigências que ele não domina, mesmo com o risco de deixá-las funcionar fora do campo de seu narcisismo.

O fato de um certo número de manifestações alarmantes ocorrerem na puberdade e com ela não é um pequeno fato clínico, as esquizofrenias atestam isso o bastante. Um fato clínico sobre o qual a apresentação da puberdade à qual somos levados pela versão anterótica da fase do espelho traz um raio de luz, decerto bem limitado. O que é preciso, segundo essa apresentação, para que a puberdade vire vinagre? Que aquilo que está em jogo seja forte demais do lado do éraste, que ele mesmo seja questionado de uma maneira que ele não pode aceitar sem danos uma vez que o

[295] Logo, delimitamos aqui a puberdade como um momento cuja estrutura é idêntica ao que Lacan localizou como momento de eclosão de uma neurose, momento em que "essa positivação do gozo erótico ocorre" e em que, "correlativamente, também ocorre a positivação do sujeito enquanto dependência anaclítica [...] ao desejo do Outro" (*De um Outro ao outro,* sessão de 14 de maio de 1969). "Anaclítico" quer dizer "perverso", Lacan, pouco antes, o precisou. A estrutura desse momento também abre a possibilidade de uma resposta psicótica, ou normal (é a trepada, como retorno no real do significante fálico foracluído do simbólico conforme a própria definição desse significante faltante), ou patológica (é notadamente a dita demência precoce, que não é nem uma demência nem precoce).

erômeno se esquiva à idealidade na qual ele o carregou e em que (é este o suplemento que agora vem à luz) ele o segura.

O problema surge idêntico àquele que Lacan desenvolvia a respeito da única contraindicação que ele imaginava para que alguém fosse analista, a saber, que esse alguém ponha, à sua revelia, seu *agalma* no paciente. A análise, segundo essa sessão de 8 de março de 1961 (seminário *A transferência*...), prorroga, ou produz o esboço que acabamos de descrever e que, é claro, apresenta todos os inconvenientes ligados ao fato de construir tais esquemas. Leiamos:

> No princípio da situação (analítica), o sujeito é introduzido como digno de interesse, digno de amor, como *erômenos*. É para ele que estamos ali, mas isso é o efeito, se podemos dizer, manifesto. Se admitirmos que o efeito latente está ligado à sua não-ciência, à sua inciência, sua inciência é a inciência de quê? desse algo que é justamente o objeto de seu desejo de uma maneira latente, quero dizer objetiva, estrutural. Esse objeto já está no Outro, e é na medida em que ele é assim que, que ele saiba ou não, virtualmente, ele é constituído como *éraste*. [...] para falar a verdade, basta supor uma coisa para que a situação seja – como se exprimem os tabeliães a respeito dos contratos – perfeita. Basta que o analista, até à sua revelia, por um instante, coloque seu próprio objeto parcial, seu *agalma*, no paciente com o qual ele está às voltas, é aí, com efeito, que se pode falar de uma contraindicação.

Exceto bloqueio igual, o adolescente deverá, de certo modo, retomar o problema no qual a fase do espelho o havia inscrito, realizar o caráter em impasse de sua posição de erômeno, encontrar uma saída. Como? *Trocando de objeto pequeno* a (dando seu valor de pequeno *a* ao falo do qual ele é portador ou que ele encontra num parceiro). Ele deverá valorizar aquilo que ele tiver negligenciado, negligenciar, pelo menos um pedacinho, aquilo que ele tiver valorizado. Ora, essa operação, notemos apenas que ela é teoricamente possível uma vez que os objetos pequeno *a* não são concebidos como mônadas, uma vez que é possível, por exemplo, escrever um grafo que transcreve seus numeroso laços, os quais são outras tantas vias de passagem frequentáveis. É este o caso do grafo do amorrer, do seminário *A angústia*.

Com certeza, essa escolha forçada na qual mergulha a adolescência é aquela não do "conhece a ti mesmo" mas, anterior a essa exigência, do "cuidado de si". Estranho si, no entanto. Em todo caso, como é exigível, um si em terceira pessoa.

Apólogo

Fica claro que fizemos mais que visitar novamente o "estádio do espelho". Nós o viramos de cabeça para baixo. Ora, longe disso ter valor de uma aberração para com Lacan, pelo menos para com um Lacan posterior à invenção do objeto pequeno *a*, temos, ao contrário, a surpresa de encontrar, na sessão de 11 de dezembro de 1968 do seminário *De um Outro ao outro*, a própria formulação da sequência invertida (ele – tu – eu) característica da versão anterótica do acontecimento do espelho aqui desdobrada. Aqui está ela:

> O que comecei a enunciar em minha exposição deste ano é o campo do Outro para experimentá-lo como concebível a título de campo de inscrição daquilo que se articula assim [segundo as leis da lógica, diz o contexto] no discurso. Esse campo do Outro não é primeiramente dar-lhe uma encarnação, é a partir de sua estrutura que poderá se definir a possibilidade do tu, que vai nos atingir e apelar para algo, terceiro tempo, que terá de se dizer eu [*je*]. É claro que o que vai se mostrar é aquilo que esperamos, é o que sabemos bem: que esse eu [je] é impronunciável.

Esse "eu" [*je*], notaremos, não é o eu [*moi*] do erômeno, ainda que não seja tampouco, como vai precisar Lacan pouco depois, o sujeito. Certo. Pouco importa, a ordem dos termos que estabelecemos reaparece aqui. Além disso, o eu [*moi*] se encontra bem no caminho da realização do eu [*je*] como impronunciável. Com efeito, ele se constitui, Lacan vai formulá-lo pouco depois, exatamente em 8 de janeiro de 1969, ao inscrever esse eu [*je*] no lugar mesmo do $\$ \lozenge a$ no grafo do desejo[296],

[296] J. Lacan, "Subversão do sujeito e dialética do desejo", *in Écrits*, *op. cit.*

na "linha de retorno imaginário que integra ao campo do enunciado a relação narcísica". Logo, há bem, inscrito nesse grafo que, como vemos, diferentemente do esquema do buquê invertido, não caduca com a invenção do objeto pequeno *a*, desde o ele do campo do Outro, primeiramente tu, depois um eu [*moi*] chamado não a se manter tal como em si mesmo a idealidade narcísica o conforta, mas a trilhar a via de um impronunciável eu [*je*].

Sou algum um, ou então o quê?

Do cogito de Lacan

"É preciso saber melhor duvidar que Descartes", escrevia Nietzsche[297]. E Bernard Edelman comenta: "não se deixar enganar pelas "certezas imediatas" que parecem ir ao "fundo das coisas", tal o "*cogito*", por exemplo". Depois, prossegue: "Nada é "imediato" ao olhar da vida, nem nosso pensamento, nem o *sum*, nem ainda menos o *ergo*." Nietzsche ainda, demolindo de maneira regrada o *cogito*:

> De onde me vem a noção de pensamento? Por que acredito na causa e no efeito? Onde tomo o direito de falar de um "eu" [*je*] e até de um "eu" [*je*] que seria causa e, além do mais, causa do pensamento[298]?

Melhor duvidar que Descartes, também foi o caso de Lacan. Daí o título deste capítulo, uma questão que se propõe como a própria fórmula daquilo que seria o *cogito* de Lacan: "sou algum um, ou então o quê?"

[297] Citado por B. Edelman, *Nietzsche un continent perdu, op. cit.*, p. 57 .
[298] *Ibid.*, p. 58.

Nada garante que o sujeito de sua enunciação esteja essencialmente presente no "eu" que figura em seu enunciado.

Esse *cogito* de Lacan está, sob muitos aspectos, fora do tempo em relação ao de Descartes. Primeiramente, porque ele lhe problematiza os termos, satisfazendo assim à crítica nietzscheana. Mas também do ponto de vista de sua escansão. Com efeito, se o *cogito* cartesiano oferece uma certeza indefectivelmente ligada a um fator temporal, à sua pontualidade, o de Lacan se reitera, ao contrário e não sem variações, em sua obra. Ali está regularmente presente, um pouco como um *leitmotiv* wagneriano.

Isto implica porque o *cogito* não atinge essa certeza à qual Descartes pôde (abusivamente, segundo Lacan) prender seus passos seguintes. Ele não o atinge, notadamente porque não podemos fazer um todo, um corpus, da obra lacaniana, porque essa obra não foi acabada, apenas interrompida[299].

Quanto à existência daquilo que, em Lacan, corresponderia à dúvida hiperbólica, parece difícil... duvidar, tratando-se daquele que distinguiu, ao nomeá-lo, o sujeito suposto saber. Esse sujeito suposto saber é, por excelência, o traço pelo qual Lacan duvida melhor que Descartes. Ao passo que, em Descartes, a dúvida hiperbólica é *um momento*, seu equivalente em Lacan, que ele também suspende o saber tomado hiperbolicamente, é *uma função*. Há, no entanto, convergência entre esse momento e essa função no sentido que, da mesma forma que esse momento é superado em Descartes (justamente pela "passagem ao ato do *cogito*", *dixit* Lacan), da mesma forma, em Lacan, o sujeito suposto saber pode ser, por um tempo, talvez até em definitivo, a exemplo da estátua de Stálin, derrubado, despedaçado (tratando-se de psicanálise, esse momento seria aquele dito por Lacan do passe).

[299] Posição, se quisermos, minimalista: caberia a quem sustentasse o contrário fundar sua afirmação dizendo precisamente quando, em que e sobre o que houve encerramento (a obra teria sido encerrada se, por exemplo, o borromeano, em vez de abrir uma problemática, tivesse mantido suas promessas, se se tivesse revelado, no estudo, combinar efetivamente com Lacan, ou seja, com o ternário simbólico imaginário real "feito anel no dedo"). Se existisse um "todo Lacan", então sim, a certeza do *cogito* lacaniano, por uma via e segundo modalidades inéditas e que seria preciso descrever, poderia ser dita ter reencontrado e renovado aquela, bem mais frágil, que Lacan não pôde pensar, de Descartes.

Palavras como estas podem surpreender. Talvez nos perguntemos: onde, pois, é o lugar delas? Onde, pois? Mas em Lacan!

Que tomemos o primeiro achado de Lacan, o estádio do espelho, ou melhor ainda, o artigo "A família", no qual sua publicação primeira foi, a justo título, inserida. Esse artigo não responde à questão "cogitante" de Lacan? Sim, ele responde a ela, e em termos acessíveis: sou (ou "posso advir como") uma personalidade acabada[300].

Todas as variações identificáveis do *cogito* lacaniano serão, como esta, respostas à questão "sou algum um, ou então o quê?" que Lacan não cessa de colocar.

Que consideremos, em seguida o segundo passo de Lacan, não previsto no programa da constituição da personalidade, a saber, a invenção do ternário simbólico, imaginário, real (SIR). A ternaridade ali é colocada como um recurso que mantém o objeto a uma certa distância, que intermedeia a relação a dois "sempre mais ou menos marcada do estilo do imaginário[301]".

Que consideremos, enfim, seu terceiro passo, ele a situar na lógica da invenção de SIR, a saber, a do objeto pequeno *a*. Dessa vez, o acento se desloca para o lado do "ou então o quê" da questão. O sujeito barrado se constitui como tal, figuras topológicas escrevem essa operação, por um certo avatar (com frequência designado como queda) que pode ocorrer no nível do "quê", do objeto pequeno *a*.

Pois essa questão, "sou algum um ou então o quê?", por toda parte onde se manifesta em Lacan, é de duas patas ou de duas dalinianas muletas, de um lado algum *um* (ali onde Descartes diz "penso"), do outro um *ser*, que acabará se apresentando enquanto entidade um pouco especial como objeto pequeno *a*.

Numerosos são os matemas de duas patas que tentam escrever o *cogito* lacaniano. Um dos mais exemplares, a série de Fibonacci, põe numa relação regrada um "um" e o pequeno *a*, o "algum um" e o "quê"; o grupo de Klein (*cf. L'acte psychanalytique*) escreve a escolha "ou eu não penso, ou

300 J. Lacan, *Les complexes familiaux*, *op. cit.*, 35.

301 J. Lacan, "Le symbolique, l'imaginaire et le réel », *in Petits écrits et conférences*, *op. cit.*, p. 409.

não sou"; certos objetos topológicos articulam o A e o pequeno *a* (o que não impediu o erro, corrigido mas jamais analisado, que teve de sofrer, na editora Seuil, o título *De um Outro ao-outro*, escrito *De um outro ao Outro*, assinatura discreta daquilo que o Outro resiste com muita energia, entre os lacanianos igualmente, a se realizar como inexistente); há também a cadeia borromeana, tentando localizar um "verdadeiro furo" que supostamente marca o lugar de pequeno *a* – com seu desenvolvimento na leitura de *Joyce o sinthoma*, em que um inesperado *ego* parece fazer o fechamento com a problemática de partida, com o estádio do espelho.

Se é verdade que não houve ali uma palavra definitiva, talvez devamos entender, de outra maneira, o último segmento da questão. O "quê" lá não designaria mais um ser, mas teria o valor que ele tem quando dizemos, perplexos, a alguém: "Ficou maluco ou o quê?" Esse "quê" não é mais pronome relativo, mas pronome interrogativo tomado interjetivamente; ele não é mais um "qual objeto", ou que espécie de objeto posso bem ser?", mas o índice de um enigma que, na medida em que se coloca, suspende toda determinação imaginável quanto ao estatuto, quanto ao teor desse objeto.

Uma ausência do comunitário em Lacan?

Imaginemos um leitor de Lacan particularmente sensível ao coletivo, ao comunitário. Logo, o que lhe saltaria aos olhos, ainda que, aos nossos, isso nos parecesse errado? Que sua questão digamos de "sociólogo" não está muito presente em Lacan. E isso não seria absolutamente falso. Se, por exemplo, tomarmos um certo recuo em relação à maneira como, no seminário *A angústia* notadamente, a aritmética do sujeito tenta escrever a subjetivação, o que constatamos? Que se trata de um sujeito, de um grande Outro simbólico, de um pequeno outro, todos termos em que não se pode com facilidade localizar uma incidência do comunitário como tal. Essa afirmação, no entanto, choca-se com possíveis objeções.

Certo, Lacan não se proíbe, na oportunidade, de encarnar esse grande Outro (na mãe, por exemplo) ou esse pequeno outro, num certo momento disjunto em pequeno outro imaginário (o irmão, por exemplo) e em pequeno *a* (o seio, por exemplo); o fato é que, questão comunidade, a distinção da separação e da "separtição" (que cifra o funcionamento pulsional em seus diferentes andares – estaremos às voltas com ela num instante), que põe esses mesmos termos em jogo, parece de qualquer modo um pouco curta! Diremos que se trata da criança no desmame, que, mais tarde, para essa criança tornada um adulto socialmente inserido, será diferente. Mas quando Lacan edifica uma doutrina da trepada nesse mesmo *modelo do separ* (separação/separtição), quando ele percorre o grafo dos andares do objeto pequeno *a* (o "grafo do amorrer") para dizer de que modo advém o sujeito do desejo, sempre com os mesmos termos "algébricos", não se leva muito em conta, ali tampouco, o laço comunitário. Uma das grandes finezas indissociavelmente clínica e teórica que se pode reconhecer em Lacan é ele ter sabido formular uma ternaridade que não cessa de ser obcecada pelo dois (até tentar, com o borromeano, produzir o dois a partir do três). Logo, não é um acaso, desse ponto de vista, se os lacanianos procuram promover, muito em vão, a importância do terceiro, uma vez que essa própria reivindicação assinala o desaparecimento da fineza mencionada. Tivessem eles razão, restaria que um terceiro continua não sendo uma comunidade. Dito de outro modo: ninguém ainda tentou identificar qualquer comunidade com o público, em terceira pessoa, de um dito espirituoso. Inversamente, o grupo, quanto ao "espírito", parece antes longe da conta.

Certo, houve em Lacan uma doutrina do laço social, a saber, aquela dos quatro discursos ditos do mestre, universitário, histérica e analítico. Mas, aí ainda, o laço em questão de fato parece conservar algo da parceria dual cuja pregnância ressaltávamos. O mestre e o escravo, o professor e o aluno, a histérica e o mestre, o analista e o analisando, trata-se desses casais nos quatro discursos (Lacan chegando mesmo até a dever precisar para o último a vir, tanto era vivo, em alguns dos que o seguiam, o voto de se reunir sob a bandeira do discurso analítico, de "falar entre analistas").

Certo, houve a escola, as invenções de que Lacan deu prova a seu respeito: doutrina da admissão, da habilitação do psicanalista, do cartel, da produção teórica, do passe. Não era aí uma tentativa de constituir algo da ordem de uma comunidade eletiva? Com certeza. A não ser que está excluído ir além do fracasso que se seguiu.

A prova irrefutável dessa ausência e desse fracasso do comunitário em Lacan está nessa queda provisoriamente final de uma parte do movimento lacaniano num familialismo[302] ao qual Lacan subscreveu. Daí uma conjectura: não é precisamente a partir de tais dificuldades ou impasses que hoje poderia ser abordada a questão do comunitário em Lacan? Só posso, aqui, pôr à prova essa conjectura num ponto local. Não parecerá fora de propósito, tratando-se de psicanálise, eleger o sexo para essa abordagem.

Pois, em Lacan pelo menos, o "fazer comunidade" não pode ser isolado da falha do sexo, de um certo fracasso do sexo (que acentua a falha primeira entre corpo e gozo). Com efeito, poderíamos esperar do sexo que ele proporcionasse a cada um uma identidade, e, daí, o pertencimento a uma comunidade. Não mais que não se pode isolar do sexo o "fazer amor" no sentido literal dessa expressão, no sentido de uma fábrica do amor, a respeito da qual uma das preocupações de Lacan foi mostrar que ele era um produto, uma possível consequência do fracasso do sexo[303].

Da mesma forma – é esta, portanto, a hipótese aqui proposta –, o comunitário poderia, nesse mesmo fracasso, engendrar-se. Segundo que via? Visaremos responder a essa questão e, por esse viés, validar a hipótese.

O que não funciona na trepada

Delimitar um pouco mais de perto um ponto de obstáculo do sexo sempre tem seu pequeno relento de antitrepada. Daí o uso, aqui, dessa palavra trepada, que supostamente impede essa possível imputação. Vai tratar-se, segundo esse mesmo fio, de indicar que, longe de poupar a um

---

[302] J. Allouch, "Gel", *in* elp, *Le transfert dans tous ses errata*, Paris, EPEL, sept. 1991.

[303] *Cf.* J. Lacan, *A angústia*, sessão de 19 de junho de 1963: "O fato de o desejo macho encontrar sua própria queda antes da entrada no gozo do parceiro feminino, da mesma forma, se podemos dizer, que o gozo da mulher se esmaga [...] na nostalgia fálica e, portanto, é requerida, eu diria quase condenada a só amar o outro macho num ponto situado para além daquilo que, ela também, a interrompe como desejo: esse além é visado no amor; é um além, digamos bem, ou transverberado pela castração, ou transfigurado em termos de potência. Não é o outro uma vez que ao outro se trataria de estar unida. O gozo da mulher está nela mesma e não se conjuga ao Outro."

sujeito orientado sobre a trepada, a exigência do fazer comunidade, longe de afastá-lo disso, essa orientação, ao contrário, coloca a questão comunitária de uma maneira singularmente aguda.

Logo, o que não funciona na trepada, na trepada quando ela funciona? Não se convocam aqui as desilusões da trepada, ainda que tenham sido certos dados de ordem sintomática que, longe de confortarem a idéia de uma trepada que gira em círculos, levaram Lacan a localizar uma falência do sexo quando o sexo não é, sexologicamente falando, falho.

Aí ainda, estaríamos às voltas com o pseudodualismo. Mas é preciso, de imediato, entender que a descrição proposta por Lacan do que se passa quando se trepa (vamos encarar apenas a do seminário *A angústia*, e ainda... parcialmente) põe em jogo, graças aos termos utilizados (sujeito, pequeno outro, grande Outro, pequeno *a*, – φ), outra coisa que identidades sexuadas, ainda menos sexos "opostos". Trata-se, antes, de uma apresentação de algo como duas posições, duas funções não solidárias, mas interdefinidas, e cuja definição não recorta o que a biologia pode produzir como identificações sexuadas. Essa descrição instaura também outro terreno que aquele que diferencia homo- e hétero-sexualidade – no que Lacan nos terá um pouco preparado para acolher os *gay and lesbian studies*. É tão verdade que quando Lacan tenta delimitar o que seria uma posição "feminina" na trepada, vemô-lo esforçar-se para distinguir essa mulher, da qual ele faz um retrato, do grande Outro que a trepada convoca. Não é aí uma prova de que, segundo ele, essa trepada, ainda que a de um homem com uma mulher, não é hétero-sexual? Fica difícil duvidar. Aliás, não há nada muito espantoso nesse desnível que faz que a psicanálise não possa confiar nas identidades sexuais como num dado. Ao isolar o falo da mãe, ao interrogar o estatuto do fetiche, ao identificar o falicismo dos objetos parciais, depois do objeto pequeno *a*, por toda parte onde esse objeto não é o falo[304], não teve ela que admitir que a

304 "A função do falo como imaginário funciona por toda parte, em todos os níveis, de cima, de baixo, que defini, caracterizei por uma certa relação do sujeito com *a*, < > exceto ali onde é esperado numa função mediadora, nomeadamente no estádio fálico [...] essa carência como tal do falo presente, identificável, com frequência para nossa grande surpresa, por toda parte alhures, < > esse esvaecimento da função fálica como tal nesse nível em que

faloforia não era assunto de anatomia? Quanto à ilusória identificação da mulher como Outro na trepada, ninguém, de qualquer modo, ousou tirar disso as conclusões que, no entanto, se imporiam se tal fosse o caso, a saber, que o Outro seria sexuado feminino[305] e que, sendo esse Outro, a mulher, não poderia, por definição, ter, ao trepar, nenhuma relação com o Outro (o Outro, com efeito, não pode ter relação consigo mesmo exceto se inscrever essa relação no Outro, mediante o que não pode ser uma relação consigo mesmo). Lacan, em outras palavras, ainda que não formule nos termos *gay and lesbian studies*, não esperou esses trabalhos para contestar o conceito de heterossexualidade, embora não tivesse conseguido (ele tampouco?) fazer esse questionamento entrar nos espíritos (talvez por não ter contestado o termo como tal).

Para entender de que maneira, em *A angústia*, Lacan isola a falha fálica inerente à trepada, em outras palavras, a ausência de um gozo comum, o fato de "o gozo do homem e da mulher não se conjugarem organicamente[306]", primeiro temos que dizer o modelo de relação erótica

ele é esperado para funcionar < > é o princípio da angústia de castração. Daí a notação $-\varphi$ a denotar essa carência se posso dizer positiva." (J. Lacan, *A angústia*, sessão de 29 de maio de 1963.) Lacan escreve, portanto, não φ mas $-\varphi$ no alto do grafo do amorrer. Sobre os cinco objetos *a* ordenados por esse grafo, o falo é o único que seja negativado; aliás, esse grafo transcreve relativamente bem essa posição de exceção ao fazer do falo o único objeto que não tem respondente, localizado num lugar que não remete a um lugar simétrico já que, ao contrário, ele é um ponto da linha de simetria desse grafo. Lacan tem, nesse dia, o sentimento de que essa carência que ele acaba de dizer "nunca foi formulada", que há aí um inédito. Qual? O que é novo é algo tornado possível pela própria existência desse grafo na medida que ele supõe uma lista acabada de objetos pequeno *a*. Se existem apenas cinco e se a função fálica é reconhecida operante no nível de cada objeto pequeno *a* e [reconhecida] carente ali mesmo onde o falo é esperado para funcionar como objeto pequeno *a*, então uma passagem ao limite é possível, uma totalização é imaginável que permite falar de um "por toda parte", comportando um ponto de exceção. Em outras palavras, é possível formular algo que tem o estatuto de uma lei: todos os objetos pequeno *a* imaginariamente falicizados têm uma função mediadora entre o sujeito e o Outro, todos, exceto o falo. O sinal < > indica uma palavra não retomada ou então ainda uma palavra substituída, ao passo que [...] indica uma palavra acrescentada.

[305] Erro, observaram-me quando eu submetia esse texto a uma leitura crítica antes da publicação, Julia Kristeva o faz. Tomamos ciência. Entrevemos aqui até onde pode ir o mal feito a Lacan por esse autor, tornado um dos vetores mais importantes da introdução de Lacan nos Estados Unidos.

[306] J. Lacan, *A angústia*, sessão de 29 de maio de 1963.

sobre o qual ele toma apoio, o modelo do separ, como o nomeamos mais acima. Com efeito, a própria escrita do grafo do amorrer (no qual Lacan se apoia nesse momento em *A angústia*) exige que uma mesma estrutura funcione em todos os "andares de pequeno *a*".

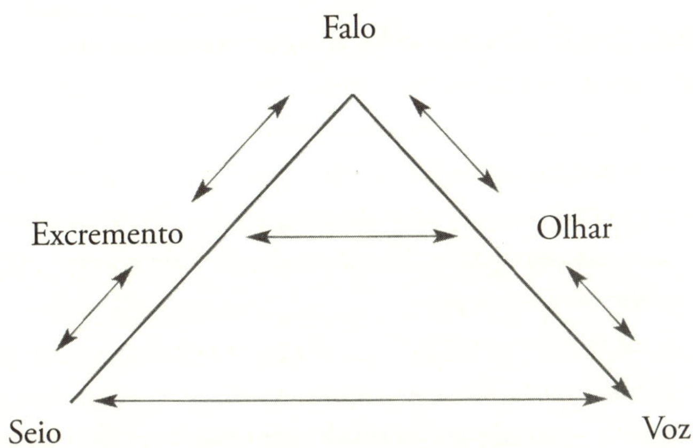

Grafo do amorrer

O caso do nutrimento é o mais bem desenvolvido. Eis o esquema que pode ser estabelecido:

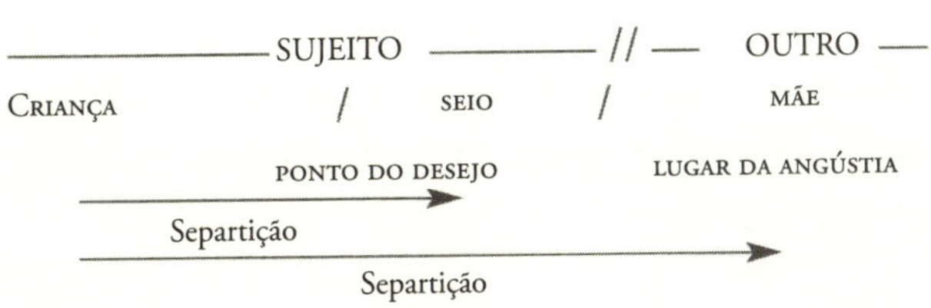

O nutrimento servirá de caso paradigmático para abordar a trepada. Esse modelo do separ constitui um progresso na análise, na discriminação dos elementos, já que distingue a relação da criança com o seio de sua relação com a mãe. Com efeito, há distinção de dois pontos. 1/ *o ponto do desejo* diz respeito ao seio como objeto pequeno *a* pertencente à criança; a relação do sujeito com esse seio chama-se fantasia e escreve-se ($\$ \lozenge a$).

2/ *o ponto de angústia* (a do esgotamento do seio, da falta da mãe) diz respeito à relação com a mãe. Daí a fórmula:

> a relação de falta se situa para além de onde se jogou a distinção do objeto parcial como se funcionasse na relação do desejo[307].

O gozo da sucção do seio tem lugar como separtição; o do vampirismo tem a ver com a separação. No vampirismo, a anorexia ou a bulimia, o exercício gozoso da separtição se choca com uma irrealizável separação. Ao oposto, o desmame é possível (como condição e não apenas como termo do aleitamento no seio) quando a separação não vem opor obstáculo à separtição, não vem trazer sua sombra (*cf.* essa palavra em "Luto e melancolia") sobre a separtição.

O fato de uma mesma distinção (a do ponto de desejo e do lugar da angústia) poder dar conta a um só tempo de um gozo usual e de dependências sintomáticas é um argumento de peso em favor da justeza dessa distinção. O outro argumento maior é dado por Freud, precisamente pelos impasses freudianos relativos ao (não) término da análise, impasses que Lacan agora pode esclarecer dizendo que Freud não soube distinguir esses dois pontos e, portanto, fez (errado) do – φ o correlato da satisfação[308].

Se é exato que a experiência oral já está falicizada (há algumas linhas inesperadas de Lacan sobre a língua-falo[309]), a retomada desse esquema, no que se refere à trepada, nada terá de muito surpreendente (uma vez que Melanie Klein, aliás, não terá esperado Lacan para sublinhar o falicismo da oralidade). E serão, aqui ainda, as desilusões, no caso em questão

---

[307] *Ibid.*

[308] Em toda a medida em que a situação de desejo [...] não é < > em Freud verdadeiramente articulada, o fim da análise bate em algo que faz tomar a forma do sinal, implicado na relação fálica, o φ na medida em que ele funciona como – φ, que faz tomar essa forma <como> [*e não*: "em"] sendo o correlato essencial da satisfação. Se, no fim da análise freudiana, o paciente, seja qual for, macho ou fêmea, nos reclama o falo que lhe devemos, é em função desse algo de insuficiente pelo que a relação do desejo com o objeto que é fundamental não é distinguida, em cada nível, daquilo de que se trata [*entendam: em cada nível pulsional do objeto pequeno* a] como falta constituinte da satisfação." (J. Lacan, *A angústia*, sessão de 15 de maio de 1963.

[309] J. Lacan, *A angústia*, sessão de 15 de maio de 1963.

as da trepada, que servirão de fio condutor, isto segundo uma iniciativa psicanalítica das mais clássicas de construção de uma norma a partir do patológico e não – este é um mau processo feito por certo *gays* e lésbicas à análise – de uma abordagem daquilo que é julgado desviante a partir da norma. Pelo menos na medida em que produz um saber, a psicanálise nunca aceitou esses procedimentos. Na psicanálise, é o sintoma, é, se quisermos, "a anormalidade" que dá sua norma à elaboração de uma norma, a qual não é, portanto, normativa, mas sempre ainda normada.

O fato de a angústia de castração, tal como Freud dela toma ciência, estar ligada, como ele indica, a uma focalização da subjetividade na detumescência, vai implicar uma inversão do esquema da oralidade. Com efeito, não é possível, partindo daí, e Freud daí partiu em seus primeiros trabalhos sobre as neuroses atuais, dissociar essa angústia daquilo que advém do falo na trepada. O novo esquema (mas correspondendo a uma mesma estrutura assim como ao ponto "de virada", ao ponto cume, ao ponto "negativado" do grafo do amorrer) será, portanto, este:

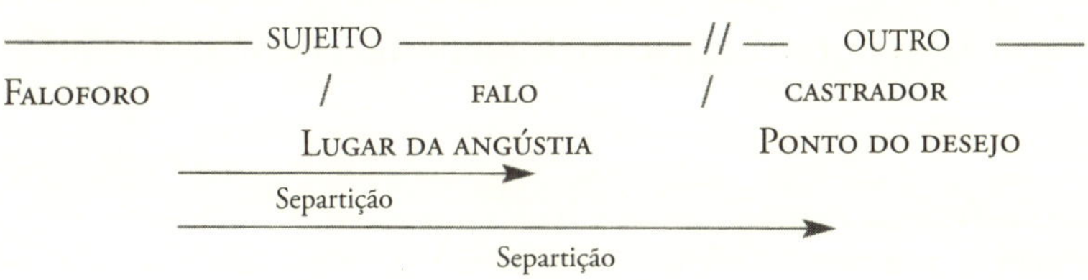

Sem poder retomar aqui o conjunto dos dados que fazem a carne dessa escrita, sublinharemos apenas um traço, a saber, a manutenção, a qualquer nível que seja, da disposição em andares do pequeno *a* (disposição em andares dada pelo grafo do amorrer) e só com a inversão da distinção do lugar da angústia e do ponto de desejo. Essa distinção permite (e basta) para marcar claramente que, segundo Lacan, na trepada, o falo não tem função mediadora entre o sujeito e o Outro. Enquanto angústia realizada, "acabada", diz mesmo Lacan[310], o orgasmo não atinge o desejo,

[310] Tendo lembrado e assim propagado a notação freudiana segundo a qual (dito nos termos de Lacan) "não há nada que seja, no fim das contas, que represente, para o ser humano,

não ataca o desejo. Assim, não há, pelo menos no Lacan de *A angústia*, período "refratário", não desejo, não mais que heterossexualidade, visto que o sexo muda de repente antes de ir ao encontro, no lugar do Outro, da heterotopia do desejo.

Uma objeção agora se apresenta: mas o que acontece com a função daquele que aqui nomearam o castrador? E também: se é um ser de carne (vimos que não era o outro fantasmático [de *fantasme* = fantasia], talvez até fantasmático [de fantôme = fantasma] que, este, intervém no lugar da angústia), o que acontece com ele? De modo notável, Lacan só aborda essa questão após ter introduzido outra dimensão em sua doutrina da trepada, a saber, a da demanda[311].

Vemos então entrar em cena a demanda da pequena morte; é um passo importante que é aí efetuado, mas que tem quase toda a história do erotismo por trás de si para fundá-lo[312]. Na trepada, há, para o falóforo, separtição em relação ao falo, mas a satisfação trazida pela trepada diz respeito à separação em relação à pequena morte. Lacan tem, pois, esta fórmula a um só tempo humorística e feliz (e da qual encontramos equivalentes em certas declarações de praticantes do S/M), a respeito des-

---

maior satisfação que o próprio orgasmo", Lacan se pergunta (mas se trata de questões que têm valor de asserção): "se a função do orgasmo pode atingir essa eminência, será que não é porque, no fundo do orgasmo realizado, há algo que < > chamei a certeza ligada à angústia, será que não é na medida em que o orgasmo é a própria realização daquilo que a angústia indica como balizamento, como direção do lugar da certeza, [que] o orgasmo, de todas as angústias, é a única que realmente se acaba?" (*A angústia*, sessão de 15 de maio de 1963.) Assim, a junta assim estabelecida entre angústia e orgasmo permite que Lacan beneficie o orgasmo da certeza ligada à angústia (a angústia "não engana"). Essa certeza explica o caráter momentaneamente apaziguante do orgasmo, talvez também a frequência de sua busca: uma certeza, isso não se acha tão fácil assim!

311 A demanda intervém no fim, isto de acordo com a definição da pulsão como demanda de onde o sujeito se esvaeceu (a pulsão sendo, como já indiquei em outra parte, a derradeira questão em Lacan).

312 Só uma citação: "As sensações do ato sexual têm elas mesmas um acordo irritante com as figuras [...] A dor, o inchaço, o escorrimento leitoso da nudez feminina antecipam uma sensação de fluido líquido, que ela mesma abre para a morte como uma janela para o pátio." Georges Bataille, *Histoire de l'érotisme*, *in Œuvres completes* VIII, Paris, Gallimard, 1976, p. 132 (citado por Georges Didi-Huberman, *Ouvrir Vênus*, Paris, Gallimard, 1999 – esse livro justificando, sozinho, o gesto de Lacan aqui em questão).

sa satisfação que é falta, o que não equivale, muito pelo contrário, a uma falta de satisfação:

> É bem aí que deve residir o que há de tranquilizante no após orgasmo, se o que é satisfeito é essa demanda, pois bem, meu Deus, é satisfazer a bom preço, a gente se safa[313].

Ao satisfazê-la, a trepada alivia o falóforo de sua demanda de pequena morte. Certo, ele se safa, mas isto não deve fazer esquecer que essa separação se refere à sua *demanda* para com a trepada, não a seu desejo. Essa mesma operação, essa mesma satisfação assinala, portanto, o fracasso de seu desejo, que, este, não terá sido carregado até ali[314].

Ainda em outras palavras, e isto é soprado a Lacan pelo homem-dos-lobos ao ter sacrificado suas fezes durante sua observação da cena primária: a trepada é um sacrifício que não se faz.

E o castrador, portanto, aquele que vamos preferir designar assim mais que por um de seus avatares, a saber, a mulher (uma escolha motivada pelo fato de que o erômeno também é castrador, outras figuras igualmente, cujo inventário poderíamos prosseguir)? O castrador, portanto, está às voltas com esse fracasso. Mediante o que ele também se safa a bom preço. Com quatro consequências possíveis que podemos, com Lacan, distinguir.

– Ele doravante está tranquilizado quanto ao que dele queria o falóforo (Lacan notava que as vítimas em Sade sempre parecem sair frescas das sevícias sofridas).

– Ele será levado, em sua decepção, a imaginar que existe um órgão verdadeiramente amboceptor[315] (oportunidade para Lacan de positivar

[313] J. Lacan, *A angustia*, sessão de 29 de maio de 1963. Lacan não perde a oportunidade de notar que este "safar-se a bom preço" vai ao encontro da grande mitologia freudiana segundo a qual a vida só reencontra a morte conforme suas próprias vias. Devo a Guy Le Gaufey poder sublinhar aqui que Lacan não diz "se" satisfazer.

[314] A trepada, ou até a mera perspectiva de trepar é angustiante na medida em que o sujeito nela se engaja acreditando poder dissociar esse ato de sua demanda de pequena morte. Essa dissociação suspensa, a angústia tem lugar como orgasmo.

[315] Etimologicamente: "que pegaria a dois".

aquilo que alguns só articulam com um ostensivo desdém, a saber, a "reivindicação fálica" na mulher, e oportunidade para nós de sublinhar a proximidade dessa análise com essas asas que, no *Fedra* de Platão, supostamente devem crescer nas costas do erômeno[316]).

– Essa mesma decepção vai colocá-lo em melhor posição que o falóforo quanto a ser advertido do engano do desejo (ele poderá, portanto, ter o "desprezo por seu engano[317]").

– Seu gozo não terá sido atingido pelo falóforo (aqui ainda, mesmo esquema no homoerotismo grego) e, portanto, considerando sua demanda de pequena morte, um sacrifício, a ele também, terá sido poupado.

O fato de o parceiro ser castrador é a condição necessária para que o falóforo seja, por sua vez, desejante e levado até ao fracasso de seu desejo[318]. Ora, essa função de objeto a suscitar o desejo (e já nisso castrador) não implica, no castrador do falóforo (que só é, portanto, falóforo por estar às voltas com o castrador), um engajamento total. Sabe-se que era esse o caso do erômeno no homoerotismo grego, e é este também o da mulher de que fala Lacan em *A angústia*. Para suscitar o desejo, basta-lhe, diz ele, quase qualquer objeto, uma maçã, por exemplo, mas, no entanto, esse objeto deve ser eleito entre aqueles que circulam no mercado do desejo (essa referência crucial ao mercado do desejo será ulteriormente desenvolvida por Lacan, ela também é chamada pelo conceito de mais-de-gozar, que estará em questão no capítulo seguinte). Como dizer aquilo em que e até onde se engaja o castrador? Para indicá-lo, Lacan joga com um achado significante: trata-se, diz ele, para ele (para ela, no caso em questão) de "se tentar tentando o outro"[319]. Ouvimos o jogo entre

[316] *Cf.* aqui mesmo, capítulo III.

[317] "A mulher, no conjunto, é muito mais real e muito mais verdadeira pelo fato de que sabe o que vale a medida ["o homem" havia escrito a estenotipia, corrigida por AF] daquilo com o que ela está às voltas no desejo, ... que ela passa por ali com uma enorme tranquilidade, que ela tem, se posso dizer, um certo desprezo por seu engano [Jogo: *un certain mépris de sa méprise.* (N.T.)], luxo o homem não pode se oferecer." (J. Lacan, *L'angoisse*, sessão de 13 de março de 1963.)

[318] *Cf.* J. Allouch, "Homenagem prestada por Jacques Lacan à mulher castradora", *L'évolution psychiatrique*, L'érotisme, Paris, éd. scientifiques et médicales Elsevier, janeiro-março de 1999.

[319] J. Lacan, *A angústia*, sessão de 20 de março de 1963.

"tentativa" e "tentação". E, como essa tentativa de si vai encontrar na trepada o fracasso do desejo do falóforo, ela vai sempre ser uma tentativa: o sacrifício, desse lado também, é poupado.

A junta homo

Afirmo agora que esse conceito de uma trepada como "sacrifício poupado" tem o valor de uma encruzilhada, notadamente entre fracasso da trepada e constituição de uma comunidade eletiva.

Uma observação de Lacan constitui como que um primeiro passo no trilhamento dessa via:

> Esse famoso termo homossexualidade que está em nossa doutrina, nossa teoria (a freudiana) o pôs no princípio do cimento social, notemos que Freud sempre observou ["marcou", escreve AF], nunca levantou sobre isso uma ["nenhuma", escreve AF] dúvida, que ela é privilégio do macho. Esse cimento libidinal do laço social, na medida em que só ocorre na comunidade dos machos, está ligado à face de fracasso sexual que lhe é, por causa da castração, concedido ["concedida", escreve AF, o que atenua a afirmação][320].

Entenderemos que o fracasso sexual em questão é por certo o do macho, mas do macho hétero. Segundo Lacan aqui, *o laço social homo se enraíza nesse fracasso do macho hétero*, na inexistência da heterossexualidade. Logo, pode-se chamar "junta homo" por imitação da "junta esquizo" de Guattari, esse ponto entre essa heterossexualidade em falta no falóforo e a fábrica do cimento social homo.

Logo, em que pode consistir tal junta? A trepada como sacrifício poupado nos dá uma pista, isto pelo fato de que um sacrifício poupado (o órgão virtualmente amboceptor desaparece antes de advir como objeto sacrifical[321]) constitui um resto, e que com um resto está excluído

---

[320] *Ibid.*, sessão de 5 de junho de 1963.

[321] O sacrifício não se faz "justamente pelo fato de que o órgão nunca é suscetível de se manter muito longe na via do apelo do gozo. Em relação a esse fim do gozo e [a] atingi-lo

não fazer alguma coisa, a começar por outro sacrifício, como claramente sublinharam os trabalhos de Charles Malamoud[322].

É possível conceber uma modalidade comunitária do sacrifício que, fazendo o jogo com o que fica deixado em suspenso pela trepada como sacrifício poupado, também prolongaria o problema colocado por essa trepada sacrifício, isto em termos ligeiramente diferentes e com uma solução talvez também diferente? Tal modalidade do comunitário existe, vamos encontrá-la.

Na análise, concebemos ainda amplamente o laço comunitário baseado no esquema "monoteísta" de Freud, o de *Psicologia das massas e análise do eu*: um mesmo "objeto exterior" é colocado por indivíduos em número virtualmente ilimitado no lugar do ideal do eu deles. Lacan aprovou esse modelo sem muito contestá-lo[323]. Em *Os quatro conceitos* ainda, ele refere a estrutura freudiana do grupo (que ele chama "a fascinação coletiva[324]") à "realidade ascendente da hora". E hoje é possível notar que essa designação do esquema freudiano a um momento histórico foi

confirmada posteriormente, como mostram certos trabalhos históricos, por exemplo os de François Furet. Em *O passado de uma ilusão*[325], Furet fala da hipnose dos dois grandes totalitarismos do século XX, da importância de um único homem insubstituível, do culto da personalidade, da ausência de sucessão. Em suma, o esquema freudiano teria sido historicamente verificado.

Ora, existe um outro (outros ainda, talvez) esquema de grupo que, longe de empurrar o ideal do eu de cada um para um único objeto comum (ainda o "algum um", aqui o *Einziger-Zug*, e o "quê"), longe de valer como uma estrutura articulada num ponto de exceção, põe, ao con-

---

com esse apelo do Outro em seu termo que seria trágico, o órgão amboceptor pode ser dito ceder sempre prematuramente. No momento, se posso dizer, em que ele poderia ser o objeto sacrifical, pois bem, digamos, no caso comum, há muito tempo que ele desapareceu da cena." (J. Lacan, *A angústia*, sessão de 29 de maio de 1963.)

322 Charles Malamoud, *Cuire le monde*, Paris, La Découverte, 1989.

323 Ele disso se abstém, por exemplo, ao falar de uma estrutura democrática da igreja, o que deveria convidá-lo a dissociar essa igreja do exército.

324 J. Lacan, *Les quatre concepts*, Paris, Seuil, p. 244-245.

325 François Furet, *Le passé d'une illusion*, Paris, Robert Laffont – Calmann-Lévy, 1995.

trário, todos numa mesma situação complicada. Trata-se do rito sacrifical na Índia, uma vez que exige a instauração de uma relação regrada entre o(s) sacrificante(s) e o brâmane oficiante. Não deixaram de perguntar: "Como estabelecer e garantir a lealdade sustentada da relação?" Um outro rito, que a garante, dará resposta em ato. Esse rito, introdutório do sacrifício, é chamado de *Tanunaptra*. O que acontece ali? O brâmane oficiante incorpora um resíduo da massa de manteiga clareada que vai intervir no sacrifício, isto não sem ter tomado cuidado, previamente a essa incorporação, de fazer essa manteiga clareada ser tocada por todos aqueles para os quais ele vai oficiar. Essa manteiga, escreve Malamoud, "é, por assim dizer, o suporte do entendimento deles[326]".

A razão desse rito nos é dada por um mito, relatado nos *Brahamana*:

> Os homens, quando fazem o *Tanunaptra* sacrificial, imitam os deuses que, nos tempos originários, concluíram entre si uma aliança.
> O contrato entre os deuses tem por condição a distância que cada deus estabelece entre si e seus corpos, ou antes entre seus diferentes corpos, aqueles que ele guarda em atividade junto de si e aqueles de que ele se separa. Para associar-me aos outros, dissocio-me de mim: tenho, materialmente, algo em comum com os outros, é dessa parte de mim que me privo e é ela que misturo a essas partes deles mesmos das quais meus parceiros, igualzinho a mim, se desapossaram. Mas esses corpos afastados são doravante objetos de desejo: o deus tende a se reunir (*sam GAM*) a seus *tamu* e é a esperança de reencontrá-los, de se reunificar[327], que o determina a respeitar o pacto que o liga aos outros. Essa esperança deve ter um sentido uma vez que aquilo com o que precisamente ele está ameaçado, ao termo mesmo do pacto, é de ser para sempre excluído, em caso de transgressão, desses reencontros consigo mesmo.

[326] C. Malamoud, *Cuire le monde*, *op. cit.*, p. 230.

[327] Pensamos no mito de Aristófanes em *O Banquete*, mas as diferenças são consideráveis: aqui, não se trata de uma metade de si e a separação de si não é o resultado de uma punição mas de uma aposta; em Aristófanes, não há nenhuma coletivização das metades perdidas nem, correlativamente, nenhuma imprecisão no lugar da identificação e até da identidade dessas metades.

Malamoud põe os pingos nos i:

> Os indivíduos, no caso em questão, formam um grupo não pela virtude de um laço que os uniria diretamente uns em relação aos outros, nem mesmo pela obediência a um chefe comum, mas pela tensão que carrega cada um deles em se reunir a essa parte de si mesmo que ele desprendeu de si para colocá-la no tesouro comum.

Esquematizemos esse posicionamento com a álgebra de Lacan:

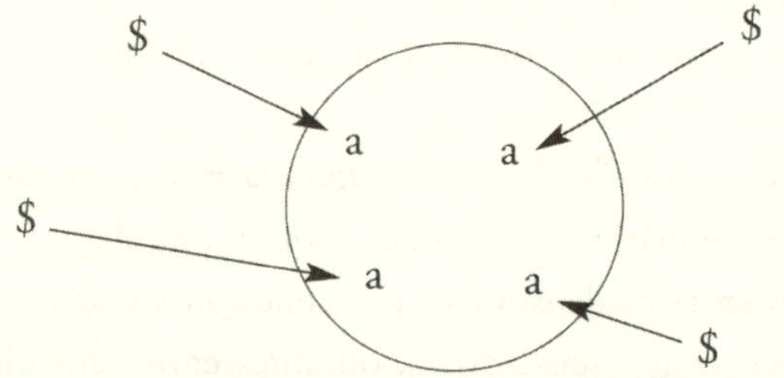

Há um pote comum onde cada um deposita um "pedaço de si" mas igualmente um si, já que *tamu*, nos ensina Malamoud, significa a um só tempo "si", "pedaço de si" e até "si mesmo". Logo, esse pedaço de si serve de caução e até de refém (uma vez que a caução é alguém) em caso de ruptura (paz: *sama*, tratado: *samdhi*, refém: *samadhi*) e ele estará, pode-se imaginar, definitivamente perdido.

Essa estrutura de grupo, esse tipo de aliança, parece bem diferente daquele, dissimétrico, que caracteriza o grupo freudiano monoteísta. Os deuses hindus não são bobos, e não é, portanto, por ser jogada essa visada de uma reunião consigo mesmo, visada que supostamente deve manter cada um no pacto, que cada um vai recuperar seu pedaço de si quando o pacto não tiver mais razão de ser (por exemplo, porque a ação para a qual ele estava feito terá sido cumprida). Não é nada disso. A imaginária aspiração à unidade (reencontrada) funciona um tempo, mas a aposta permanece definitivamente perdida (*cf.* as observações de Lacan sobre a aposta de Pascal no seminário *De um Outro ao outro*).

Para acabar, portanto, só pode se realizar aquilo mesmo cuja evitação supostamente ia garantir a perseverança da ação e da qual esse próprio acompanhamento já era um começo de realização. Eis como Malamoud conta essa aventura:

> O leitor moderno não pode se impedir de se interrogar: em que condições e com que consequências o deus vai reencontrar seus corpos bem amados? O que o ameaça, se ele transgredir o pacto, é que se torne definitiva a separação de seus *tamu*, separação que é também seu lote enquanto ele for fiel à aliança. Deve-se imaginar que virá um tempo em que, a coalizão contra os asuras não sendo mais necessária, cada um irá retomar o bem que depositou como garantia? O grupo cessaria de existir ao mesmo tempo que se realizaria, para cada um dos parceiros, a unidade fusional consigo mesmo. O laço político seria dissolvido. Tal situação desse gênero é evocada em *Jaiminiya-Brahmana*: "Os deuses, preparando-se para a batalha contra os asuras, disseram: "Ponhamos de lado (*apa-ni-DHA*) o bem que nos é caro (*vamam vasu*)" [...] ora, era o gado... Ao voltarem vitoriosos, foram rumo ao bem, que se tornara um... eles ali não se reconheciam, eram incapazes de distinguir o que pertencia a cada um. Disseram: "Partilhemos", mas não puderam entrar em acordo quanto à partilha... "Peçamos a Prajapati (para decidir)." Prajapati lhes diz: "Isso que para vocês é caro é comum a vocês todos... não façam a partilha.""

O que é o mais caro para cada um é comum a todos (mas sob uma forma mais sutil que o "objeto exterior" do esquema freudiano. Cada um sabe que há bem ali *seu* pedaço de si, mas não sabe distingui-lo, a pluralidade dos pedaços de si sendo no entanto mantida como tal). Esse objeto, tão logo tiver sido apostado, existe como não partilhável, senão dessa maneira que consiste em fazer comunidade dessa não partilha. Saudemos aqui a ambiguidade do termo "partilha" [partage] em francês: partilhar uma criança não é cortá-la em pedaços, exceto o caso, de qualquer modo especial e não realizado, do julgamento de Salomão.

Logo, a situação é esta, cada um estando às voltas com o monte de pequenos *a* sem estar em condição de ali distinguir o seu:

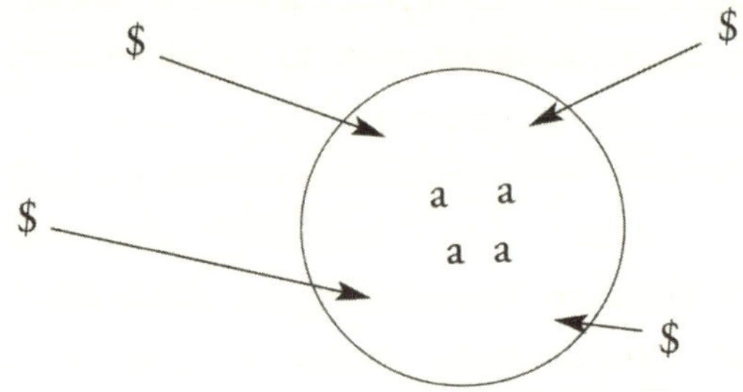

Esse jogo do rito e do mito não poderia esclarecer a solução de continuidade que liga o fato de ter acabado, isto é, encerrado uma análise e o pertencimento a uma escola de psicanálise? O pedaço de si perdido na operação analítica na própria figura do analista como dejeto, teria seu lugar de objeto perdido no lugar da escola? Não é esse posicionamento que era indicado por Lacan com o nome de "analista da escola" (AE) que, portanto, designaria o analista pelo acontecimento que terá consistido, para o analisando, em se alienar ao deixar cair seu pedaço de si na escola tendo, por horizonte a essa alienação, uma perda definitiva desse objeto pequeno *a* tornado não só irrecuperável, mas até impossível, doravante, de distinguir? Em todo caso, reconheceremos que a questão assim colocada o é de uma maneira mais interessante do que faz a bela alma que se indigna pelo fato de o analisando se inscrever no mesmo lugar que seu analista e faz dessa comunidade o sinal de uma transferência não resolvida.

Volta ao cogito lacaniano

As duas modalidades (trepada e comunidade) da erótica sacrifical que acabamos de estudar são vizinhas (pelo menos) de duas outras, as quais não estiveram ou não estiveram muito aqui em questão, o que dá a seguinte lista:

O AMOR como sacrifício idealizado
A TREPADA como sacrifício poupado
O COLETIVO como sacrifício a um só tempo realizado e ainda suspenso
O LUTO como sacrifício gracioso

Desses quatro regimes eróticos do sacrifício, os quais entrevemos que podem ser ordenados, só o quarto está às voltas com um grande

Outro barrado. Para o amor, a pregnância do Outro não barrado foi indicada por Freud (lido por Lacan) quando Freud sublinhava a dimensão narcísica do amor, o amor como empobrecimento do eu [*moi*] em proveito do objeto amado. Na trepada, se como afirma Lacan, a demanda de pequena morte se endereça ao Outro real[328], se a erótica é aquela, dita por Freud, de uma vida que vai se extinguindo mas de acordo com suas próprias vias, está claro que esse Outro se acha, aqui também, colocado como existente – já que a morte, jogando com o acaso ou o arbitrário, está pouco se importando com qualquer exigência que seja que lhe impusesse a vida. Quanto ao comunitário, é a meia-medida da realização do sacrifício que nos garante que o Outro ali não está marcado com a barra que inscreve sua inexistência.

Não se encontra, na teoria psicanalítica, matema que inscrevesse como funcionariam, um em relação ao outro, uns em relação aos outros, esses diferentes regimes. Ter podido aqui encarar a articulação trepada/comunidade[329] torna mais nítida e insatisfatória ainda nossa apreensão da escuridão na qual permanecem mantidos os outros laços imagináveis entre essas quatro modalidades do sacrifício. O que, por exemplo, fez Lacan dizer (em *A angústia*) que uma psicanálise que desemboca numa entrada numa ordem religiosa cristã é uma psicanálise não cumprida?

[328] "O Outro é, propriamente falando, evocado nesse registro de real que é aquilo pelo que um certo tipo, uma certa forma de vida se transmite e se sustenta. Chamem isso como quiserem, Deus ou o gênio da espécie... [...] Trata-se aí de um real, daquele algo que mantém o que Freud articulou no nível de seu princípio de nirvana como sendo essa propriedade da vida de dever para chegar à morte passar novamente por formas que reproduzem aquelas que deram à forma individual a oportunidade de aparecer pela conjunção de duas células sexuais." (J. Lacan, *A angústia*, sessão de 29 de maio de 1963.) O "chamem isso como vocês quiserem, Deus ou o gênio da espécie", diz claramente esse grande Outro não barrado.

[329] Em *Erótica do luto no tempo da morte seca* (*op. cit.*), vi-me igualmente em presença de um sacrifício que desembocava em outro sacrifício, funcionando como primeiro passo de outro sacrifício. Com efeito, seguindo a leitura lacaniana de Hamlet, o sacrifício do amor (a ser distinguido do amor como sacrifício de si) de Ofélia deixa-se apreender como um primeiro tempo do sacrifício de luto de Hamlet, único suscetível de suspender a procrastinação. *Cf.* igualmente, outro caso de potencialização de um sacrifício por um primeiro sacrifício: J. Allouch, "Uma mulher teve de calá-lo", *Littoral* nº 11/12, Toulouse, Érès, fev. 1984.

Em que a aceitação do sacrifício de Cristo assinalaria um não fim de análise? Isto é apenas uma dessas questões abracadabrantes, e no entanto sérias, que a doutrina analítica parece evitar quase por completo.

Se trepada e coletivo podem caminhar juntos (mas sob certas condições) ao ponto que uma chama o outro, como entrevemos (e estamos, aqui, bem longe de uma sociedade marcusiana que reprime a sexualidade, uma figura justamente ridicularizada por Foucault), tal compatibilidade é generalizável entre esses quatro regimes? Parece bem que não, mas ainda, esse não, seria preciso poder escrevê-lo, e sobretudo modulá-lo.

Deixemos aberto o campo dessas questões para concluir sobre o *cogito* lacaniano. Pois essas quatro eróticas agora aparecem como outras tantas respostas ao *cogito* lacaniano. Em nenhuma, com efeito, o "um" reencontra o "quê"; ao contrário, cada uma mantém essa distância entre o um e o quê que o *cogito* cartesiano transpõe aparentemente sem problema. Tanto que seria na vírgula que cliva a questão "sou algum um, ou então o quê?" que veríamos mais facilmente a enunciação de Lacan.

A intensificação do prazer é um mais-de-gozar

"Nada é mais ardente que aquilo que, do discurso, faz referência ao gozo.
O discurso toca ali sem cessar com aquilo que ele ali se origina.
Ele o emociona de novo tão logo tenta retornar a essa origem. E é nisso que ele contesta todo apaziguamento."

Jacques Lacan[330]

O trilhamento de Lacan e o de Foucault dão lugar e pedem um prolongamento – o que está longe de ser o caso de cada um daqueles cuja obra é julgada marcante (e que podem dar lugar a diversas interpretações, talvez até provocar um conflito hermenêutico). A existência de uma sequência possível, aberta aos imprevistos de encontros fortuitos, suscetível de voltar-se contra certas posições por um tempo mantidas, a produzir seus próprios dejetos, a determinar o propósito de nunca fazer sistema, contrasta com muitos autores. Hegel, notadamente, nitidamente, tem o valor de um contraexemplo, tanto para Foucault quanto para Lacan[331].

330 *L'envers de la psychanalyse*, sessão de 11 de fevereiro de 1970, Paris, Seuil, 1991, p. 80. Confrontada com a estenotipia, só podemos aplaudir o êxito da transcrição de Jacques-Alain Miller: "com o que ele ali se origina" no lugar de "com o que ali se origina", "ele tenta" [*il s'essaie*] em lugar de "ele cessava" [*il cessait*].

331 Em sua aula de 11 de janeiro de 1975, Foucault fala ainda de seu distanciamento em relação a Hegel como desprendimento em relação a si (*cf. Les anormaux*, Paris, Gallimard – Seuil, 1999, p. 46). No mesmo período, Lacan (cuja ruptura com Hegel foi efetiva com a invenção do objeto pequeno *a* em 1963) questiona vinte anos de seminários e publicações ao interrogar explicitamente a validade do paradigma real simbólico imaginário.

Só há sequência verdadeira possível ali onde um trilhamento que já é para si mesmo sua própria sequência tiver sabido, um certo número de vezes, desprender-se de si mesmo, fazer localmente e tantas vezes dejeto, recusar-se ao sistema[332].

Uma analítica foucauldiana?

Durante os poucos anos que precederam sua morte, os que nos parecem *a posteriori* poder ser assim situados, Michel Foucault formulou e publicou, quase sempre em lugares escolhidos, comunitários mais que grande público, um certo número de propostas relativas à sexualidade moderna. Seus derradeiros trabalhos relativos à história da sexualidade e à preocupação de si tiveram esse discreto contraponto de atualidade que, de modo notável, não censurava tudo de suas próprias experiências. O que não o impede, na oportunidade, de dizer "nós". Essas propostas aparentemente marginais se inscrevem naquilo que Gilles Deleuze chamou "a outra metade" da tarefa que se atribuía Foucault.

> Se Foucault, até o fim de sua vida, deu tanta importância às suas entrevistas, na França e mais ainda no exterior, não foi por gosto por elas, foi porque ele ali traçava essas linhas de atualização que exigiam um outro modo de expressão que as linhas assimiláveis nos grandes livros. As entrevistas são diagnósticos[333].

A clivagem livros/entrevistas, ou ainda história/atualidade, não é absoluta, longe disso. O envio das entrevistas aos livros que os pedem

---

[332] O que enuncio do sujeito como efeito, ele mesmo, do discurso, torna absolutamente excluído que o meu faça sistema." (*De um Outro ao outro*, seminário inédito, sessão de 27 de novembro de 1968.) Essa declaração e muitas outras idênticas não impediu a biógrafa de Lacan de construir todo seu propósito sobre "o sistema de pensamento" que Lacan teria, segundo ela, construído.

[333] Gilles Deleuze, "Qu'est-ce qu'un dispositif", *in Michel Foucault philosophe*, Rencontre internationale, Paris 9, 10, 11 janvier 1988, Paris, Seuil, 1989, p. 192-193. Retomado em *L'unebévue* nº 12, « L'opacité sexuelle II – Dispositifs, Agencements, Montages », Paris, EPEL, primavera de 1999.

constitui bem antes, enquanto tal, um modo de intervenção que faz genealogia. Quando o estudamos por ele mesmo, como o fez François Ewald[334], ele não deixa de evocar a intervenção psicanalítica e até, categoricamente, a do primeiro Freud:

> Não podemos deixar de pensar – abro aqui um parêntese – numa relação entre Foucault e a psicanálise, já que essa identificação do presente como recorrência de um acontecimento que se repete na atualidade, está mesmo assim muito perto daquilo que Freud descrevia como o inconsciente.

A solução que teria sido empregada por Foucault não é menos freudiana, desta vez no sentido do Lacan lido por Foucault (aquele de antes da invenção do objeto pequeno *a*[335]):

> como, numa dada conjuntura, fazer com que uma palavra, uma fala, não seja apenas uma fala, mas seja também sempre um ato[336].

Ironicamente, Foucault teria sido abertamente "analista" no momento mesmo em que ressaltava a que ponto a psicanálise se deixa localizar como uma pastoral. Segundo a partição distinguida por Deleuze, cada intervenção de Foucault, com suas duas "metades" que não deixam

[334] François Ewald, "Foucault et actualité", *in Au risque de Foucault*, Paris, Centre Georges Pompidou / Centre Michel Foucault, 1997, p. 203-212.

[335] A aula de 8 de janeiro de 1975 traz o testemunho de uma leitura, pelo menos rápida, do seminário de Lacan publicado em 1973: *Os quatro conceitos fundamentais da psicanálise* (Zahar, Rio). Foucault, num gesto vivo, afasta de seu questionamento o sujeito suposto saber, sem até nomear Lacan. É uma leitura de Lacan? Não se pode excluir que sim. Mas a frase ("Deixemos então a outros o cuidado de colocar a questão dos efeitos de verdade que podem ser produzidos, no discurso, pelo sujeito suposto saber" – *Les anormaux*, *op. cit.*, p. 14) também vale como se indicasse aos editores do curso outro trabalho, feito em outro lugar. Além disso, ela veicula um mal-entendido, já que, em Lacan, os efeitos do sujeito suposto saber não são tanto de verdade quanto, fundamentalmente, de engano (*cf.* J. Lacan, "La méprise du sujet supposé savoir", *Scilicet* nº 1, Paris, Seuil, 1968, p. 31-41). Esse mal-entendido parece típico de um quiproquó: uma proximidade Foucault-Lacan é revelada no próprio gesto pelo qual Foucault localiza Lacan fora do campo de seus próprios trabalhos.

[336] F. Ewald, *op. cit.* p. 204 e p. 206.

de evocar o "semi-dizer" de Lacan, se efetuaria num modo "analítico". Assim, a observação escrita entre parênteses por F. Ewald de fato parece reclamar o apagamento dos parênteses que mantêm a análise como parcialmente fora do propósito. Há, sublinha-se hoje, uma atividade "diagnóstico" de Foucault (evidentemente empregada "à sua maneira" – mas não é também o fato do psicanalista, isto na exata medida em que a psicanálise, segundo Freud, só pode ficar resolutamente ligada à singularidade do caso?). Do ponto de vista da atualidade que importa para Foucault, seus estudos históricos têm valor de anamnese (ela também à sua maneira, não médica); como sublinha Daniel Defert, a história de Foucault, como diagnóstico do presente, visa essencialmente dissipar nossa identidade[337]. Ora, essa dissipação de uma identidade de ficção, mas nem por isso menos real, é também aquilo que terá feito o ato interpretativo que pôs fim ao sintoma, ele mesmo de fato portador de identidade.

Haveria um inconveniente em desenvolver, em sua generalidade, a linha de aproximação que assim se desenha, o de ater-se a um propósito não congruente com suas condições[338], não regrado por aquilo a que ele se refere. Para que, ao inverso, possa ser o caso, ainda é preciso tomar a coisa não de cima, mas por uma de suas pontas. Escolhamos não a sexualidade em sua história e sua modernidade, mas um traço bem localizado em Foucault, um traço até distinto, embora não fique absolutamente claro, que Foucault parece ter usado, em diversas oportunidades, muito naturalmente e sem jamais ter experimentado a necessidade de problematizá-lo de outro modo que pelo uso que dele fazia. Esse traço é quase sempre designado pela palavra "intensificação"; trata-se da intensificação dita "do prazer". Essa intensificação que, veremos, é a de um gozo, que não é um item entre outros, já que ela comanda a atividade analítica, tem ela seu respondente em Lacan? Tem ela uma relação com aquilo que, à primeira vista, parece bem ser seu irmão gêmeo, a saber, o "mais-de-go-

[337] Daniel Defert, "Glissements progressifs de l'œuvre hors d'elle-même », *in Au risque de Foucault, op. cit.*, p. 151-160.

[338] J. Lacan, *D'un Autre à l'autre*, sessão de 13 de novembro de 1968, inédito: « A identidade do discurso com suas condições, eis que, espero, vai encontrar luz daquilo que vou dizer da iniciativa analítica."

zar[339]" lacaniano, ele mesmo um outro nome para o objeto pequeno *a*? Que ironia então, da história! Não tendo nada sabido da invenção maior de Lacan, a saber, o objeto pequeno *a* (pelo menos a julgar pelos rastros que temos daquilo que ele teria dito ou escrito a respeito de Lacan), Foucault, em ato e independentemente de toda contaminação teórica, também teria girado em torno da produção desse objeto.

Mencionar *Nascimento da clínica*, a análise do dispositivo pan-óptico de Bentham, em *Vigiar e punir*, ou ainda a descrição do modelo da inclusão do pestífero como origem do poder da norma ("nada daquilo que se passava na cidade escapava ao olhar deles[340]") bastaria para escorar essa conjectura. Cada um desses textos designa um certo objeto *a*, a saber, o olhar. Mais exatamente, cada um ressalta uma certa incidência, digamos "disciplinar", do olhar. Cada modelo descrito está fixado numa intensificação do gozo desse olhar disciplinar: retirem-na, o edifício desaba. Esse olhar não vela, ele vigia*. Ele capta, a seu proveito, um mais-de-gozar, às vezes abertamente, como na economia do poder de punição no direito clássico em que, dizia Foucault, "Era preciso que houvesse uma espécie a mais do lado do castigo[341]."

No entanto, vão objetar, a intensificação do prazer assinala, em Foucault, não aquilo que focaliza uma prática disciplinar mas, ao contrário, uma distância em relação a toda instauração disciplinar/identitária. A observação é justa, e, portanto, bem feita para evacuar a questão. Será, em Foucault, o mesmo "objeto" (mas o termo deve ser repensado) que comanda o jogo regrado da disciplina e aquele, incerto, aleatório, de sua

---

[339] Lacan introduz o "mais-de-gozar" na sessão inaugural do seminário *D'un Autre à l'autre*, em 13 de novembro de 1963. O discurso de Marx, diz Lacan, situa a renúncia ao gozo do mestre hegeliano: fazendo do trabalho um mercado, Marx extrai a função da mais-valia. Homologicamente, fazendo do Outro um mercado, Lacan isola, nesse dia, a função do mais-do-gozar. Se, como afirma Lacan, a renúncia ao gozo é "um efeito do próprio discurso", o correlato dessa renúncia, a saber, a captação de um mais-de-gozar por alguns deve ser acontecimento, seja qual for o campo em questão. Teríamos aí uma definição da analítica como tal?

[340] M. Foucault, *Les anormaux*, *op. cit.*, p. 42.

* Jogo de palavras: *ce regard ne veille pas* [não vela], *il sur-veille* [*surveille* = vigia]. (N.T.)

[341] *Ibid.*, p. 77.

local subversão? As observações sobre o poder e a resistência indissociavelmente associados, ligados em (e por) um mesmo "jogo", assinalam, pelo menos nos fatos convocados, a existência de *uma relação entre o sobre-gozo do poder e a intensificação do prazer* liberado pela subversão, a um só tempo estratégica e lúdica, desse sobre-gozo.

Assim, o mais-de-gozar lacaniano poderia ajudar a ler Foucault? Mostrar que a intensificação do prazer é um mais-de-gozar teria essa vantagem de nos convidar a interrogar novamente Foucault sobre uma questão nele central, e que encontraria seu par na psicanálise lacaniana. Há uma articulação entre aquilo que, no poder, goza, goza até de um certo bloqueio que esse supergozo sela, e a intensificação do prazer que pode ser obtida pela resistência ao desbloquear essa posição do poder e a sua no mesmo golpe? Foucault pôs em ato essa questão; ele, a nosso ver, não a problematizou. Na psicanálise lacaniana, tampouco se sabe dizer bem, isto é, escrever, como o objeto pequeno *a* pode funcionar na fantasia (com efeitos de bloqueio, de produção de sintomas de inibições e angústias) e nesse além da fantasia, que é a pulsão com um efeito liberatório de um certo quantum de libido, de um mais-de-gozar.

A oposição prazer desejo

Segundo muitas de suas declarações, seria ao colocar em jogo a oposição desejo/prazer que Foucault, de modo mais nítido, tomaria suas distâncias da psicanálise. Digamos: de uma certa psicanálise, aquela, pastoral, cuja atualidade confirma que ela merece amplamente a correção que lhe inflige Foucault. Também é dizer que Lacan não é atingido por essa crítica que, ao contrário, delimita seu lugar na psicanálise e explica os combates mais atuais no campo freudiano. A invenção, em 1963, do objeto pequeno *a* como um pedaço corporal de gozo, a problematização da diferença prazer/gozo[342], a interrogação quanto à existência de um gozo do Outro, que se desdobra a partir do ano 1968-69 do seminário de Lacan, a aná-

[342] Assinalemos aqui a sessão de 15 de janeiro de 1969 do seminário *De um Outro ao outro*. A historicização que ali propõe Lacan da relação prazer/gozo é suscetível de regozijar o leitor mais exigente de Foucault.

lise da relação saber/gozo, transcrita no quase ilegível "Lituraterre[343]", a invenção do mais-de-gozar assinalam claramente que Lacan não faz parte de todo esse mundo que, filósofo como psicanalista "explica que o que é importante é o desejo e que o prazer não é nada[344]" (uma fórmula, aliás, um pouco infeliz de Foucault: um freudiano "ortodoxo" que ignorasse Lacan tampouco ali se reconheceria).

Eis uma das bem numerosas declarações de Foucault em que intervém a oposição desejo/prazer:

> Há séculos, as pessoas em geral – mas também os médicos, os psiquiatras e até os movimentos de libertação – vêm sempre falando de desejo, e nunca de prazer. "Devemos liberar nosso desejo", dizem. Não! Devemos criar prazeres novos. Talvez, então, o desejo venha atrás[345].

Notemos que os psicanalistas não estão aqui em questão. Com efeito, a afirmação seria simplesmente falsa se se tratasse do campo freudiano.

A oposição desejo/prazer não é aqui aquela de dois termos que se excluiriam um ao outro, já que esse desejo, à liberação do qual Foucault primeiro diz não, é, no entanto, convidado a seguir. Poderia ele, se primeiro estivesse totalmente ausente do prazer? Logo, parece pertinente não endurecer demais essa oposição; e, da mesma forma, não endurecer demais a oposição, correlativa, entre "arte erótica" e "ciência do sexo". Aliás, existe uma entrevista de Foucault, de 1983, sendo que a tradução francesa foi corrigida por ele mesmo, que, portanto, tem valor de texto, cuja especial importância se deve ao fato de ele introduzir nuanças e até corrigir a distinção demasiado nítida entre arte erótica e ciência do sexo. Nesse escrito, Foucault distingue a arte erótica propriamente falando (chinesa), a economia dos prazeres (grega), e, enfim, a ciência do sexo (o Ocidente romano, depois cristão)[346]. Logo, trata-se de um ternário, e não

[343] J. Lacan, "Lituraterre", *in Littérature* nº 3, Paris, Larousse, 1971.

[344] M. Foucault, "À propos de la généalogie de l'éthique: un aperçu du travail en cours », *DE*, t. IV, p. 390.

[345] M. Foucault, "Michel Foucault, une interview: sexe, pouvoir et la politique de l'identité », publicado em agosto de 1984, *DE*, t. IV, p. 738.

[346] M. Foucault, "À propos de la généalogie de l'éthique: un aperçu du travail en cours », *op. cit.*, p. 390.

de um binário. Foucault, então, leva até mais longe sua afirmação e chega a distinguir três polos da conduta sexual:

> Se, por conduta sexual, entendemos os três polos que são os atos, o prazer e o desejo, temos a "fórmula" grega, que não varia no que se refere aos dois primeiros elementos. Nessa fórmula grega, os "atos" desempenham um papel preponderante, o prazer e o desejo sendo subsidiários: *ato*-prazer-(desejo). Ponho desejo entre parênteses, pois com a moral estóica começa, creio, uma elisão do desejo, o desejo começa a ser condenado.
> A "fórmula" chinesa, por sua vez, seria *prazer*-desejo-(ato). O ato é deixado de lado, pois é preciso restringir os atos a fim de obter o máximo de duração e de intensidade do prazer.
> A "fórmula" cristã, enfim, põe o acento no desejo ao tentar suprimi-lo. Os atos devem se tornar neutros; o ato só tem por único fim a procriação ou o cumprimento do dever conjugal. O prazer está, na prática como na teoria, excluído. Isso dá (desejo)-ato-(prazer). O desejo está excluído na prática – é preciso calar o desejo –, mas na teoria é muito importante.
> Eu diria que a "fórmula" moderna é o desejo – que é sublinhado teoricamente e aceito na prática, já que podemos liberar nosso desejo; os atos não são muito importantes, quanto ao prazer, ninguém sabe o que é[347].

Tem-se aí uma pequena máquina simbólica, um matema do qual poderíamos desenvolver, às cegas, as outras possibilidades que ele comporta – mesmo com o risco de ter de perguntar posteriormente se alguma cristalização da realidade sexual a elas corresponde.

FÓRMULA GREGA:	*ato*–prazer–desejo
FÓRMULA CHINESA:	*prazer*–desejo–(ato)
FÓRMULA CRISTÃ:	(desejo)–ato–(prazer)

Nesse matema, o parêntese vale como marcador daquilo que é elidido. Os itálicos designam, ao contrário, aquilo sobre o que o acento é colocado.

---

[347] *Ibid.*, p. 400.

Mas Foucault toma cuidado para indicar de outra maneira ainda – ao ordenar a sequência dos termos – aquilo sobre o que o acento é colocado. Os lugares estão marcados: o primeiro à esquerda é o daquilo que é acentuado, o terceiro o daquilo que é elidido (logo, a elisão também está marcada de duas maneiras diferentes). Logo, há, implícito, algo como um gradiente entre os lugares um e três (daí a nossa flecha). Essa dupla determinação da marcação não resulta de um capricho. Deve-se bem, por exemplo, marcar a acentuação pelo lugar uma vez que, na fórmula cristã, o que é acentuado é também elidido. Vê-se que o número das possibilidades que podem ser geradas a partir desse matema é muito superior às seis dadas pelo puro jogo de três letras (abc, acb, bac, bca, cab, cba). Para cada série de três, o parêntese, mas também os itálicos geram sete possibilidades. Pelo leque que ele desdobra, esse texto de 1983 recusa o uso simplista e algo maniqueísta que pode ser feito da oposição desejo/prazer.

Foucault, teria ele mesmo se alinhado nesse modernismo que está aqui em questão (mas cuja fórmula ele não escreve) em que "ninguém sabe o que é o prazer"? Em todo caso, o prazer, nele, não é o prazer freudiano, aquele que se obtém por abaixamento das tensões libidinais. Em Foucault, o termo "prazer" designa aquilo que Lacan chama "gozo". Vários argumentos trabalham em favor dessa identificação.

Em cada um deles, encontramos explicitamente formulada a questão da invenção de novos prazeres. Lacan deplorava que a psicanálise não tivesse inventado uma nova perversão. "Será tão seguro, lhe responde (indiretamente) Foucault, você considera inútil o prazer da análise?[348]" Por certo que não. Esse prazer, esse gozo foi nomeado "transferência" na psicanálise freudiana, mas é a Lacan que devemos a revelação daquilo que está em questão no gozo transferencial, a saber, sustentar, por engano, a existência de um sujeito suposto saber – mediante o que uma porta era aberta para a dissolução da transferência.

Outro argumento: ambos colocam a questão do gozo do Outro. Trata-se de uma questão que Lacan, com certeza, trabalhou muito mais que Foucault, mas que este formula ao dizer, por exemplo, em 1982:

---

[348] M. Foucault, "L'Occident et la vérité du sexe », artigo de 1976, *DE*, t. III, p. 103, assim como « Usages des plaisirs et technique de soi », escrito em 1983, *DE*, t. IV, p. 560.

> O que quero colocar como questão é: somos hoje capazes de ter uma moral dos atos e dos prazeres que poderia levar em conta o prazer do outro? O prazer do outro é algo que pode ser incluído em nosso prazer[349]?

Enfim, em certos textos, Foucault, explicitamente, identifica o que ele chama prazer como gozo ou ainda como volúpia. Em 1982, comentando a conversão a si em Sêneca, Plutarco e Epíteto, ele observa que ela é pensada, com freqüência, num modelo "de gozo possessivo: gozar de si, ter prazer consigo mesmo, encontrar em si a volúpia[350]".

Logo, não parece que identificar o prazer foucaultiano como gozo crie dificuldade[351].

Em contrapartida, na psicanálise lacaniana, se julgarmos por certas declarações explícitas de Lacan e seus alunos, o desejo de fato parece focalizar a subjetividade, entregando assim essa psicanálise, de pés e mãos amarradas, às críticas de Foucault.

Há, no entanto, ali, uma leitura incompleta, falha e, para encerrar, errônea. Quanto à questão do desejo, após ter seguido Hegel, o que lhe deu o tempo necessário para definir o desejo como "desejo do Outro" (não sem um equívoco entre genitivo objetivo e subjetivo, jamais suspenso a não ser com a invenção do objeto pequeno *a*, quando a questão não mais se colocará), Lacan desprendeu-se do domínio hegeliano. Como? Inventando o objeto pequeno *a*[352]. Mais uma vez, ele pensa contra si mesmo. Com efeito, não é a mesma coisa afirmar, como ele primeiro fez, que o desejo se constitui em referência a outro desejo, ou então, que o desejo é essencialmente causado por um objeto. Esse objeto não é aquele

[349] M. Foucault, "À propos de la généalogie de l'éthique: un aperçu du travail en cours », *op. cit.*, p. 386.

[350] *Ibid.*, p. 356.

[351] Precisemos: não há dificuldade para quem se atém à diferenciação lacaniana do prazer e do gozo, à oposição freudiana entre abaixamento e aumento das tensões libidinais. É possível dispensar essa oposição de base? Com certeza não no campo freudiano. Foucault, ao falar do prazer e mais raramente de gozo, dispensava, como David Halperin sugere e defende obstinadamente a possibilidade?

[352] Essa invenção suspende o equívoco dos genitivos à maneira como Wittgenstein dizia que deviam se resolver os problemas filosóficos: criar as condições para que eles não se coloquem mais.

para o qual ele se dirige, não é um *Gegenstand*, mas um pedaço de corpo, um dejeto corporal, um pacote de gozo que faz o sujeito desejante na medida em que o tiver perdido (repetição freudiana).

Assim, aqui estamos, encostados no muro, com a questão: há uma articulação imaginável entre o mais-de-gozar e essa intensificação do prazer, que agora podemos nomear, uma intensificação do gozar? Os termos parecem bem próximos...

A intensificação do prazer como mais-de-gozar

Em Foucault, a que se acha ligada a intensificação do gozar? Ao jogo. Suas declarações sobre o s/m são, a esse respeito, falantes, ainda que possamos conjecturar que o problema possa ser abordado, com o mesmo resultado, ao estudarmos as derradeiras análises foucaultianas da relação poder/resistência, ou ainda o estatuto do intelectual. O termo "jogo" deve ser entendido no sentido do jogo estratégico, mas também no sentido do não ajustamento, da não relação sexual, diria Lacan, uma vez que esse não ajustamento tem o valor daquilo que dá gosto ao jogo estratégico. De que é feito esse jogo? De poder e resistência, de inversão das situações e das posições. Mas também se deve entender "poder" no sentido desenvolvido por Leo Bersani ao sublinhar que o exercício gozoso do poder pode comportar o de sua própria renúncia[353]. A impotência, dissera Lacan, não é "não poder", mas "poder não".

Consideremos uma das derradeiras declarações de Foucault a esse respeito[354]:

> O poder não é o mal. [...] Tomem, por exemplo, as relações sexuais ou amorosas: exercer poder sobre o outro, numa espécie de jogo estratégico aberto, em que as coisas poderão se inverter, não é o mal; isso faz parte do amor, da paixão, do prazer sexual.

---

[353] L. Bersani, *Homos, op. cit.*, p. 119; assim como *O reto é uma tumba?, op. cit.*

[354] M. Foucault, "L'éthique du souci de si comme pratique de la liberté", *DE*, t. IV, *op. cit.*, p. 727.

Dois anos antes, Foucault, falando do jogo, havia dito isto:

> Essa mistura de regras e de abertura tem por efeito intensificar as relações sexuais ao introduzir uma novidade, uma tensão e uma incerteza perpétuas, de que está isenta a simples consumação do ato[355].

Desse laço entre jogo e intensificação do prazer, Foucault também nos dá o contramodelo:

> Podemos imaginar que existem sociedades nas quais a maneira como é dirigida a conduta dos outros é tão bem regrada de antemão que o jogo, de certo modo, está feito[356].

Existem nomes, em psiquiatria, para dizer esse contramodelo, por exemplo, "automatismo mental", no sentido não de Pierre Janet, mas de Gaëtan Gatian de Clérambault. Uma voz intima o sujeito: "Pelado!", e eis a ordem logo "executada". Para o gozo de que olhar? O da polícia? Ora, conforme o dispositivo descrito por Foucault, esse contramodelo – essencialmente paranóico – implica uma miséria sexual. Sabe-se que, desde sua tese, a paranóia não cessou de habitar e informar, como aqui em Foucault ao título de um contramodelo, o trilhamento de Lacan. Logo, nele também, é a mobilidade que conta. Ele a inscreve na própria definição do significante: $S_1 \rightarrow S_2$.

Assim, podemos pura e simplesmente reconhecer na intensificação do prazer uma das figuras do objeto pequeno *a*, isto ainda mais facilmente porquanto Lacan renomeava (dava outro nome, fazia o renome) esse objeto "mais-de-gozar"? O dispositivo de produção desse suplemento de gozo que cada um descreve parece ser o mesmo, o que é confirmado pelo fato de que nem um nem outro trazem teoria alguma (David Halperin sublinhava isso a respeito de Foucault[357]), sistema algum de pensamento, posição alguma sobre a qual alguém pudesse acampar.

---

355 M. Foucault, "Choix sexuel, acte sexuel", entrevista de 1982, *DE*, t. IV, p. 331.

356 M. Foucault, "L'éthique du souci de soi comme pratique de la liberté", *op. cit.*, p. 729.

357 David Halperin: "Foucault não está tentando descrever o que é a sexualidade, e sim precisar o que ela faz e como intervém nas práticas discursivas e institucionais. Essa abordagem da sexualidade constitui uma intervenção teórica na medida em que se volta contra as

Não haveria melhor prova do reconhecimento da intensificação do prazer como mais-de-gozar que aquela que consistiria em esclarecer a intensificação do prazer pelo mais-de-gozar. Tentemos, para concluir, trazer essa prova.

Uma das questões colocadas pela intensificação do prazer e deixadas por Foucault sem maiores explicações deixa-se ler em algumas declarações que ele fez, a um só tempo precisas e lacônicas; elas mencionam uma outra visada que a intensificação do prazer, algo como a busca de uma passagem fora do sexo, um desprendimento do sujeito em relação ao sexo. Eis uma primeira[358] declaração que guarda uma certa ambiguidade a esse respeito:

> Fazer o prazer da relação sexual escapar ao campo normativo da sexualidade e a suas categorias, fazer por aí mesmo do prazer o ponto de cristalização de uma nova cultura – é, creio, uma abordagem interessante[359].

Dois anos mais tarde, a indicação torna-se mais precisa, retomando a abrupta fórmula "a sexualidade é muito chata[360]":

---

teorias da sexualidade já existentes, mas a natureza do combate permanece puramente tática." ("Forgetting Foucault: Acts, Identities, and the History of Sexuality", *Representations* 63, Summer 1998, The University of Chicago, p. 110.) Halperin diz igualmente aqui o que é ser lacaniano em psicanálise: não ensinar ao analisando que sua teoria sexual infantil é menos válida que a de Lacan, não referir-se, de modo mais ou menos implícito, àquela – suposta – de Lacan, mas encontrar o viés tático para suspender o bloqueio no qual sua teoria sexual infantil congela o analisando. Não se trata tanto da interpretação quanto da transferência, o grau zero da análise da transferência aparecendo assim como o fato de transformar o analisando em lacaniano. Da mesma forma que Foucault não podia ensinar a seus alunos a arte de não ser governado governando-os (ele não é Sócrates!), da mesma forma Lacan só podia ensinar a seus alunos a arte de psicanalisar se não os analisasse de maneira lacaniana. Há alguns testemunhos de que às vezes foi este o caso (da mesma forma para Freud, felizmente nem sempre freudiano em sua prática).

[358] Este "primeira" sendo, é claro, dos mais relativos. Já a respeito de Alexina, Foucault escrevia: "Ela gostava, acho, naquele mundo de um único sexo onde estavam todas as suas emoções e todos os seus amores, de ser "outro" sem nunca ter de ser "do outro sexo"." Nov. 1980, "Le vrai sexe", *DE*, t. IV, p. 121.

[359] M. Foucault, 1982, "Le triomphe social du plaisir sexuel", *DE*, t. IV, p. 312.

[360] M. Foucault, 1983, "À propos de la généalogie de l'éthique...", *DE*, t. IV, *op. cit.*, p. 383.

> As pessoas [da subcultura S/M] "inventam novas possibilidades de prazer [notar o singular] utilizando certas partes bizarras do corpo [no singular], erotizando esse corpo. Penso que temos aí uma espécie de criação, de empreendimento criador, do qual uma das principais características é o que chamo a dessexualização do prazer. A idéia de que o prazer sexual é a base de *todos* [sublinhado por Foucault] os prazeres possíveis, isso, penso, é realmente algo falso[361].

E Foucault cita as drogas como outro exemplo de dessexualização do prazer. Essa referência vai parecer ainda mais notável se nos lembrarmos que Freud inventou a psicanálise baseado numa constatação de fracasso da droga, precisamente da cocaína, panacéia na qual colocara muita esperança. Esse fracasso o conduziu a inventar outra medicina que essa medicina do olhar, lesional, que dominava em Charcot, a situar o médico de outro modo que como um que sabe, o doente de outro modo que como um portador de sintomas que nada teriam a ver nem com o dizer nem com sua história. Esse fracasso levou Freud até a invenção de um método, o que implicava uma mudança de discurso (uma vez que o dispositivo analítico se regra no discurso da histérica). Com efeito, a análise, toda análise (não só sua efetuação que, abusivamente, se reivindica como "psi"), de fato só poderia ocorrer baseada numa rejeição radical da droga.

Como entender, em seu teor, esse dizer de Foucault? Notemos que não está confirmado, por sua própria experiência com a droga, em todo caso a experiência com o LSD tal como foi relatada com suas palavras do momento: "A única coisa em minha vida que seja comparável ao que sinto agora, é fazer amor com um desconhecido", ou ainda: "Agora, compreendo minha sexualidade[362]." Logo, há ali um problema. Vamos abordá-lo tomando a palavra "prazer" no sentido de Freud, o que ela não tem sob a pena de Foucault, como vimos. No sentido de Freud, a dessexualização do "prazer" é o próprio prazer. Mas Freud descobre, em 1920, a insistência de um "mais além do princípio de prazer": o voto de uma

[361] 1984: M. Foucault, "Une interview: sexe, pouvoir et la politique de l'identité", *DE*, t. IV, p. 737.

[362] Citado por J. Miller, *La passion Foucault*, *op. cit.*, p. 289.

vida apaziguada em relação ao sexo encontra um limite, vê-se às voltas com algo que a isso se opõe e que Freud nomeia "constrangimento de repetição". O gozo não se deixa amordaçar assim tão facilmente.

Seguindo essa lógica freudiana, a asserção de Foucault deveria ser lida como a indicação de que existiria um gozo não sexual? Mas, então, *que relação existe, nele, entre esse voto de uma saída do sexual para um outro gozo* (Foucault também fala de uma "falsificação do prazer") *e a visada de intensificação do gozo sexual?* O mais-de-gozar lacaniano permite responder a essa questão, é verdade, ao modificar, num ponto, os dados.

O objeto pequeno *a* faz sua mudança em "mais-de-gozar" nesse mesmo litoral onde Foucault se situa entre intensificação e aniquilação do gozo sexual. Para a introdução do mais-de-gozar, a referência decisiva de Lacan permanece Freud. Desde *O esboço de uma psicologia para uso dos neurologistas*, Freud notava a distância existente entre um gozo uma primeira vez obtido e a repetição dessa experiência, que implica uma necessária perda gradual de gozo. Nessa distância, há um lugar reservado para uma visada de intensificação do gozo, aquele que seria novamente obtido, já que este nunca é tão gozoso quanto aquele (mítico, se quiserem) da primeira vez (esse "a primeira vez" estava presente na experiência libidinal do LSD tal como Foucault a mostrava). Mas de que maneira Lacan, junto com Freud, pode ser tão categórico quanto a esse "nunca"? Aqui, ele muda a direção de Freud. Este havia notado que a criança no seio buscava encontrar a imagem exata do seio visto sob certo ângulo, aquela ligada à primeira satisfação. Lacan decide então admitir que é precisamente um traço unário (para reduzir essa imagem a seu mais mínimo valor, mas essa redução a situa estritamente como simbólica, com o que ela perde, para com sua função em Freud, seu estatuto de percepção), um *einziger Zug*, que faz com que toda repetição da experiência comporte uma perda gradual de gozo. E, com efeito, por definição, a primeira experiência não estava marcada nem saturada por essa busca de uma marca do achado (por isso frustrado) da experiência original. Não havia, nela, por definição, nenhuma preocupação de reencontrar uma experiência passada. Lacan pode então chamar "mais-de-gozar" o objeto pequeno *a*, cujas diferentes figuras (seio, excremento, falo, olhar, voz) ele havia desfiado e até ordenado em seu grafo do amorrer. Do que se trata agora? De inscrever, no objeto pequeno *a*, o fato de que a perda gradual de gozo pode comportar uma espécie de "bônus[363]", e que esse bônus, como a mais-valia de Marx, pode ser embolsado por alguns.

O essencial dessa interpretação lacaniana da repetição em Freud consiste na observação de que aquilo que é recuperado pelo sujeito nada tem a ver com o gozo, mas com sua perda[364]. Há algo como um fundo duplo do mais-de-gozar, que só se obtém na medida em que o gozo pode ser realizado pelo que ele é, a saber, masoquista (a repetição em ato implica uma perda gradual de gozo). Esse duplo fundo é suscetível de explicar a dupla e aparentemente contraditória posição de Foucault para com o gozo? *Identificar a intensificação do prazer como mais-de-gozar permite suspender essa pseudocontradição*. Para isso, é preciso e basta ler seu voto de um gozo não sexual como a indicação que, sexual, o gozo nunca o é absolutamente. É a lição do interdito do incesto, que Lacan lê como o enunciado de uma impossibilidade. Há um gozo que, "por ser o único que daria a felicidade, justamente por causa disso, esse gozo está excluído", a função do mais-de-gozar sendo então trazida "para suprir o interdito do gozo fálico[365]". A intensificação do prazer tem função de suplência. Só ela, observa Foucault, é suscetível de fazer o sexo não imediatamente triste.

A identificação da marca de gozo como saber também nos permite entender como é possível que Foucault, num mesmo movimento, espere do erotismo a emergência de uma nova cultura e desmonte o caráter erótico do que está instalado como poder da cultura, isto até essa sexualidade disciplinar sem encanto e sem jogo. Não há diferença essencial, nem em Foucault nem em Lacan, entre esse jogo e o do saber. Assim, leiamos uma frase de Lacan como particularmente pertinente do ponto de vista de Foucault:

---

363 J. Lacan, *L'envers de la psychanalyse*, *op. cit.*, p. sessão de 26 de novembro de 1969.
364 J. Lacan, *D'un Autre à l'autre*, *op. cit.*, sessão de 15 de janeiro de 1969.
365 J. Lacan, *L'envers de la psychanalyse*, *op. cit.*, sessão de 10 de fevereiro de 1970.

Se o discurso é o homem, na medida em que ele permite o que está em jogo no mais-de-gozar (a saber: "Aposto tudo aí"), é muito precisamente o que é proibido ao discurso sexual[366].

[366] J. Lacan, *D'un discours qui ne serait pas du semblant*, seminário inédito, sessão de 21 de janeiro de 1971.

Masoquista, o gozo?

"O mais-de-gozar sempre está presente, a questão é saber para quem."

Jacques Lacan[367]

O gozo é fundamentalmente masoquista? Aqui, vamos confrontar duas visões sobre essa questão, respectivamente retomadas de Jacques Lacan e de Leo Bersani.

No que se refere a Lacan, o estudo vai se limitar a três abordagens desse masoquismo do gozo que ele lê em Freud. Sem desprezar que Lacan mudava muito, tanto que é excluído extrair teses que poderiam ser ditas "lacanianas" com base apenas em afirmações que ele teria feito uma vez ou até várias vezes.

A isso se acrescenta um problema mais local, mas do qual depende parcialmente o valor a ser dado a essa afirmação do masoquismo do gozo, a saber, o jogo (no sentido mecânico desse termo, não só no sentido de "jogo de linguagem") que, num certo momento se instaura em Lacan, entre objeto pequeno *a* e mais-de-gozar. Ninguém, até agora, que eu saiba, soube bem dizer a que necessidade ou fraqueza de doutrina respondia a introdução do mais-de-gozar. Esse termo às vezes se apresenta como outro nome para o objeto pequeno *a*; mas, por aí, ele também introduz uma problematização nova e inédita quanto ao objeto pequeno *a*[368]. Ora, está excluído desdobrar, aqui, essa questão objeto pequeno *a*/mais-de-gozar (são idênticos? equivalentes? diferentes? o segundo vindo ocupar o lugar do primeiro?). Daí, uma imprecisão suplementar e que, por enquanto, não pode ser eliminada.

---

[367] J. Lacan, *De um Outro ao outro* sessão de 11 de junho de 1969.

[368] Virá em seguida uma terceira nomeação do objeto pequeno *a*: a "lathouse".

Em Bersani, o estudo vai se focalizar num único escrito: *Baudelaire e Freud*. Essa restrição, em relação à apologia bersaniana do caráter movediço, deve ser abusiva. Bersani publicou bem mais que o que foi traduzido em francês, estou longe de ter lido o conjunto de sua obra e minha única desculpa vai se dever ao fato de que, em seu *Baudelaire e Freud*, Bersani de fato escreveu o que escreveu. Acrescento, no entanto, que esse livro me fez reabrir Baudelaire, sinal que, na maioria dos casos, não engana.

Logo, duas parcialidades, duas fragilidades que vamos tentar confrontar de modo a realçar a um só tempo as convergências e as disparidades. Pode-se medir o arbítrio (relativo) do empreendimento, já que, a rigor, para o estudo do caráter masoquista do gozo, uma vez que escolhemos nos apoiar nas posições de Lacan e Bersani, seria o caso de tomar Lacan de uma ponta à outra (o que quer dizer, no caso em questão: sem origem nem fim), Bersani de uma ponta à outra – o que não será feito nem para um nem para o outro.

Único ponto positivo a reter, o fato de que, nos dois minipercursos considerados, vamos estar às voltas com o "mesmo" Freud, aquele do achado do objeto – ainda que seja um ponto que Lacan e Bersani encarem de modo bem diferente. Mas essa partida é comum a eles.

Rumo a uma versão lacaniana do gozo como masoquista

O que está em questão com a escrita da divisão do sujeito que encontramos desenvolvida no seminário *A angústia*? Uma divisão, na medida em que se efetua, é algo orientado: ela é colocada, realizada passo a passo, até que se escreva um resultado, com ou sem resto. Nessa divisão colocada por Lacan, e por razões a meu ver essencialmente clínicas, o gozo é colocado de início – o sintoma, com efeito, desde Freud, é um nó de gozo simbolicamente constituído. Logo, o "sujeito do gozo" está inscrito no lugar do sintoma, a saber, o grande Outro. Este vai funcionar como dividendo, o sujeito não ainda existente sendo, este, o divisor[369]. Segundo

[369] Esse ponto de partida parece necessário no sentido que se esse gozo não fosse já subjetivo, vemos mal como o sujeito como tal poderia jamais estar às voltas com ele.

Lacan naquele momento, o sujeito é, portanto, antes de mais nada um certo *quantum* de gozo situado no grande Outro, *quantum* que podemos nomear objeto pequeno *a*[370] – se todavia não desprezarmos o fato de que esse objeto não é, justamente, naquele tempo, tomado como um produto, como um resto. Toda a questão da sujeitificação daquilo que já é sujeito, todo o assunto da "divisão do sujeito", será então a da constituição do sujeito desejante *às expensas* do sujeito do gozo.

O que quer dizer? Se o sujeito que goza deve perder uma parte de seu império para que lugar seja dado ao sujeito desejante, se o gozo ou pelo menos uma parte de gozo deve "se perder" (definição "apenas da política", segundo Duras: "Que o mundo se perca!"), será que isto não implica que ele seja masoquista? Ou bem então, por não concluir, seria preciso dizer o que acontece com ele, indicar como e onde ele terá podido se evaporar.

Entretanto, não é por esse viés, é até ao pegar esse problema pelo avesso que Lacan vai ser conduzido, anos mais tarde (e sem pretender aqui que se trata da primeira ocorrência, nele, dessa indicação), a falar do caráter essencialmente masoquista do gozo. Ele terá, nesse meio tempo, produzido o mais-de-gozar que, este, advém à existência exatamente em 13 de novembro de 1968.

Usualmente, os lacanianos falam do objeto pequeno *a* em termos de perda, queda, dejeto, isto não sem ótimas razões. Mas talvez essa consideração seja tão pregnante que impeça notar que, ao contrário, o mais-de-gozar, esse outro nome para o objeto pequeno *a*, também é um assunto, como diz Lacan em algum lugar, de "bônus[371]". Assim, toda a

[370] "Tão logo é montada a mesa de jogo – e Deus sabe se ela já está montada – ele [o sujeito pensante] é antes de mais nada o pequeno *a*. [...] ele não precisou pensar para ser fixado como pequeno *a*." (J. Lacan, *De um Outro ao outro*, *op. cit.*, sessão de 5 de fevereiro de 1969); ou ainda, em 14 de maio de 1969: "Ora, esse pequeno *a*, sabemos, é o próprio sujeito, na medida em que só pode ser representado por um representante que é o S_1 na oportunidade."

[371] Jacques Lacan, *O avesso da psicanálise*, *op. cit.*, sessão de 26 de novembro de 1969. O termo está presente em Bersani (*cf. Baudelaire et Freud*, *op. cit.*, p. 92), é verdade numa acepção muito diferente já que esse bônus diz então respeito à produtividade de imagens fantasmáticas.

dificuldade conceitual, ou melhor, de escrita, será, a partir de novembro de 1968, *valorizar a um só tempo essa perda e esse bônus*. É nesse contexto problemático, instaurado pela introdução do mais-de-gozar, que Lacan fala do masoquismo do gozo. Ele faz isso, em 22 de janeiro de 1968, de uma maneira que ainda não está absolutamente explícita.

Nessa sessão, ele começa lembrando o estatuto do objeto perdido em Freud, por uma espécie de atalho silencioso (mas, durante muito tempo, ele percorreu esses textos no passado) que ligaria *O esboço* e *Para além do princípio de prazer*, isto é, a problemática da repetição. O que é esse objeto perdido que vetoriza a repetição? A repetição está ligada

> de uma maneira que podemos dizer determinante a uma consequência que ele [Freud, portanto] designa como o objeto perdido, essencialmente, para resumir, é no fato de que o gozo é visado num esforço de reencontro e que ele só pode ser isso se for reconhecido pelo efeito da marca, que essa própria marca nele introduz o murchamento de onde resulta essa perda[372].

O percurso não é mais aqui aquele da aritmética do sujeito em *A angústia*. Não se trata mais de produzir o sujeito do desejo às custas daquele do gozo mas, quase ao oposto, partindo do desejo, da produção do gozo. Desejar o objeto, fazer esse desejo passar ao ato, implica um aumento da tensão dada a seu respeito. Mas para o que se dirige essa tensão? É verdade que se pode responder: para a satisfação, aquela que lhe porá um termo. No entanto, essa fórmula, global demais, escamoteia o problema colocado por Freud. Com efeito, se nos referirmos à repetição freudiana, aquilo que faz aqui Lacan, deveremos concluir que essa tensão se dirige para seu próprio fracasso, já que o achado do objeto está excluído, isto apenas pelo fato de que, para poder ser encontrado, ele deve ter sido marcado. O achado está excluído por ser procurado e se dar, com a marca, o próprio meio de seu empreendimento que também é, portanto, o meio que torna irrealizável esse mesmo empreendimento, talvez o meio de se lançar num empreendimento irrealizável. Ora, o que é um gozo assim orientado para

[372] J. Lacan, *D'un Autre à l'autre*, *op. cit.*, sessão de 22 de janeiro de 1969, p. 118.

seu próprio fracasso, se não for um gozo masoquista? Lacan, nesse dia, para dizer o que resulta, para esse gozo, de seu encaminhamento rumo ao fracasso, utiliza a bela palavra "murchamento[373]".

Digamos a coisa ainda de outro modo, mas sempre nos termos de Lacan. Este toma ciência do fato de haver "uma hiância entre o corpo e seu gozo[374]" – um fato que pode ser admitido bem mais além do campo freudiano: nenhum corpo vivo é o tempo todo inteiramente gozoso. Como vai intervir a repetição quanto a essa hiância corpo/gozo? Ela "a agrava", dirá Lacan, isto, acabamos de notar, em razão da marca, do traço unário.

Daí, segundo Lacan, a exemplaridade da posição masoquista, que é uma maneira de contentar-se com a perda de gozo constituída pelo agravamento da hiância entre corpo e gozo.

> No nível do mais-de-gozar, o sujeito ali assume de maneira qualificada essa posição de perda, de dejeto, que é representada pelo pequeno *a*.

Em 14 de janeiro de 1970, Lacan dessa vez é explícito quanto ao caráter masoquista do gozo. Seu ponto de partida permanece o mesmo, a saber, o segundo passo efetuado por Freud.

> É na medida em que há busca do gozo enquanto repetição que ocorre o que está em jogo nesse passo, a superação freudiana, que esse algo que nos interessa enquanto repetição [...] é propriamente *o que vai contra a vida*[375].

Lacan procura evitar um mal-entendido; ele diferencia essa maneira de busca do gozo daquilo que é propriamente vital, a saber, a volta cíclica da necessidade e de sua satisfação. A repetição tem a ver com um "ciclo

---

[373] Bersani também vai se apoiar no *Wunsch* freudiano como *psychische Regung* investindo a imagem mnésica ligada à primeira satisfação (L. Bersani, *op. cit.*, p. 44, 45, 66). Entretanto, vai se tratar, como veremos, de uma leitura claramente diferente daquela que é feita aqui por Lacan.

[374] J. Lacan, *De um Outro ao outro, op. cit.*, sessão de 22 de janeiro de 1969. *Cf.* igualmente, sessão de 23 de abril de 1969.

[375] J. Lacan, *O avesso da psicanálise, op. cit.*, sessão de 14 de janeiro de 1970 (sublinho).

que *igualmente* leva consigo o desaparecimento dessa vida". O princípio de prazer mantém a vida enquanto princípio de menor tensão, mas o gozo o transborda:

> O que se repete só pode, ao próprio título daquilo que ele é expressamente e como tal é repetido, que ele está marcado da repetição, [...] ser outra coisa que aquilo que, em relação ao que isso repete, está de certo modo em perda, em perda do que quiserem, em perda de velocidade [...] na repetição, há enfraquecimento de gozo. É aí que assume sua origem no discurso freudiano a função do objeto perdido. Isso é em Freud. Acrescentemos que mesmo assim não é necessário lembrar que é expressamente em torno do masoquismo, concebido apenas sob essa dimensão da busca do gozo ruinoso, que gira todo o texto de Freud.

Estamos aqui às voltas com uma interessante relação de contiguidade Freud/Lacan. Com efeito, explicitamente – uma vez não é costume – Lacan dá sua contribuição às especulações freudianas que ele acaba de lembrar. Consiste em chamar "saber" (no sentido da lógica formal) o que se constitui com o traço unário, além do mais a considerar esse traço como origem do saber, em todo caso, desse saber formal que interessa o analista:

> Afirmo isto que não está no texto de Freud, [ ] que não é visto no texto de Freud, mas que não pode de modo algum ser afastado, evitado, rejeitado pelo psicanalista, é que é do traço unário que toma sua origem tudo o que nos interessa, nós analistas, como saber.

Ora, qual é a função desse traço unário do ponto de vista do gozo? Lacan, nesse dia, não hesita em levar mais adiante ainda que o que já vimos: a tese do caráter masoquista do gozo. Esse caráter não se deve apenas ao fracasso inerente à repetição, nem ao fato de que o gozo conduz o organismo à sua própria morte. Ele também se deve, antes de mais nada, ao que acontece desde a primeira vez, desde a primeira inscrição do traço unário no corpo. Aliás, para dizer a modalidade dessa inscrição primeira, Lacan convoca, categoricamente, a flagelação. Sadismo, masoquismo, estamos, diz ele, com esses "ismos", no nível da zoologia. Depois, ele prossegue (sublinho):

> Mas enfim, há de qualquer modo algo inteiramente radical, é a associação daquilo que está na base, na própria raiz da fantasia, dessa glória da marca, a marca na pele onde se inscreve, nessa fantasia, isto nada mais é que um sujeito se identifica como sendo objeto de gozo. A palavra gozo, nessa prática erótica que é aquela que evoco, a flagelação, para chamá-la por seu nome, e depois [...] no caso em que haveria aqui arquissurdos, o fato de que *o gozar aqui toma a própria ambiguidade pela qual é em seu nível, em seu nível e em nenhum outro, que se atinge a equivalência do gesto que marca e do corpo objeto de gozo* <de gozo> de quem? [...] a afinidade da marca com o gozo do próprio corpo, é aí precisamente onde se indica que é somente do gozo e de modo algum de outras vias que se estabelece essa divisão da qual se distingue o narcisismo da relação de objeto.

Na linha reta dessas afirmações, Lacan falará, como que naturalmente, dessa "*sanção* do traço unário". Não se pode ser mais claro.

Confirmação: o estatuto da satisfação erótica permanece, em Lacan, uma questão de segunda ordem, do ponto de vista daquilo que acaba de ser lembrado. Insistindo na tristeza *post coïtum* dos antigos, Lacan indica que não há um único momento, orgasmo incluído, em que o desejo estaria como tal satisfeito[376].

Será que a introdução do *Mehrlust*, do mais-de-gozar, vai vir temperar essa afirmação do masoquismo do gozo tomado em seu nível mais radical, no nível de um corpo que goza por ser marcado, de um corpo que sofre a flagelação do significante? Resposta: ele só pode temperá-lo

---

[376] *Cf.* J. Lacan, *De um Outro ao outro*, *op. cit.*, sessão de 5 de março de 1969: Lacan nota que a psicanálise descobriu meios de produção de uma satisfação, são as pulsões (montagens). Como definir essa satisfação? – ele se pergunta? "É preciso acreditar que deve haver ali, de qualquer modo, algo que claudica, já que aquilo a que nos esforçamos, em relação a essas montagens, é desmontá-las." E ainda: "se o gozo sexual comportasse, ao mesmo tempo que seu fim, a satisfação, não haveria nenhum processo subjetivo a ser esperado de nenhuma experiência."

uma vez que esse *Mehrlust* se obtém – como indica a Lacan a dialética hegeliana do mestre e do escravo, o mais-de-gozar cabendo ao mestre – por renúncia ao gozo[377].

Bersani: sexuality: a tautology for masochism[378]

Bersani toma Freud no mesmo lugar que Lacan. Suas diferenças de leitura só são mais impressionantes. E mais impressionante ainda o fato de que a despeito dessas diferenças que vamos notar, há convergência, entre eles, quanto ao caráter masoquista do gozo.

Em *Baudelaire e Freud*, encontramos esse Freud da repetição desde a análise proposta por Bersani de *A cabeleira*, um dos raríssimos poemas de Baudelaire que, em seu estudo, ele transcreve inteiro[379].

Ó tosão que até a nuca encrespa-se em cachoeira!
Ó cachos! Ó perfume que o ócio faz intenso!
Êxtase! Para encher à noite a alcova inteira
Das lembranças que dormem nessa cabeleira,
Quero agitá-la no ar como se agita um lenço!

Uma Ásia voluptuosa e uma África escaldante,
Todo um mundo longínquo, ausente, quase morto,
Revive em teus recessos, bosque trescalante!
Se espíritos vagueiam na harmonia errante,
O meu, amor! Em teu perfume flui absorto.

---

377 J.; Lacan, *De um Outro ao outro*, *op. cit.*, sessão de 20 de novembro de 1968.

378 L. Bersani e Ulysse Dutoit, "Merde alors", Trad. do americano por Christian Marouby, *Psychanalyse à l'université*, Paris, dezembro, 1979. O texto inglês é nuançado: "*And since sexual excitement (according to Sade, Freud and Laplanche) depends on the fantasmatic circuit by which the subject appropriates the other's "violent commotion", sexuality – at least in the mode in which it is constituted – might almost be thought of as a tautology for masochism.*" *Cf.* igualmente: L. Bersani, *The culture of redemption*, Cambridge, Harvard University Press, 1990, p. 36.

379 Os dois outros sendo: *O belo navio* e, é claro, o *Héautontimorouménos*, ou o *Carrasco de si mesmo*.

Adiante irei, lá, onde a vida a latejar,
Se abisma longamente sob a luz dos astros;
Revoltas tranças, sede a vaga a me arrastar!
Dentro de ti guardas um sonho, negro mar,
De velas, remadores, flâmulas e mastros:

Um porto em febre onde minha alma há de beber
A grandes goles o perfume, o som e a cor;
Lá, onde as naus, contra as ondas de ouro a se bater,
Abrem seus vastos braços para receber
A glória de um céu puro e de infinito ardor.

Mergulharei a fonte bêbada e amorosa
Nesse sombrio oceano onde o outro está encerrado;
E minha alma sutil que sobre as ondas goza
Saberá voz achar, ó concha preguiçosa!
Infinito balouço do ócio embalsamado!

Coma azul, pavilhão de trevas distendidas,
Do céu profundo dai-me a esférica amplidão;
Na trama espessa dessas mechas retorcidas
Embriago-me febril de essências confundidas
Talvez de óleo de coco, almíscar e alcatrão.

Por muito tempo! Sempre! Em tua crina ondeante
Cultivarei a pérola, a safira e o jade,
Para que meu desejo em teus ouvidos cante!
Pois não és o oásis onde sonho, o odre abundante
Onde sedento bebo o vinho da saudade?*

Segundo Bersani, trata-se de um poema "cujo tema é a sexualidade em toda a sua intensidade[380]" (esta última palavra, em Bersani como em

* Tradução de Ivan Junqueira. (N.T.)

[380] L. Bersani, *Baudelaire et Freud*, *op. cit.*, p. 44.

Foucault, estando bem longe de ser um termo não marcado), ponto de vista que não partilho, e que o próprio Bersani tempera posteriormente. Em contrapartida, parece, com efeito, indubitável que, como ele escreve, "*A cabeleira* demonstra suntuosamente que a sexualidade é inseparável da fantasia[381]".

Tentemos condensar o debate que se apresenta entre Bersani e Lacan num único ponto, um ponto chave, verdadeira lugar de trocas. O que acontece quando essa cabeleira é poeticamente dita como "bosque trescalante", "negro mar", "sombrio oceano", "pavilhão de trevas distendidas", ou ainda "crina ondeante"? Segundo Bersani ou Lacan, acontecem coisas diferentes.

No que se refere a Lacan, só falamos, até agora, da partida masoquista (com a função do traço unário) dessa série de significantes que Lacan escreveria: S_1, S_2, S_3, ...S_n. Ora, não é possível estudar o efeito da própria série, tal como apresenta Lacan, sem passar pela escrita de um certo número de matemas.

Na própria sessão do seminário que introduz o mais-de-gozar[382], Lacan escreve ou tenta escrever o que acontece quando significantes são, em razão da fantasia, suscetíveis de unificar o sujeito "como sujeito de todo um discurso", ou ainda, dito de outro modo, quando uma relação de reiteração do significante representa um sujeito não junto ao outro significante, mas "em relação a ele mesmo". Segundo Lacan, esse caso é o da fantasia (ele se apoia então de maneira privilegiada na célebre fantasia "espanca-se uma criança"). Ao passo que, segundo Bersani, que identificou perfeitamente bem como os psicanalistas usavam a fantasia para imobilizar o sujeito[383], a fluidez da reiteração das imagens da fantasia é precisamente o que é suscetível de situar o sujeito em função de sua mobilidade. Estamos em presença de duas abordagens diferentes, e até opostas, da fantasia.

Lacan e Bersani estão de acordo para localizar a fantasia, ou

---

[381] *Ibid.*, p. 45.

[382] J. Lacan, *De um Outro ao outro*, *op. cit.*, sessão de 13 de novembro de 1968.

[383] L. Bersani, *Baudelaire et Freud*, *op. cit.*, p. 13.

como um efeito da fantasia, essa série de significantes, mas ao passo que Lacan vê, na fantasia, um "gelo", uma "solda", uma "precipitação", um algo que não está verdadeiramente subjetivado e que não é tampouco o lugar da satisfação sexual (já que esse lugar, para além da fantasia, é a pulsão), Bersani faz do jogo da fantasia o próprio lugar da satisfação.

Lacan escreve assim a fantasia: "relação de reiteração do significante que representa o sujeito em relação a ele mesmo" em que se joga a produção de pequeno *a*:

$$\frac{\$ \diamond (\$ - \diamond (\$ \diamond a)}{a}$$

> Ocorre algo que não é mais nem sujeito nem objeto, mas que se chama fantasia que, portanto, os outros significantes podem, encadeando-se, articulando-se e ao mesmo tempo aqui gelando-se no efeito de significação, introduzir esse efeito de metonímia, o que faz que o sujeito seja qual for, no nível do "espanca", no nível do "se", algo equivalente solda esse sujeito e o faz esse ser solitário do qual, no discurso, temos a fraqueza de dar a imagem como uma imagem onivalente, como se pudesse haver um sujeito de todos os significantes.

O problema de Lacan aqui é completamente bersaniano, se não for que a fantasia, em Bersani e Lacan, parece designar a cada vez aquilo que esse termo não designa no outro. A que isso se deve?

Para responder, vou tentar dizer o que me parece constituir um dos interesses maiores da leitura bersaniana de Baudelaire, a grande originalidade dessa leitura, a saber, o que chamarei, forçando um pouco o traço para fazer entender essa originalidade, o fato de a retórica ter sido desconsiderada. Com efeito, como Bersani lê os deslizamentos baudelairianos entre a "cabeleira", o "bosque trescalante", o "negro mar", etc., entre aquilo que Lacan transcreve: S_1, S_2, S_3, ... S_n? Ele utiliza várias palavras que, creio, podem ser alinhadas em duas séries. Uma primeira série diz respeito às relações que esses significantes mantêm entre si, Bersani falando então de: metáfora[384], deslocamento, substituição, metamorfose. Mas essas noções são tomadas aqui de uma maneira de certo modo ingênua, o que é claramente provado pela pluralidade como tal dos termos postos em jogo. Ora, essa relativa negligência do saber retórico, longe de ser um defeito de leitura, assinala, ao contrário, a coerência de uma leitura em que o que é privilegiado é não o jogo intersignificante, mas a relação referencial de cada termo com o objeto que lhe corresponderia. Daí a segunda série cujos termos estão, estes, essencialmente orientados para essa relação referencial: "deriva", "distanciamento", "espelho"[385]. Não é tanto como retórico que como lógico que Bersani lê Baudelaire.

Uma passagem, no final da obra, diz perfeitamente esses dois eixos de coordenadas:

> Nesses dois poemas [*A cabeleira* e *O belo navio*], a metáfora é a repetição fantasmática de um objeto desejado. Mas trata-se de uma repetição na diferença. Quando a cabeleira da mulher se torna bosque trescalante e fluxos que arrastam o poeta para um país exótico, ou, em "O belo navio", quando os seios da mulher que caminha são visto como armários ou um escudo, *essas imagens exprimem um desejo e ao mesmo tempo fornecem substitutos ao objeto "original" do desejo.* Eles engatam um processo de diferenciação na repetição que ilustra a produtividade do desejo, a engenhosidade com a qual ele pode ser satisfeito sem captura ilusória do outro ou identificação com o outro[386].

Encontramos essa mesma insistência na relação referencial, nas páginas de *The culture of redemption*[387], em que estão em questão as correspondências de Baudelaire:

> In such a system of correspondences, mobility is primarily transcendental. Material objects relate symbolically to spiritual realities; they signify other orders of being.

[384] *Ibid.*, p. 54, 127, 142. Páginas 66 e 73 para "deslocamento", 121 para "substituição".
[385] *Ibid.*, p. 73 e 113.
[386] *Ibid.*, p. 127 (Os itálicos são meus).
[387] L. Bersani, *The culture of redemption*, *op. cit.*, p. 75.

Escrito com a álgebra (ou uma símile álgebra) de Lacan, o esquema da fantasia bersaniana seria, portanto, este:

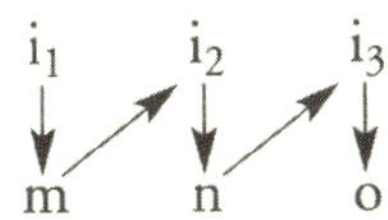

Na sequência das imagens colocadas em jogo com a mobilidade fantasmática, o sujeito está às voltas com objetos sempre substitutivos (é a série m, n, o, etc.), aos quais, tomados um por um, a imagem remete (é a série i_1, i_2, i_3, etc.). Ao passo que, em Lacan, um mesmo objeto desliza sob a cadeia das substituições significantes (mas a palavra "objeto" não tem o mesmo sentido que em Bersani: o objeto pequeno *a* não é representável).

As duas flechas "bersanianas", que escrevem o jogo, o caráter movediço entre imagem e objeto, têm o valor de um semipunção lacaniano.

O confronto dessas duas versões da fantasia faz várias diferenças surgirem.

Antes de mais nada, salta aos olhos que Bersani fala de imagens ali onde Lacan fala de significantes. Bersani não distingue aqui as duas dimensões lacanianas que têm nome imaginário e simbólico. Ao passo que Lacan, como vimos, puxa Freud para o lado do simbólico, Bersani mostraria, antes, que a imagem pode ter uma função de impressão (de verônica), a qual de fato pode convocar o objeto, ainda que só por ter sido constituída por um contato com ele. As imagens usadas por Baudelaire para *A cabeleira* ("bosque trescalante", "negro mar", "sombrio oceano") fazem estar presente esse bosque trescalante, esse negro mar, esse sombrio oceano. Baudelaire joga com as ambiguidades da escrita pictogramática. Mas isto nos remete a uma dificuldade bem presente na doutrina lacaniana.

Com efeito, a despeito do caráter formal das escritas lacanianas da metáfora e da metonímia, e apesar dos comentários feitos na época, é possível se perguntar se, aí também, o emprego da palavra "significante" não recobria, de fato, uma indistinção do simbólico e do imaginário. Como se apresenta o problema? Se chamo uma mulher de "pulga" [*puce*]*, pode ser sem fim o debate que determinaria se se trata de uma metáfora ou de uma metonímia. Mas o significante no sentido do $S_1 \rightarrow S_2$, aquele que Freud usa na *Traumdeutung*, na obra sobre o chiste, no estudo da psicopatologia da vida cotidiana ou ainda na interpretação do sintoma, é algo que torna quase totalmente inútil esse debate: "Pulga" [*puce*], no inconsciente, funciona como um termo que não tem sentido algum e que, precisamente por não ter sentido algum, alcance algum, nem metafórico nem metonímico, pode ser associado a outros termos, por exemplo "prepúcio" [*prépuce*], ou "donzela" [*pucelle*]. Ora, é esse significante, intraduzível, que encontramos na fantasia, e que dá, sozinho, consistência à diferença do imaginário e do simbólico.

O objeto tampouco é o mesmo na fantasia conforme Bersani e conforme Lacan. Em um, trata-se de um objeto dito pequeno *a*, do qual uma característica maior é que ele não é representável, e que tampouco, acrescentaria eu, é teorizável; no outro, trata-se do objeto mundano, suscetível de ter seu ou seus representante(s), trata-se do *Gegenstand*.

A análise lacaniana da fantasia "Espanca-se uma criança" (a que também se refere Bersani – que a pegou de Laplanche que a pegou de Lacan) é uma pequena maravilha da clínica psicanalítica no sentido que Lacan identifica de que maneira o objeto olhar ordena, de um lado a outro, os três tempos dessa fantasia. Essa análise é decisiva no sentido que permite entender de que maneira a fantasia contribui para uma satisfação que não é, como tal, fantasmática, mas pulsional.

Essa dupla distância entre Bersani e Lacan (não o mesmo sinal, não o mesmo objeto) encontra-se posta em jogo de uma maneira condensada na leitura que cada um deles faz da repetição freudiana. Freud, de certo modo, se acharia entre eles e quase temos vontade de dizer, se isto tivesse sentido, a meio-percurso. Com efeito, não se pode dizer que Bersani se engana, em relação a Freud, quando chama "imagem" a representação que a criança de *O esboço* tem do seio e que vai orientar a reiteração de movimento da criança na direção do seio. Bem antes, nos permite

* *Puce* [pulga] é um tratamento afetuoso empregado com as mulheres. (N.T.)

ele sublinhar que é Lacan quem força as coisas ao chamar *einziger Zug* essa representação, quando faz dela um traço puramente simbólico. Ele força as coisas do ponto de vista de Freud, e não a coisa em si, pois aí, ao contrário, temos bons argumentos para lhe dar razão, notadamente este: a satisfação proporcionada pelo sonho não é alucinatória no sentido clássico da alucinação: uma percepção sem objeto.

Assim, desembocamos no fato de que a diferença dessas duas abordagens claramente distintas da fantasia, tem por corolário uma diferença, ela também notável, relativa ao que se entende por satisfação.

Em Lacan, a função da fantasia de "tornar o prazer apto ao desejo" em nada é incompatível com uma função de suscitação do objeto. A despeito de debates não resolvidos entre os helenistas, é possível achar fundadas a leitura dos textos gregos e a interpretação da iconografia grega que concluem pela radical disparidade entre o éraste e o erômeno que mesmo o Platão de *Fedra* não consegue absorver[388]. Ora, o erômeno, justamente por haver essa disparidade, permanece aquele objeto que focaliza o desejo do éraste, e com o qual o éraste vai encontrar seu gozo. Em Bersani, ao contrário, a mobilidade da fantasia é o lugar onde esse gozo encontrará meio de experimentar-se afastando-se do objeto.

Ora, eis que, espantosamente, Bersani também conclui pelo masoquismo desse gozo. Como ele chega a isso? É difícil responder a essa questão, e não estou seguro de que várias leituras atentas de *Baudelaire e Freud* me tenham fornecido a resposta.

Segundo Bersani, há, na própria mobilidade das imagens da fantasia, um movimento que é destruidor de um eu [*moi*], a justo título colocado como um elemento de estabilidade, e, portanto, algo como um masoquismo do eu [*moi*] correlativo da atividade fantasmática[389]. Mas, prossegue Bersani, outra destruição está em jogo uma vez que o movimento das imagens também deve ser portador da "necessidade de se livrar da falta irritante no desejo". Assim, há uma segunda corrente masoquista que vem duplicar esse masoquismo do eu [*moi*] e se situar, ele,

---

[388] *Cf.* Capítulo III.

[389] L. Bersani, *Baudelaire et Freud*, *op. cit.*, p. 91.

no nível da satisfação pulsional. Bersani, não mais que Lacan, não pode ater-se à mera satisfação fantasmática. Tão especulativo quanto o Freud de *Para além do princípio de prazer*, ele portanto postula "a existência de uma excitação sexual em todos os pontos idêntica ao fim da excitação sexual[390]". Ora, essa excitação, por definição, ao visar apenas a própria perda, só pode ser masoquista.

Tudo se passa como se os dois percursos, de Lacan e de Bersani, após terem divergido, desembocassem num mesmo terreno, o do masoquismo.

Fica então notável que o suspense que encontramos em Lacan com a introdução do mais-de-gozar, o qual traz algo como uma nuança na afirmação do caráter masoquista do gozo, é encontrado em Bersani. Com efeito, a despeito de sua afirmação do masoquismo da satisfação pulsional, Bersani tem que explicar o fato de que uma satisfação pulsional outra que essa descarga absoluta que é a morte possa ser obtida, caso contrário o primeiro gozo também seria o último e seríamos todos, homem ou mulher, machos de louva-a-deus. O "prazer no crime" deve bem permanecer no horizonte, e apenas no horizonte.

Logo, um suspense do masoquismo, que é encontrado, diferentemente colocado, em Bersani e Lacan, e do qual é possível se perguntar se não é, esse suspense, o próprio masoquismo.

O conceito de mais-de-gozar é importante pelo fato de que coloca a questão de saber quem beneficia desse bônus de gozo e a que preço. O preço, como dissemos, é a renúncia ao gozo, o gozo como masoquista. Uma mesma dialética está claramente presente em Bersani quando ele escreve que:

> A produtividade da fantasia pode ser apenas o bônus, vindo em prêmio, de uma motivação mais econômica: a necessidade de pôr fim ao desejo encontrando satisfações apropriadas[391].

Logo, questão, de certo modo, de Lacan a Bersani: para quem, então, esse prêmio?

---

[390] *Ibid.*, p. 92.
[391] *Ibid.*, p. 91-92.

No lugar da iniciação

A diferença sexual, no sentido de uma diferença homem/mulher, que teria, dizem, seu lugar no simbólico lacaniano, ali não é precisamente inscritível. Entre numerosas citações possíveis[392], escolhamos esta, de 1967:

---

[392] Abaixo, algumas ocorrências, ao longo dos seminários de Lacan:
"[...] a psicanálise não nos ensinou nada de novo quanto ao operatório sexual, não saiu dali sequer um pedacinho de técnica erotológica, existe mais em qualquer dos livros que são por enquanto objeto de uma numerosa reedição e que nos vêm bem lá do fundo de uma tradição árabe, hindu, chinesa, talvez até a nossa na oportunidade. A psicanálise só toca na sexualidade na medida em que sob a forma da pulsão ela se manifesta – e onde? – no desfile do significante, em que a dialética do sujeito, no duplo tempo da alienação e da separação, se constitui. (24 de junho de 1964.)
[...] a diferença sexual só se suporta da *Bedeutung* de algo que falta sob o aspecto do falo. (11 de janeiro de 1967).
[...] no ato sexual [...] há para qualquer que seja dos dois parceiros o qual um gozo, o do outro que permanece em suspenso, é porque o entrecruzamento, o quiasma exigível que faria de pleno direito de cada um dos corpos a metáfora de significante do gozo do outro, é porque esse quiasma está em suspenso, que só podemos, de qualquer lado que o abordemos, ver esse deslocamento que, com efeito, põe um gozo na dependência do corpo do outro, com o que o gozo do outro permanece à deriva. (14 de junho de 1967)
[...] não há relação sexual. Bem entendido, parece assim, meio tantã, meio maluquete. Bastaria dar uma boa trepada para demonstrar o contrário. Infelizmente, é a única coisa que não demonstra nada de igual, porque a noção de relação não coincide inteiramente

É impossível dar um sentido, entendo um sentido analítico, aos termos masculino e feminino. Se um significante é o que representa um sujeito para outro significante, deveria estar aí o terreno eleito. Pois vejam como as coisas estariam bem, estariam puras, se pudéssemos pôr algumas subje-

---

com o uso metafórico que é feito dessa palavra curta: "relação". [...] Se vocês não forem capazes de escrevê-la. Talvez fosse muito notável, caso se afigurasse, tempo o bastante para que isso comece a se elucidar um pouco, que é impossível escrevê-lo, o que aconteceria com a relação sexual. [...] é muito certo que, no ser falante, há em torno dessa relação, na medida em que fundada no gozo, um leque inteiramente admirável de sua distribuição. [...] isso tudo, em algum grau, participa do gozo sexual. Só que o próprio gozo sexual, quando você quer pôr a mão em cima, se posso assim me exprimir, ele não é mais sexual nem um pouco, ele se perde. E é aí que entra em jogo tudo o que se edifica do termo falo, que é bem aí aquilo que designa um certo significado, um significado de um certo significante perfeitamente evanescente, pois no que se refere a definir o que acontece com o homem ou com a mulher, o que a psicanálise nos mostra, é muito precisamente que é impossível e que, até um certo grau, nada indica especialmente que seja para o parceiro do outro sexo que deva se dirigir o gozo, se o gozo for considerado, mesmo por um instante, o guia daquilo que acontece com a função de reprodução. Encontramo-nos aí diante da fragmentação da, digamos, noção de sexualidade. A sexualidade está no centro, sem dúvida alguma, de tudo o que acontece no inconsciente, mas ela está no centro pelo fato de que ela é uma falta, vale dizer, que no lugar do que quer que seja que poderia se escrever da relação sexual como tal se substituem os impasses que são aqueles engendrados pela função do gozo precisamente sexual, na medida em que ele aparece como uma espécie de ponto de mira, do qual em algum lugar o próprio Freud dá a nota como o gozo absoluto. E é tão verdade que, precisamente, ela não o é absoluta. Ela não o é em nenhum sentido, primeiro porque, como tal, está fadada a essas diferentes formas de fracasso que são constituídas pela a castração, para o gozo masculino, e pela divisão no que se refere ao gozo feminino e que, por outro lado, aquilo a que o gozo leva não tem estritamente nada a ver com a copulação, uma vez que esta é, digamos, o modo usual – vai mudar – por onde se faz, na espécie do ser falante, a reprodução. (4 de novembro de 1971).
Do que estou falando? Pois bem, de nada mais que aquilo que é chamado, em linguagem corrente, homens e mulheres. Nada sabemos de real sobre esses homens e essas mulheres como tais, pois é disso que se trata, não se trata dos cães e cadelas. Trata-se daquilo que é realmente aqueles que pertencem a cada um dos sexos a partir do ser falante. Não há aí uma sombra de psicologia. Homens e mulheres são reais. Mas não somos, a respeito deles, capazes de articular a mínima coisa na língua que tenha a menor relação com esse real. Se a psicanálise não nos ensina isso, mas o que ela diz?, porque ela só faz repetir sem parar. É isso que enuncio quando digo que não há relação sexual para os seres que falam.
[...] Não há, certamente, relação sexual, porque a fala funciona nesse nível que acaba, em razão do discurso psicanalítico, sendo descoberto como a especificar o ser falante, a preeminência de tudo o que vai fazer em seu nível do sexo o semblante, semblante de bons homens e boas mulheres, como se dizia depois da última guerra." (2 de dezembro de 1971)

> tivações, entendo puras e válidas, sob o termo macho, saberíamos o que convém saber: que um sujeito que se manifesta como macho seria representado como tal, entendo como sujeito, junto a quê? a um significante designando o termo fêmea, e do qual não haveria necessidade alguma que ele determine o menor sujeito. A recíproca sendo verdadeira [...] se eu pudesse fazer com que o termo relação sexual tomasse em cada uma das cabeças de vocês a conotação que ela merece, essa locução, eu teria ganhado alguma coisa[393].

Esse ponto de doutrina tomou sua partida no seminário de 1962-1963 *A angústia*. Sua formulação canônica é conhecida (o que não quer dizer entendida), já que se trata do: "não há relação sexual." Ora, isto implica que não haja tampouco iniciação sexual. Com efeito, o que seria uma iniciação a algo que não ek-siste? Assim, Lacan fez disso a constatação em 1973:

> A iniciação [...] é algo que estritamente diz respeito ao gozo. Quero dizer que não é impensável que o corpo, o corpo na medida em que o acreditamos vivo, seja algo de muito mais fixo que aquilo que conhecem os anatomofisiologistas. Talvez haja uma ciência do gozo, se for possível se exprimir assim. A iniciação, de modo algum, pode definir-se de outro modo. Só há uma infelicidade, é que, nos dias de hoje, não há mais rastro, absolutamente em lugar algum, de iniciação[394].

Ou então seria preciso conceber uma modalidade da iniciação que seria iniciação à não relação sexual? Mas também é aquilo que Lacan exclui, já que ele fracassa em escrever a impossibilidade da relação sexual[395]. Aí fracassa de modo um pouco menos nítido, é verdade, que em escrever a relação sexual (se é que, para a escrita da relação sexual, seja possível

---

[393] J. Lacan, sessão de 19 de abril de 1967.

[394] J. Lacan, *Les non dupes errent*, sessão de 20 de novembro de 1973.

[395] Guy Le Gaufey sublinhou um momento desse fracasso ao apresentar a problemática desenvolvida por Lacan na sessão de 9 de janeiro de 1979 de seu seminário. *Cf.* G. Le Gaufey, "Le grain de sable de l'énonciation", texto que lamentavelmente não foi publicado.

falar de um fracasso, o que é muito duvidoso); entretanto, esse outro fracasso é desagradável pois, enquanto a não relação não é escrita, uma suspeita pesa sobre a validade da declaração da inexistência da relação sexual. A despeito de certas aparências de escritas, em Lacan, dessa não relação sexual, resta que essa não relação também não é senão inscritível (pode-se legitimamente esperar), pelo menos não ainda escrita. Sua escrita não está "afigurada[396]". Essa afirmação é devida a um dado bem simples de ser formulado, isto é, que essas escritas, por mais sofisticadas que sejam, notadamente as de algumas figuras (exatamente quatro) da função fálica (seminário *Ainda*), não são justamente uma escrita do sexual. São escritas, poderíamos quase dizer "ao contrário", daquilo que se edifica sobre a falha do sexual[397]. Logo, também está excluído falar de uma iniciação à não relação sexual.

Entretanto, seria possível falar de uma iniciação sexual num terceiro sentido, no sentido em que essa sexualidade não recorreria a uma distinção homem/mulher? No sentido em que seria um modo de entrada do sujeito numa certa relação de gozo de um certo objeto? Para que haja aí algo suscetível de dar lugar a iniciação, uma iniciação que diríamos, portanto, "sexual" fora da referência à distinção homem/mulher, duas condições deveriam ser preenchidas: que essa relação seja bem uma, e que esse objeto seja bem um. Ora, ele só pode ser um na ordem de uma alteridade em relação ao sujeito. Seria então o caso de falar de hetero-sexualidade, a qual, vemos, não se refere portanto aqui a uma relação sexual homem/mulher. É, portanto, enquanto outro que esse objeto, na medida em que gozaria, se constituiria como um objeto e, por isso, homologaria a existência de uma relação "sexual". Logo, poderia haver iniciação a essa relação. Mas é aqui que a constatação feita por Lacan de uma ausência de relação sexual a partir de uma sexualidade a influir na distinção homem/mulher (e que se volta contra essa distinção) reencontra o caso presente

[396] *Cf.* o início da citação (nota 1) de 4 de novembro de 1971. Sublinho a seguinte frase: *Talvez fosse muito notável, caso se afigurasse, um tempo depois para que começasse a se elucidar um pouco, que é impossível escrever o que seria da relação sexual.*

[397] *Cf.* a sequência imediata do texto de 4 de novembro de 1971 (nota 1), que diz isso claramente.

que tenta dela tomar suas distâncias. Se não há acesso algum ao gozo do Outro, se esse gozo permanece em suspenso, pouco importa, nesse nível de análise, que objeto vem presentificar a alteridade. E como esse objeto não entrega prova alguma, por seu gozo, daquilo que o Outro goza, ele tampouco consegue constituir-se como objeto. Logo, não pode haver relação com ele; não pode, portanto, haver, aí tampouco, iniciação a essa relação que não é.

Mas, então, a que se deve, pois, essa insistência, aqui e ali, em convocar a iniciação?

Para o leitor das páginas precedentes, não vai se tratar de propriamente falar de dados novos, tampouco de um problema novo. Proponho-me mais simplesmente a agrupar observações já feitas. Além do mais, duas dessas observações são duas vezes a mesma observação. É até o que me deixou com a pulga atrás da orelha. Logo, vai se tratar de extraí-las do contexto em que foram produzidas (mas ditas... *en passant*, de modo um pouco rápido), para dar-lhes aqui outro alcance.

A tese assim proposta diz: a iniciação é um recurso, talvez até um último recurso, à abordagem da não relação sexual. A iniciação permite escamotear a não relação sexual, permite correr o risco de não considerá-la. Assim, a iniciação é localizada. Ela não está à distância dali onde se efetua(ria) como tal a não relação sexual, ela é, ao contrário, uma vizinha próxima desse lugar catastrófico da não relação sexual; ela tem a função de uma barragem contra esse Pacífico que seria a não relação sexual. Ela não está nos antípodas da não relação sexual, nem de um outro lado, mas, ao contrário, é sua proximidade do ponto de vista da não relação sexual que importa, que faz sua força e dá a razão pela qual para ela se apela.

Também de modo temporal, há vizinhança. Seria porque a não relação sexual teria estado a ponto de ser experimentada (não experimentação, mas experiência no sentido foucaultiano desse termo), teria estado à beira de se afigurar efetiva, seria, naquele momento, naquele "logo antes" ali, que uma espécie de apelo seria lançado à iniciação para que ela viesse sustentar o suspense no qual permanecerá, em consequência de seu fato, mantida como questão a existência ou a inexistência da relação sexual.

Num certo sentido, a iniciação está, portanto, localizada após e para além da não relação sexual, já que terá sido preciso que ela intervenha, pelo menos sob forma de ser esboçada, para que a iniciação, como esquiva, seja convocada. Ela, então, serve de rolha.

Eis, pois, três dispositivos onde esse lugar e essa função da iniciação são particularmente nítidos.

Uma primeira proximidade: a segregação urinária

Antes de ser retomado aqui (*cf.* cap. II), esse primeiro dispositivo fora publicado num texto de outubro de 1987 sobre a segregação urinária[398]. Esquematizado, assim se apresentava:

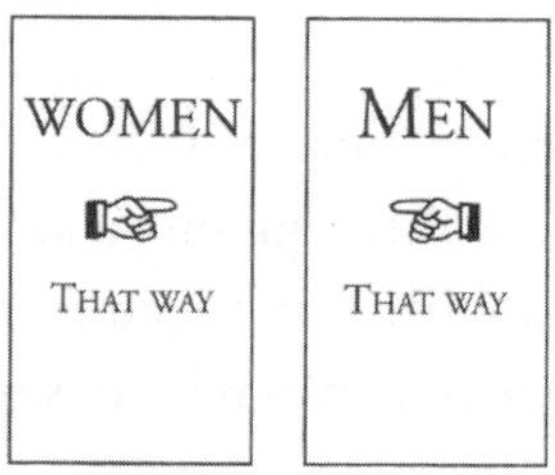

Na medida em que é feito para evitar qualquer encontro heterossexual nesse lugar fechado, pouco frequentado e assim propício a galanteios intempestivos, o dispositivo bissexuado de segregação urinária parece ainda mais impor a heterossexualidade, porquanto não há, para isso, muita razão prática: em geral (mas não na China, de modo notável, onde as mulheres, estritamente isoladas dos homens não o são entre si), uma outra porta garante a solidão de cada um, subtrai cada um a qualquer olhar que seja, com essa diferença, no entanto, que, do lado homens, isso é verdade de modo absoluto apenas para o ato de defecar, ao passo que, do lado mulher, isto diz respeito tanto a defecar quanto a urinar[399]. Se,

---

[398] J. Allouch, "Um sexo ou o outro", *in Littoral* nº 23/24, Toulouse, Érès, outubro de 1987.

[399] Bem recentemente, indicaram-me um outro dispositivo que, este, coloca em jogo o olhar. Trata-se de toaletes ultramodernas, *design*, célebres enquanto tais e, portanto, visitadas,

pois, essa segunda porta basta por inteiro às exigências do pudor, é que as duas primeiras têm o alcance "simbólico", ou, antes, superegóico, de impor a cada um a norma heterossexual.

Ora, o que acontece com esse dispositivo tão divertido? Ele permite muito mais jogo, mais fantasia naquilo que pode acontecer. Ele o faz ao escrever o dêitico, ao passo que este permanece implícito no dispositivo usual em que cada um imagina que os homens estão, e têm de estar, ali onde está escrito "homens", e as mulheres estão e têm de estar ali onde está escrito "mulheres", e regra seu comportamento por essa bizarra e bem incerta imaginação. Ao escrever o dêitico, o dispositivo de Los Angeles quebra essa suposição. E, portanto, tudo vai depender, para a sequência dos acontecimentos, daquilo pelo que cada um vai se regrar no momento de eleger uma das duas portas. Tomados no *automaton*, o não iniciado se comportará como costuma fazer, abrindo, se se tratar de um homem, a porta marcada "homens" ou aquela marcada "mulheres" se se tratar de uma mulher. O iniciado, ao contrário, seguirá sem nenhum problema a indicação do dêitico. É até o que o define como iniciado: ele sabe regrar-se pelo dêitico. Dessa forma, nesses toaletes, só pode haver encontro heterossexual entre iniciado e não iniciado. Embora continuem sendo heteronormados, esses toaletes põem, portanto, em ato, em todo caso para os heterossexuados que frequentam essa boate, uma fantasia de iniciação.

Para entender agora que essa fantasia intervém enquanto recurso à abordagem da não relação sexual, basta ater-se, mais uma vez, ao dispositivo. O que acontece quando alguém transpõe uma ou outra das duas portas? Não é porque a orientação das portas é modificada que o dêitico não continua a funcionar. E, portanto, todo aquele que, sentado a uma mesa diante das duas portas a fim de observar atentamente o que acontece, se encontrar, segundo as circunstâncias, designado pelo dêitico seja como homem seja como mulher. Eis a identidade sexual do observador

onde as paredes dos diversos compartimentos são transparentes. Não prevenido, o utilizador potencial recua. Ele tem que dar o primeiro passo de uma penosa e impudica possível exibição para perceber que, ao fechar a porta à chave do compartimento eleito, as paredes, graças a esse gesto, tornam-se absolutamente opacas. Ufa.

seriamente *macho*cada" ... ou "fêmea*". Em outras palavras, esse dispositivo (os gonzos são como os das portas dos *saloons*) fazia com que fossem recobertos por completo os espaços "homens" e "mulheres", tanto dentro quanto fora do armário. Significava o "não há relação sexual" de Lacan, na medida em que essa fórmula designa a ausência de uma localização possível, no simbólico, de um significante "homem" acasalada a uma localização possível do significante "mulher".

Ser assim pego em flagrante delito de ausência de relação sexual não deixa necessariamente mal à vontade. Mas, se for este o caso, o que se pode fazer? Só há uma solução possível, ela também prevista: é preciso ter vontade de fazer xixi ou cocô para, enfim, precipitar-se numa ou noutra das duas portas, reencontrar uma identidade sexuada. E nesse ponto também, no fato de que não é o falo que diferencia o masculino do feminino, o dispositivo se afigura lacaniano. Dito de outro modo: só um recurso à iniciação pode fazer obstáculo à atribuição ao "não há relação sexual".

Uma segunda proximidade: Fedra de Platão

A fabricação e a instauração, desde o fim do século XIX até recentemente, do binário homo/heterossexual apresentava uma vantagem, ou, se preferirem, uma mutreta. Esse binário constituía uma tal ascendência sobre o sexo que ficava em segundo plano um problema que ele, no entanto, coloca, que ele não havia cessado de colocar, a saber, sua relação com o domínio.

Uma prova tangível de que recentemente aconteceu algo a esse respeito é a invenção do *fist-fucking*, do qual Gayle Rubin (David Halperin menciona esse fato em seu *São Foucault*[400]) mostrou que ele deu lugar a uma "verdadeira subcultura". Esse traço é capital: não se trata apenas de uma prática sexual privada, até reproduzida numerosas vezes. Não vejo como poderíamos nos permitir não ligar essa invenção, ainda mais notável porque, em matéria

* Trocadilho em francês: *mise à mal* [machucada] soa *mise à male*... [lit. posta em macho] *ou à "femelle"*. (N.T.)

[400] D. Halperin, *Saint Foucault, op. cit.*, p. 103-104.

de erotismo, tais invenções são raras (Foucault deplorava isso, e Lacan não menos), ao interdito maior do *katapugon* que atingia a sexualidade do mestre na Grécia antiga. Mais radicalmente que o ato dito sodomita, o *fist-fucking* assinala um certo fim (relativo?) da pregnância do "assustador contramodelo" (Winkler) que era o *katapugon*. O que quer dizer?

Essa invenção, essa prática, essa subcultura puseram um termo na ancestral estratégia do mestre cuja visada era manter-se tal e ao mesmo tempo entregar-se a essa escravidão de estar preso nos tormentos de Eros. Essa estratégia, propus, consistia em manter firmemente uma parte de seu corpo, nomeadamente o reto, afastado do sexo, a guardar o controle (esfincteriano), com isso o mestre podia, para todo o resto desse corpo, e especialmente seu falo, mostrar-se falho, como o orgasmo não deixa de forçá-lo a isso. O mestre não é tanto "uma cona", como dizia Lacan, mas o que se deve bem chamar um cu.

Logo, essa tranca foi pelos ares. E de modo ainda mais radical, uma vez que o *fist-fucking*, ao trocar o falo pelo punho, desloca a ponta da prática sodomita: podia-se imaginar, até então, que era uma fantasia do falo preferir o reto, que era ele, portanto, quem lá encontrava senão tudo o que queria pelo menos seu contentamento. Tão logo ele vai para segundo plano, talvez até não esteja mais nem um pouco na corrida, como Halperin disso indica a possibilidade, é o reto que se torna o órgão por excelência, até constituir-se como tumba (o que de mais orgânico que uma tumba, essa delícia para milhares de seres vivos?).

Embora não saibamos ainda bem dizer em que ela consiste, somos, portanto, os contemporâneos de uma mudança maior das relações do sexo e do domínio. Ora, essa mudança remete a esse outro, operado por Platão, e cuja intenção podemos condensar com duas proposições, uma na frente da cena, a outra mais subterrânea. Primeira proposição: Platão tenta introduzir uma paridade numa relação éraste/erômeno essencialmente disparate. Assim fazendo, segunda proposição, ele põe a homofilia na conta da iniciação, filosófica, no caso em questão. O estudo de Claude Calame[401],

[401] Claude Calame, *L'Éros dans la Grèce antique*, *op. cit.*

dedicado a mostrar essa virada platônica da erótica homofílica grega, indica de que maneira, com Platão, ela se torna iniciática. Mas também de que maneira, assim fazendo, o *eros* grego se põe ainda mais à distância de toda desmedida (*hubris*), e de que maneira, para acabar, ele cai numa idealidade de onde toda relação de gozo corporal se acha excluída.

Ora, essa proposição platônica, cujas sequências podemos repertoriar no neoplatonismo, no cristianismo, no amor cortês, no amor romântico, foi elaborada em *Fedra*, um dos textos filosóficos que tocou mais de perto na inexistência da relação sexual. Platão se interroga sobre o que acontece de erótico no erômeno pelo fato de ser desejado pelo éraste; faz isso de maneira tão séria, tão precisa, tão inventiva (notadamente por seu apelo ao deus Anteros), que seu próprio fracasso (*cf.* capítulo I) em estabelecer que o erômeno também pode, segundo uma via erótica que lhe é oferecida pelo éraste, chegar à clareira da Verdade, que esse fracasso (por cima do qual Platão e o platonismo passarão alegremente) assinala que ele esteve às voltas com a não relação sexual. *Fedra* mostra esse laço de vizinhança entre abordagem da não relação sexual e apelo à iniciação, no próprio movimento dessa abordagem e contra ela.

O que acontece hoje, com a renovação da problematização da relação do mestre com o sexo? Se se trata de um desprendimento do ponto de vista da proposição platônica, de que maneira os elementos que a compunham são, cada um, retomados, modificados, reposicionados? O que tornou possível a suspensão parcial do interdito do *katapugon*? Como se situa essa recomposição nesse estreito interstício que separa não relação sexual e iniciação?

Uma terceira proximidade: os ur-bororós de Will Self

Passemos sem transição à literatura mais contemporânea. Um autor inglês se nomeia, nos dizem, Will Self. Não direi nada de sua obra-prima intitulada *Minha idéia do prazer* (título original: *My idea of fun*) para centrar-me num curto conto dele: "À descoberta dos ur-bororós", aqui eleita pelo fato de se tratar, no dizer do próprio narrador, da "história de um rito de iniciação". Esse conto faz parte de uma coletânea intitulada *A teoria quantitativa da demência* (inglês: *The quantity Theory of insanity*), título de um outro que relata as desilusões sofridas pelo inventor de uma teoria segundo a qual a *insanity*, num dado grupo, é um valor constante (com o que não deveria mais haver quem cuidasse nem cuidados, pois reduzi-la aqui só faz com que reapareça logo ao lado).

O narrador de "À descoberta dos ur-bororós" logo nos põe a par da história. Ele encontrou, quando era um jovem estudante mal inserido em sua geração, um certo Janner, estudante de antropologia que, este, era, já na época, um fã dos ur-bororós. Eles eram amigos, solidários e ele mesmo não estava longe de estar apaixonado. Para falar a verdade, esse encontro foi, para o narrador, o de um *mistério* (já a iniciação):

> Nem todos têm a sorte de encontrar um verdadeiro mistério na vida. Eu tive, ainda que a desilusão que veio após a elucidação de meu mistério às vezes me pareça pior que a ignorância crassa na qual eu poderia ter-me comprazido. Logo, é a história de um rito de iniciação. A passagem de uma idade à outra, que levou dez anos para acontecer[402].

Não se pode decerto dizer que ele saiu com novas forças desse encontro. Mais de dez anos depois, ele escreve:

> Condenado ao ostracismo pelos clãs, encontrei Janner e não cessei de lamentar desde então. Ah, por que não dezincifiquei o cérebro com psicotrópicos[403]!

A respeito de zinco, e até de dezincificação* (a palavra existe!), esse Janner, herói da história, era bem *zinzin* [tantã] de antropologia:

> Para ele, estava fora de questão estabelecer uma comparação entre o ato de matar um gambá e o de levar uma garota na garupa de sua Yamaha

[402] Will Self, *La Théorie quantitative de la démence*, trad. do inglês por Francis Kerline, Les éditions de l'Olivier, 2000, p. 112. Esse mesmo editor publicou *Minha ideia do prazer.*

[403] *Ibid.*, p. 113

* Corrosão seletiva do zinco. (N.T.)

250 a cento e sessenta quilômetros por hora na A23; os dois eram ritos de passagem de igual valor[404].

Assim, Janner, em vez de fazer de modo tranquilo e sério seus estudos, construiu uma choça no *campus*, que ele dizia (mas o narrador não acredita) em todos os pontos idêntica àquela dos ur-bororós, isto, a fim de adotar um modo de vida autêntico, mas que também lhe permitisse tomar o *campus* como primeiro terreno de estudo.

Esse recuo na choça foi uma primeira ruptura entre o narrador e Janner. O narrador agarrou-se aos galhos que são aqueles de quase todo mundo em seu caso, tornou-se professor, casou-se com uma professora, tornou-se proprietário de sua casa, fez um filho "pequeno, bem feito e terminado – e sonhador e introvertido até o cretinismo". Mas seu real não estava ali:

> Na realidade, eu me sentia calafetado, como se todas as fissuras de minha visão do mundo tivessem sido colmatadas por uma espécie de chumbagem para as cáries da vida.

Em suma, Janner lhe fazia uma falta terrível. E ter chamado "James" seu rebento não preenchia esse vazio.

Dez anos após a ruptura, um acaso fez que se encontrassem. Pressionado pelo narrador, Janner acabou lhe relatando sua experiência com os ur-bororós, notável pelo fato de que o encontro devia dissuadir definitivamente o antropólogo de se comportar enquanto tal com eles. Como? Essencialmente porque ele foi contaminado pelo que caracterizava essa população, a saber, sua apatia. Janner dá mil sinais disso:

Os ur-bororós de fato tinham ritos propiciatórios ou iniciáticos, só que não os aplicavam nunca.

De fato tinham alguns deuses, mas apenas esperando ter a prova de que não existiam. Terem sido criados resultava, segundo eles, de um simples derivativo divino, uma espécie de ato falho. Contra a maioria

[404] *Ibid.*, p. 116.

das outras populações, eles não se tomavam pelo arquétipo do gênero humano.

Eles afastavam a possibilidade da viagem ao dizerem "Onde quer que você vá neste mundo, você vai sempre ocupar o mesmo lugar", e a guerra com eles era impossível tanto recusavam responder aos desafios dos yanomami cortadores de cabeças.

Quanto à idéia de que a construção da Panamericana na Amazônia ia destruir a sociedade deles, ela suscitava uma única resposta: "Grande coisa!"

Em suma, eram pessoas "profundamente chatas", "desesperadamente comuns", "indiferentes" que, além do mais, falavam muito o tempo todo não para dizer algo, mas para "entediar-se mutuamente ainda mais" falando da chuva e do tempo bom num país onde o clima era perfeitamente sempre o mesmo.

A própria língua dizia o estado em que viviam, cada palavra nela era declinável conforme os diferentes graus de tédio a ser significado:

> Caça tediosa, colheita tediosa, pesca tediosa, relações sexuais tediosas, cerimônias religiosas tediosas e assim por diante[405].

Os sonhos eram cansativos de tanto corresponderem à realidade. Diálogo ur-bororó:

> – Sonhei que estava numa floresta.
> – Uma floresta virgem?
> – Ééé. Eu andava em fila indiana com outras pessoas. Entende o que estou dizendo?
> – O tipo de gente ao lado de quem a gente não tem vontade de estar num banquete?
> – Exatamente. Éramos nós. Depois, comecei a me transformar num... O que ia ser desta vez? Um passarinho, um lagarto, uma traça, um inhame? Não, não...

[405] *Ibid.*, p. 130.

– num... galhinho! Espantoso, hein?
– Incrível.

Já preso demais nessa "transcendência da floresta" de efeitos apatizantes, Janner resolver voltar para a Europa mas, nesse preciso momento, se apaixona por uma ur-bororó, chamada... não ficaremos espantados, uma vez que já entendemos que Will Self não tem medo de dar na cara, ... Jane, isto por causa de uma frase que ela, ao olhá-lo, acabava de lhe dizer: "Sonhei que eu era uma bolinha de pelos."

Sua paixão vai durar apenas metade do tempo do primeiro passeio na floresta. Passeio de uma "monotonia terrível", do qual ele volta completamente desiludido. A apatia fora mais forte que o padecer da paixão. Ele também, dali por diante, está preso, definitivamente, pelo torpor.

Não é útil saber aqui como termina o conto; está entendido que o relato feito por Janner ao narrador de sua iniciação à apatia entre os ur-bororós produziu, no narrador, o mesmo efeito que aquele sofrido por Janner pela graça de sua expedição antropológica. A última frase do narrador diz:

> A calafetagem que fora momentaneamente retirada de meu espírito está de novo aí – com um novo sistema de isolação sonora, mais aperfeiçoado[406].

Nesse conto, fica muito claro que a iniciação (ou "a iniciação negativa", como se fala de "teologia negativa") é vizinha do fracasso da relação sexual, o encontro tão rápido abortado de Janner e Jane constituindo o ponto giratório a partir do qual Janner não tem outra escolha senão subscrever a essa estranha, a essa *queer* iniciação.

Janner, é claro, não publicará nada sobre os ur-bororós. Vai escrever outros livros, notadamente um estudo sobre "a relação entre a observação da roupa nas máquinas de lavar e a meditação transcendental do budismo", que será um *best-seller*.

O primeiro antropólogo a ter visitado os ur-bororós (aquele em cuja armadilha Janner havia caído) isolara a raiz "bor" como sendo a chave da

---

[406] *Ibid.*, p. 145.

língua dos ur-bororós (presente em milhares de palavras), e aproximara essa raiz do adjetivo inglês "*boring*", tedioso, chato, maçante, enfadonho. Mas "*boring*", como substantivo, é "perfuração". O fato de o desejo ser empurrado para o lado do adjetivo *boring* não é o que Freud chamou "princípio de prazer"? Ele estaria ainda mais facilmente no lugar porquanto tudo o que diz respeito a seu além vai contra o furo no sexual. Esse conto de Will Self pode ser lido como se sugerisse que haveria uma iniciação no princípio de prazer. É por aí que ele nos diverte, pois não ignoramos que, para estar no lugar, o princípio de prazer não precisa nem um pouco de iniciação.

Pois, evidentemente, teremos entendido: os ur-bororós somos nós.

Contraprova

Por três vezes, constatamos isto: pensar o sexo como iniciação corresponde a levantar a muralha de uma fantasia à abordagem da não relação sexual.

Resta que nem todo encaminhamento é necessariamente iniciático (o fato de sabermos isso não impede, irá melhor ainda se o dissermos); e que é possível transpor essa barreira, ou qualquer outra da mesma feitura e com a mesma função. Tomaremos apenas como prova a abertura de *De repente, um bloco de abismo, Sade*[407], livro decisivo na história da recepção de Sade, primeiro pelo que mostra de Sade, mas também por nos ajudar a nos desprender da última onda dos comentários doravante patenteados, embora sob a égide levemente velada do cristianismo (Pierre Klossowski), do hegelianismo (Maurice Blanchot) ou de um estruturalismo estetizante (Roland Barthes).

Mas é com Sade que Annie Le Brun está às voltas primeiro e sobretudo, e ela não recua em nos oferecer, como entrada em seu livro, o relato de seu próprio encaminhamento até esse espaço que se deixa metonimicamente indexar com o nome de Silling (Sade, escrevia ela em outra par-

[407] Annie Le Brun, Paris, Pauvert, 1986.

te[408], não é nem uma filosofia, nem um discurso, nem uma escrita, "Sade inventou um espaço"). Deixaremos ao leitor que teria ficado ao abrigo dessa obra de Annie Le Brun a descoberta de seu encaminhamento nas suntuosas frases onde ela se diz. E lembraremos aos outros que ali se encontram palavras como "vertigem", "choque", "paixão violenta", "perda de domínio", "feridas do ser".

Annie Le Brun diz exatamente a operação pela qual acabamos de nos interessar, o jogo repulsivo iniciação/não relação sexual. Juntando num enunciado sua leitura de alguns comentadores de Sade (Jean Paulhan, Georges Bataille, Philippe Roger), ela escreve:

> Como se só o fato de se aproximar do lugar onde se enraíza a monstruosidade sadeana chamasse imediatamente, no interior de pensamentos muito diferentes, feito um mesmo dispositivo de urgência, a volta das estruturas mais familiares[409].

Está entendido que seu movimento será outro. Seu encaminhamento se apresenta, à primeira vista, como um percurso iniciático. Um certo dia ela vai penetrar no castelo de Silling, vai encontrar então o que buscava, e sobretudo: sabendo-o (sabendo o que havia encontrado, sabendo que havia encontrado). Seria ela, dali por diante, uma iniciada? A isso objeta o fato de que, longe de dali voltar com a tranquila segurança de alguém que teria enfim recebido uma marca identificadora, sinal de pertencimento a um grupo definido, ela dali voltou... doente, habitada por algo a que uma tarde de abril e de tempestade à beira do Sena virá dar um esboço de figuração. Depois, será Nova York, várias semanas depois, ainda numa tarde de tempestade, o encontro com quatro aves de rapina do zoológico do Bronx, onde ela reconhecia "a grande elegância animal que Sade dera a seus quatro libertinos do castelo de Silling". Ela escreve:

[408] Annie Le Brun, *Les châteaux de la subversion*, Paris, J.-J. Pauvert aux éditions Garnier frères, Folio essais, 1982.

[409] Annie Le Brun, *Soudain un bloc d'abîme, Sade, op. cit.*, p. 24.

> De repente, eu via ir e vir a magnificência horrível da qual eu me tornara a presa, por não conhecê-la. [...] eu aos poucos recuperava, parecia-me, a força para voltar à beira do abismo. [...] dali retirei uma sensação de liberdade. [...] eu reencontrava algo que parecia contornos, talvez até uma silhueta.

Ela agora pode citar Bataille notando que a leitura dos *Cento e vinte dias* "enerva sensualmente". E precisar de que é feito esse enervamento, em que consiste essa doença provocada pela leitura de Sade: "uma privação de nervo que seria a consequência de uma excitação progressiva e prolongada".

Que excitação? A resposta de Annie Le Brun tem o valor de uma insubstituível lição, sua justeza impressiona como um traço que não aceita discussão:

> Pois é este o efeito desse livro, chegando até a perturbar nossas maneiras de ser perturbado. Com efeito, tudo seria muito simples se o apanágio do distúrbio fosse reservado às poucas pessoas em condição de reconhecer suas particularidades sexuais na amostragem proposta por Sade.

Fabuloso gesto de Annie Le Brun, que, com um revés de mão, afasta a fantasia como aquilo que seria o elemento essencial dessa excitação! Seu gesto afasta, em outras palavras, todas as leituras psicanalíticas de Sade, uma vez que essas leituras (mas não é o caso daquela assinada por Lacan) só sabem adotar, como termo teórico de referência, "essa maneira de ser perturbado" que tem nome: "fantasia". Em seguida, logo depois:

> Ora, não é nada disso, o distúrbio antes se apossa de nós mediante as evocações mais afastadas daquilo que acreditamos, senão saber, pelo menos pressentir intimamente de nossos pendores.

Atravessada *a* fantasia, não uma fantasia, não aquela fantasia particular graças à qual cada um poderia chegar ao gozar, atravessada a própria ordem da fantasia, o que há? Impecável, a continuação do texto nos diz:

Ainda que as palavras aqui obriguem que se precise em excesso o que é antes de mais nada a impressão muito forte, mas difícil de delimitar, não de uma perda de identidade, mas de uma *perda de identidade erótica* [itálicos de Annie Le Brun] que caracteriza a espécie de distúrbio que creio indissociável dessa leitura.

O itinerário (não iniciático, solitário, não balizado como o é o do rito) de Annie Le Brun para Silling a conduz até esse limite em que fraqueja a linguagem; dizendo demais, ela diz mal, por sua própria precisão ela se afigura incongruente. Aqui, não há domínio algum, Sade não deixa de notar: "não somos mais donos de mudar nossos gostos do que não o somos de variar as formas de nossos corpos[410]". E é também nesse ponto de fraqueza da linguagem que um distúrbio torna presente essa perda de identidade erótica que proíbe que possa jamais se escrever aquilo que seria uma relação sexual. Segundo a lei dessa perda de identidade erótica, já é abusivo (desse abuso devido à linguagem) afirmar que o libertino, em Sade, é homem ou mulher igualmente.

[410] Citado por Annie Le Brun, *ibid.*, p. 17.